고객을 끌어오는
구글 애널리틱스4

지은이 문준영 mjy.peter@gmail.com

프론트엔드 개발을 진행하는 동안 틈틈이 익힌 구글 애널리틱스 관련 지식으로 출판사를 차리고 싶어 잘 다니고 있던 회사를 뛰쳐나온 개발자. 금방 후회하고 다시 개발자 생활을 하고 있다. 어떻게 하면 실제 업무에 가장 가까운 지식을 전달할 수 있을지 늘 생각한다.

고객을 끌어오는 구글 애널리틱스4

입문부터 최신 고급 기법까지 실무에 필요한 웹 로그 분석 완벽 설명&실습 가이드

초판 1쇄 발행 2022년 3월 10일
초판 2쇄 발행 2022년 6월 27일

지은이 문준영 / **펴낸이** 김태헌
펴낸곳 한빛미디어(주) / **주소** 서울시 서대문구 연희로2길 62 한빛미디어(주) IT출판부
전화 02-325-5544 / **팩스** 02-336-7124
등록 1999년 6월 24일 제25100-2017-000058호 / **ISBN** 979-11-6224-531-6 93000

총괄 전정아 / **책임편집** 홍성신 / **기획** 박민아 / **편집** 김경희 / **진행** 박용규
디자인 표지 이아란 내지 윤혜원 / **전산편집** 이소연
영업 김형진, 김진불, 조유미 / **마케팅** 박상용, 송경석, 한종진, 이행은, 고광일, 성화정 / **제작** 박성우, 김정우

이 책에 대한 의견이나 오탈자 및 잘못된 내용에 대한 수정 정보는 한빛미디어(주)의 홈페이지나 아래 이메일로 알려주십시오. 잘못된 책은 구입하신 서점에서 교환해드립니다. 책값은 뒤표지에 표시되어 있습니다.

한빛미디어 홈페이지 www.hanbit.co.kr / **이메일** ask@hanbit.co.kr

지금 하지 않으면 할 수 없는 일이 있습니다.
책으로 펴내고 싶은 아이디어나 원고를 메일(writer@hanbit.co.kr)로 보내주세요.
한빛미디어(주)는 여러분의 소중한 경험과 지식을 기다리고 있습니다.

고객을 끌어오는
구글 애널리틱스4

문준영(피터) 지음

GOOGLE
ANALY
TICS4

한빛미디어
Hanbit Media, Inc.

지은이의 말

'기서귀와 맥주'는 데이터 분석의 중요성을 재미있게 알려주는 이야기입니다. 월마트는 기저귀와 함께 구매가 발생하는 상품 중에 '맥주'가 있다는 사실(데이터)을 발견했습니다. 이를 바탕으로 기저귀 진열대 가까이에 맥주 진열대를 위치시켰더니 기저귀와 맥주의 매출이 모두 늘었습니다. 어떻게 된 것일까요? 기저귀 심부름을 간 남편들이 맥주도 같이 사갔다고 하네요.

많은 대학생, 취준생이 제게 질문하곤 합니다.

IT 업계로 진출하려면 뭘 어떻게 해야 하나요?

저는 이렇게 대답합니다.

기본적인 데이터 분석은 할 줄 알아야 해요.

대개는 여기서 '아…' 하고 멈춥니다. '데이터 분석'이라는 단어에서 느껴지는 어떤 어려움 때문인 것 같기도 합니다. 분석이라니 대체 무엇을 하는 것일까요? 엑셀을 엄청나게 잘해야 하는 걸까요? R이나 파이썬을 엄청나게 잘해야 하는 걸까요? SQL 자격증이라도 따야 하는 걸까요?

그렇지 않습니다. 우리에게 필요한 기본적인 데이터 분석이란 데이터를 가지고 일을 할 줄 아는지의 여부를 말하는 것입니다. 사람들이 어떤 버튼을 많이 누르는지, 사람들이 어떤 상품을 많이 구매하는지를 확인할 줄 알고 활용할 줄 아는 것을 말하는 것입니다. 여기에 딱 맞는 도구가 바로 구글 애널리틱스입니다.

구글 애널리틱스는 기본적인 데이터 분석을 공부하는 데 유용합니다. 데이터 수집을 계획하고 데이터를 확인하고 데이터를 활용하는 즉, '데이터로 일하는 방법'을 익히는 데 아주 좋습니다. 이 책에는 제가 구글 애널리틱스를 어떻게, 어떤 순서로 공부했는지, 그리고 실제 서비스에 어떤 식으로 활용했는지가 담겨 있습니다. 저와 함께 구글 애널리틱스의 기본 사용 방법을 익히고 실습 페이지로 동작 방식을 살펴보고 실제 서비스에 적용해보면, 제가 앞서 '기본적인 데이터 분석은 할 줄 알아야 한다'고 말했던 것이 무슨 의미인지 알게 될 것입니다.

이 책의 목적은 독자 여러분이 구글 애널리틱스를 이용해 데이터로 일하는 방법을 깨닫게 하는 것입니다. 여러분이 이 책의 공부를 마친 뒤 여러 IT 기업에서 서비스를 분석하고 개선, 발전해나간다면 저로서는 큰 영광일 것입니다.

자, 그럼 이제부터 본격적으로 구글 애널리틱스 학습을 시작해보겠습니다.

문준영(피터)

이 책에 대하여

이 책은 '따라 배우는 방법'으로 구글 애널리틱스를 배웁니다. 각 예제에서는 화면의 어느 부분을 클릭하고 무엇을 입력할지 안내하고 있습니다. 직접 실습을 진행하다 보면 어느새 구글 애널리틱스로 일할 줄 아는 자신을 발견할 수 있을 것입니다.

⊚ 누구를 위한 책인가요?

이 책은 구글 애널리틱스를 처음 배우는 사람 혹은 유니버설 애널리틱스를 사용하다가 구글 애널리틱스4를 배워야 하는 사람을 위해 쓰였습니다. IT 업계에서 일하고 싶은 사람 혹은 이미 IT 업계에서 일하고 있는 사람 등 누구나 이 책을 통해 구글 애널리틱스를 배울 수 있습니다.

⊚ 실습 홈페이지

이 책에서는 구글 애널리틱스의 원활한 학습을 위해 실습 홈페이지를 제공합니다. 책에서 실습 홈페이지를 언급한다면 독자 여러분도 실습 페이지에 접속해 사용자의 동작이 어떻게 수집되고 분석되는지 따라 하기 바랍니다.

- 세부 기능 실습 홈페이지 https://www.turtlebooks.co.kr/ga4
- 전자상거래 실습 홈페이지 https://www.ga4shop.com

⊚ 실습 애플리케이션

구글 애널리틱스4는 웹과 앱의 데이터를 통합 분석하는 도구입니다. 이 책에서는 실습 사이트뿐만 아니라 실습 애플리케이션도 제공하여 구글 애널리틱스4의 주요 기능을 전반적으로 활용할 수 있습니다.

⊚ 실습 데이터

이 책에서는 구글 애널리틱스의 원활한 학습을 위해 구글의 기념품 쇼핑몰인 구글 머천다이즈 스토어의 데이터를 사용합니다. 이 데이터로 사용자의 행동을 확인하고 분석하고 활용하는 여러 실습을 진행합니다.

- 구글 머천다이즈 스토어 https://shop.googlemerchandisestore.com

⚙ 실습 환경

이 책은 다음과 같은 실습 환경에서 작성했습니다. 원활한 학습을 위해서는 독자 여러분도 다음과 같은 환경에서 실습하길 권합니다.

- 크롬 브라우저

  이 책의 모든 예제와 화면 캡처는 크롬 브라우저에서 진행되었습니다. 만일 구글 크롬 브라우저를 사용하지 않는다면 구글 크롬 홈페이지에 접속해 설치하길 권합니다.

- 광고 차단 플러그인 해제

  데스크톱 브라우저나 스마트폰 브라우저에서 광고 차단 플러그(이외의 각종 추적 차단 기능들)를 사용할 경우 구글 애널리틱스의 데이터 수집이 제대로 동작하지 않을 수 있습니다. 실습을 진행하는 동안 플러그인 혹은 기능을 해제하시기 바랍니다.

목차

STEP 03　구글 애널리틱스 활용하기

STEP
01

구글 애널리틱스 입문하기

구글 애널리틱스는 정말 멋진 데이터 분석 도구입니다. 클릭 몇 번만으로 사용자가 어떤 페이지를 봤는지, 어떤 버튼을 많이 누르는지 알아낼 수도 있습니다.

우리는 구글 애널리틱스를 총 4단계의 Step으로 나누어 학습합니다. Step 1부터 Step 4까지 포기하지 않고 학습한다면 구글 애널리틱스를 누구보다 잘 활용할 수 있을 것입니다.

Step 1의 목표는 구글 애널리틱스의 전반적인 사용 방법과 이벤트 분석 방법을 익히는 것입니다. 먼저 구글 애널리틱스의 사용 방법과 기본 데이터 분석 방법을 배울 것입니다. 그리고 이벤트를 활용하여 사용자의 행동을 수집하고 분석하는 절차를 배웁니다. 여기까지 배우면 구글 애널리틱스의 매력에 푹 빠지게 될 것입니다.

자, 구글 애널리틱스 Step 1을 시작하겠습니다!

Google Analytics

01010
10101

Chapter
00 시작하기 전에

구글 애널리틱스는 정말 멋진 도구입니다. 구글 애널리틱스를 사용하면 누구나 쉽게 데이터 분석을 진행할 수 있습니다. 잠깐, 그런데 데이터 분석이란 무엇일까요? 그리고 구글 애널리틱스란 무엇일까요? 학습을 시작하기 전에 데이터 분석이 무엇인지, 구글 애널리틱스가 무엇인지 그리고 누구에게 도움이 되는지 간단하게 살펴보겠습니다.

데이터 분석

구글 애널리틱스는 누구나 쉽게 웹과 앱의 데이터 분석을 진행할 수 있도록 도와주는 도구입니다. 구글 애널리틱스를 알고 싶다면 '데이터 분석'이란 무엇인가 살펴보아야 할 필요가 있습니다.

데이터

구글(https://www.google.co.kr)에 접속해서 검색을 할 때 사용자는 어떤 행동을 할까요? 돋보기 아이콘 옆의 검색란을 클릭하고 검색어를 입력하고 Enter 를 눌러서 검색을 진행할 것입니다.

사용자	행동	비고
사용자 A	검색란 클릭	
사용자 A	검색어 입력	검색어: 구글 애널리틱스
사용자 A	검색 진행 (Enter)	검색 결과: 없음

사용자 A가 [표 0-1]과 같이 구글 검색을 진행했다고 가정해봅시다. [표 0-1]의 내용을 엑셀에 저장해두면 언제나 쉽게 사용자의 행동을 파악할 수 있을 것입니다. 바로 이것이 '데이터'입니다. 무엇인가를 분석하기 위한 목적으로 수집하는 사용자에 대한 정보, 사용자의 행동이 바로 '데이터'인 것입니다.

데이터 분석 및 활용 과정

그림 0-1 데이터 분석 과정

앞에서는 데이터가 무엇인지 살펴보았습니다. 이번에는 [그림 0-1]을 참고하여 가입률 데이터를 분석하고 활용하는 과정을 알아보겠습니다.

❶ 데이터 분석의 목적을 정한다.

표 0-2 목적, 수집, 분석, 행동

구분	내용
목적	가입 페이지 가입률을 40%까지 개선한다.
수집	가입 페이지, 가입 완료 페이지의 접속자 수를 수집한다.
분석	가입 완료 페이지의 접속자 수를 가입 페이지 접속자 수로 나누어 가입률을 계산한다. 가입률 = (가입 완료 페이지 접속자 수 / 가입 페이지 접속자 수) × 100
행동	가입률이 40%보다 낮다면 사용자가 가입 페이지에서 겪고 있는 어려움이 있는지 점검하고 개선한다.

먼저 데이터 분석의 목적을 정합니다. 분석의 목적이 확실해야 어떤 데이터를 수집하고 어떻게 분석하고 어떻게 행동할지를 결정할 수 있기 때문입니다. 데이터 분석의 목적을 가입률 개선으로 정한다면 수집, 분석, 행동에 해당하는 행동은 [표 0-2]와 같이 설정할 수 있습니다.

❷ 목적에 부합하는 데이터를 수집한다.

데이터 분석의 목적이 정해지면 목적에 부합하는 데이터를 수집합니다. 데이터 수집을 위해서는 두 가지가 필요합니다.

1. 데이터 수집을 위한 프로그래밍 코드
2. 데이터 저장을 위한 데이터베이스 (데이터 저장소)

가입률 분석을 위해서는 사용자가 접속한 페이지 주소를 수집하는 프로그래밍 코드를 작성하고 수집한 데이터를 데이터베이스에 저장하게 됩니다.

❸ 수집된 데이터를 분석한다.

데이터가 어느 정도 쌓이면 데이터 분석을 진행합니다. 데이터 분석을 위해서는 두 가지가 필요합니다.

1. 데이터베이스에서 데이터를 추출하는 SQL 쿼리
2. 추출된 데이터를 분석하기 위한 엑셀, R과 같은 분석 도구

가입 페이지에 접속한 접속자 수를 추출하는 SQL 쿼리(SELECT COUNT(user) FROM behavior WHERE page = 가입 페이지)와 가입 완료 페이지의 접속자 수를 추출하는 SQL 쿼리 (SELECT COUNT(user) FROM behavior WHERE page = 가입 완료 페이지)를 작성합니다. SQL 쿼리로 목적에 부합하는 데이터가 추출되면 해당 데이터를 바탕으로 엑셀이나 R과 같은 도구들을 활용해 가입률을 계산하거나 추가적인 분석을 진행합니다.

❹ 분석 결과를 바탕으로 행동한다.

분석이 완료되면 목적 단계에서 설정한 행동을 수행합니다. 만약 데이터 분석 결과 가입률이 30%로 측정되었다면 [표 0-2]에서 설정한 대로 사용자가 가입 페이지에서 겪고 있는 어려움이 있는지 점검하고 개선해야 할 것입니다. 가입 문구를 변경하거나 가입 입력 양식을 줄이는 등의 여러 가지 아이디어를 바탕으로 가입률 40%를 달성할 수 있도록 가입 페이지를 개선합니다.

❺ 다시 '목적 → 수집 → 분석 → 행동'

행동이 완료되었다고 데이터 분석 과정이 끝나는 것은 아닙니다. 가입률을 40%까지 개선하겠다는 목적이 달성될 때까지 목적 → 수집 → 분석 → 행동 단계를 반복합니다. 추가적인 데이터가 필요하다면 추가 데이터 수집 계획을 세웁니다. 행동 계획이 가입률 개선에 효과가 없다면 새로운 행동 계획을 수립합니다. 이러한 과정이 반복되어 가입률이 서서히 늘어나고 서비스 사용자도 늘어나게 될 것입니다. 바로 이것이 '데이터로 일하는 방법'인 것입니다.

구글 애널리틱스

앞에서 살펴본 데이터 분석 및 활용 과정은 사실 굉장히 어려운 과정입니다. 데이터 저장을 위한 데이터베이스, 데이터베이스에서 데이터를 추출하는 SQL 코드를 다룰 줄 알아야 하고 추출된 데이터를 분석하기 위해 엑셀, R과 같은 분석 도구를 활용할 줄 알아야 합니다. **구글 애널리틱스는 바로 이러한 어려움을 덜어내 누구나 쉽게 데이터 분석을 할 수 있도록 도와주는 도구입니다.**

자동 수집 데이터 확인하기

그림 0-2　구글 애널리틱스가 자동으로 수집하는 데이터

웹이나 앱에 구글 애널리틱스를 설치하면 구글 애널리틱스는 자동으로 데이터 분석에 필수적인 여러 가지 데이터를 수집합니다. 구글 애널리틱스가 제공하는 여러 가지 기본 보고서를 살펴보는 것만으로 원하는 데이터를 쉽게 확인하고 분석할 수 있습니다.

직접 수집 데이터 확인하기

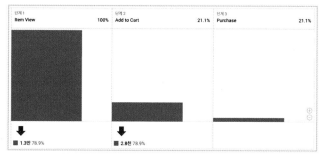

그림 0-3　구글 애널리틱스로 만든 쇼핑 행동 퍼널

구글 애널리틱스를 이용해 데이터를 직접 수집하고 보고서를 직접 만드는 방법을 공부하면 보다 의미 있는 데이터 분석을 진행할 수 있습니다. [그림 0-3]은 사용자가 어떤 상품을 보는지, 사용자가 어떤 상품을 장바구니에 담는지, 사용자가 어떤 상품을 구매하는지를 수집하여 결제를 완료하기까지 상품 구매 과정의 이탈률을 확인하는 보고서를 만든 모습입니다.

머신러닝으로 유용한 정보 파악하기

그림 0-4 머신러닝으로 제공되는 유용한 정보

구글 애널리틱스에 수집된 데이터는 머신러닝으로 자동 분석되어 사용자가 발견하기 힘들거나 놓치기 쉬운 유용한 정보를 제공합니다. [그림 0-4]는 전체 구매자 수가 급하락하고 있다 혹은 구글 검색에서 접속하는 사용자의 수익이 가장 많다고 구글 애널리틱스가 사용자에게 정보를 제공하는 모습입니다.

예측 분석 활용하기

그림 0-5 구매 확률 예측 정보

구글 애널리틱스에 수집된 데이터는 머신러닝으로 자동 분석되어 사용자의 행동을 예측 분석하는 데 활용할 수 있습니다. [그림 0-5]는 구글 애널리틱스가 구매 확률이 높은 사용자를 예측하여 제공하는 모습입니다.

구글 애널리틱스, 누가 사용할까?

이제 데이터 분석이 무엇인지, 구글 애널리틱스가 무엇인지 알 수 있을 것입니다. 이번 절에서는 IT 직군에 따라 어떻게 구글 애널리틱스를 사용할 수 있는지 알아보겠습니다.

마케터

항목 이름 ▾	+	↓상품 조회수	장바구니에 추가	조회 수 대비 장바구니 추가 비율	전자상거래 구매
총계		979,423 총계 대비 100%	45,374 총계 대비 100%	28.47% 평균과 동일	3,563 총계 대비 100%
1 For Everyone Google Tee		23,335	470	6.45%	28
2 YouTube Black Zip Hoodie		22,362	526	6.64%	27
3 YouTube Expressive Sweatshirt		21,747	440	5.86%	9
4 YouTube Tie-Dye Tee		21,348	514	6.79%	22
5 Android Navy Zip Hoodie		20,595	465	6.72%	26

그림 0-6 잘 팔리는 상품은 무엇일까?

마케터는 구글 애널리틱스에 수집된 캠페인 데이터를 활용해 어떤 상품을 마케팅할 것인지, 어떤 대상에게 마케팅을 진행할 것인지, 어디에 마케팅을 진행할 것인지 확인할 수 있습니다. 이를 바탕으로 마케팅의 효율을 극대화할 수 있습니다.

기획자

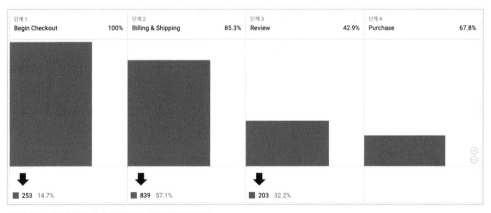

그림 0-7 결제 과정은 효율적으로 동작하고 있을까?

기획자는 구글 애널리틱스에 수집된 사용자의 행동 데이터를 활용해 서비스를 개선하는 데 활용할 수 있습니다. 회원 가입 버튼이 몇 번 클릭되었는지, 장바구니에 가장 많이 담기는 상품은 무엇인지, 결제를 완료하는 사용자 비율이 어떻게 되는지 등을 지속적으로 수집, 분석, 활용한다면 멋진 서비스를 만들 수 있을 것입니다.

UX/UI 디자이너

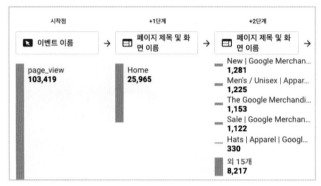

그림 0-8 사용자들은 어떤 순서로 페이지를 사용할까?

UX/UI 디자이너는 구글 애널리틱스에 수집된 사용자의 행동 데이터를 활용해 서비스 사용 흐름이 유기적으로 구성되어 있는지 혹은 서비스의 시각 요소가 사용자에게 잘 받아들여지고 있는지를 확인하고 개선하는 데 활용할 수 있습니다. 회원 가입 버튼의 크기나 글꼴을 변경했을 때 클릭률이 늘어나는지, 결제 단계의 어떤 부분을 생략하거나 강화했을 때 사용자 결제 완료 비율이 늘어나는지를 바탕으로 데이터 기반의 디자인 작업을 진행할 수 있을 것입니다.

CEO

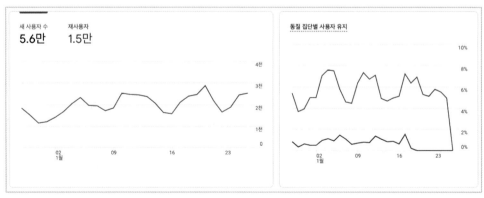

그림 0-9 새 사용자와 재사용자 수의 증감은 어떨까?

CEO는 구글 애널리틱스가 제공하는 각종 사용자 지표 등을 통해 서비스 현황을 쉽게 파악할 수 있습니다. 독자 여러분이 CEO에 준하는 역할을 담당하고 있다면 서비스 혹은 비즈니스에 있어 데이터 분석이 얼마나 중요한 역할을 하는지 충분히 알고 있을 것입니다. 원하는 데이터를 적합한 시점에 확인해 의사결정을 하기 위해서라면 다른 어느 직군보다도 구글 애널리틱스를 잘 다루어야 할 것입니다.

Chapter 01 구글 애널리틱스 시작하기

구글 애널리틱스는 웹과 앱을 분석하기 위한 도구입니다. 웹과 앱에 구글 애널리틱스를 설치하는 것만으로 쉽게 분석을 진행할 수 있습니다. 그런데 혹시 여러분은 직접 개발하거나 운영하는 웹 또는 앱이 있나요? 없으면 구글 애널리틱스를 배울 수가 없는데… 자, 안심하세요. 이 책에서는 누구나 구글 애널리틱스를 학습할 수 있도록 실습 웹사이트와 실습 앱을 제공합니다.

1.1 구글 애널리틱스 계정 만들기

구글 애널리틱스를 배우기 위해서는 구글 애널리틱스 계정이 필요합니다. 그리고 구글 애널리틱스 계정을 만들기 위해서는 구글 계정이 필요합니다. 이번 절에서는 각각의 계정을 만들어보겠습니다.

STEP 1 구글 계정 만들기

Google 계정 만들기(https://accounts.google.com/signup)에서 구글 계정을 만듭니다.

STEP 2 구글 애널리틱스 계정 만들기

구글 계정을 만들었다면 구글 애널리틱스 홈페이지(https://analytics.google.com)에 접속합니다. [측정 시작] 버튼을 클릭하면 구글 애널리틱스 계정을 만들 수 있습니다.

계정 이름으로 '실습 계정'을 입력하고 'Google 제품 및 서비스'를 선택합니다. [다음]을 클릭합니다.

속성 이름으로 '구글 애널리틱스 실습'을 입력합니다. 보고 시간대로 '대한민국'을 선택하고, 통화로 '대한민국 원'을 선택합니다. [고급 옵션 보기]를 클릭합니다.

'유니버설 애널리틱스 속성 만들기'가 표시되면 웹사이트 URL로 'www.example.com'을 입력합니다. 'Google 애널리틱스 4 속성과 유니버설 애널리틱스 속성 둘 다 만들기'를 선택하고 'Google 애널리틱스 4 속성에 대해 향상된 측정 사용 설정'을 선택합니다. [다음]을 클릭합니다.

업종 카테고리로 '쇼핑'을 선택하고, 비즈니스 규모와 사용 계획은 자신의 상황에 맞게 선택합니다. [만들기]를 클릭하고 약관이 표시되면 살펴보고 동의합니다.

그림 1-1 '구글 애널리틱스 실습 - GA4 계정'이 선택된 모습

계정 생성이 완료되면 [그림 1-1]과 같이 '구글 애널리틱스 실습 - GA4' 속성이 선택된 것을 확인할 수 있습니다. '구글 애널리틱스 실습 - GA4'를 클릭합니다.

'실습 계정'과 '구글 애널리틱스 실습', '구글 애널리틱스 실습 - GA4'가 보인다면 계정 생성이 완료된 것입니다.

1.2 구글 애널리틱스 설치 체험하기

구글 애널리틱스 가입을 완료하고 웹사이트를 등록했습니다. 이제 웹사이트에 구글 애널리틱스 설치 코드를 입력하면 구글 애널리틱스가 동작하며 여러 가지 데이터를 수집할 것입니다.

STEP 1 **설치 코드 확인하기**

구글 애널리틱스 왼쪽 아래의 [관리]를 클릭합니다.

[어시스턴트 설정]을 클릭합니다.

어시스턴트 설정에서는 구글 애널리틱스에 관한 여러 가지 설정을 진행할 수 있습니다. [태그 설치]를 클릭합니다.

[태그 설치]를 클릭하면 '데이터 스트림' 설정 영역으로 이동합니다. 실습 계정을 선택할 때 입력했던 웹페이지 주소가 입력되어 있는 것을 확인할 수 있습니다. 'https://www.example.com'을 클릭합니다.

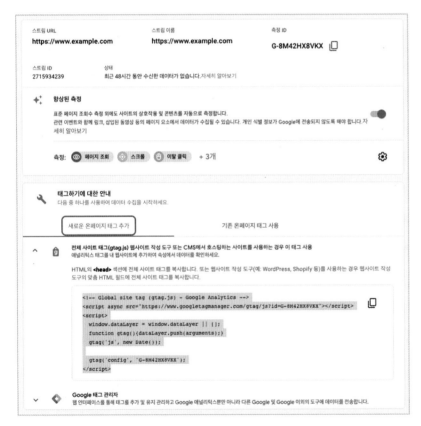

웹 스트림 세부정보가 표시됩니다. 수집한 데이터가 구글 애널리틱스로 흘러간다(stream)는 의미로 '스트림'이라고 합니다. 웹 스트림 세부정보에는 '측정 ID', '스트림 ID' 등 우리 계정을 나타내는 정보가 표시됩니다. '태그하기에 대한 안내' 영역에서 [새로운 온페이지 태그 추가]를 클릭하면 웹사이트에 설치해야 하는 구글 애널리틱스 설치 코드가 표시됩니다. 해당 내용을 복사합니다.

> **NOTE** **웹 데이터 스트림과 앱 데이터 스트림**
>
> 데이터가 구글 애널리틱스로 흘러간다(stream)는 의미로 데이터 스트림이라고 합니다. 웹 데이터 스트림이란 웹 데이터가 구글 애널리틱스로 흘러간다는 것을 의미합니다. 마찬가지로, 앱 데이터 스트림이란 앱 데이터가 구글 애널리틱스로 흘러간다는 것을 의미합니다. '앱 데이터 분석하기'는 웹 데이터와 앱 데이터를 동시에 분석하는 방법을 배웁니다.

STEP 2 **설치 코드 삽입하기**

웹사이트에 구글 애널리틱스 설치 코드 삽입이 완료되면 구글 애널리틱스가 동작하며 사용자 데이터를 수집합니다. 실무 현장에서는 이러한 코드 삽입은 주로 개발자가 담당합니다. 우리는 체험 목적으로 준비한 실습 웹페이지에 설치 코드를 삽입하는 체험을 진행해보겠습니다.

그림 1-2 구글 애널리틱스 설치 코드 체험 페이지

실습 페이지(https://www.turtlebooks.co.kr/ga4/install)에 접속합니다. 구글 애널리틱스 설치 코드를 삽입하면 데이터가 수집되도록 미리 설정해둔 페이지입니다. 앞에서 복사한 전체 사이트 태그를 [그림 1-2]의 7번 영역에 붙여넣습니다.

```
<> index.html ●

  1    <!DOCTYPE html>
  2    <html>
  3      <head>
  4        <title>구글 애널리틱스 첫 실습!</title>
  5        <meta charset="UTF-8" />
  6        <!-- 여기 아래에 복사 붙여넣기 합니다. -->
  7        <!-- Global site tag (gtag.js) - Google Analytics -->
  8        <script async src="https://www.googletagmanager.com/gtag/js?id=G-8M42HX8VKX">
  9        <script>
 10          window.dataLayer = window.dataLayer || [];
 11          function gtag(){dataLayer.push(arguments);}
 12          gtag('js', new Date());
 13
 14          gtag('config', 'G-8M42HX8VKX');
 15        </script>
 16        <!-- 여기 위에 복사 붙여넣기 합니다. -->
 17      </head>
 18      <body>
 19        구글 애널리틱스가 동작하나요?<br />
 20        실시간 보고서를 확인할 수 있나요?
 21      </body>
 22    </html>
 23
```

그림 1-3 구글 애널리틱스 설치 코드가 삽입된 모습

[그림 1-3]과 같은 모습이 되면 구글 애널리틱스 설치 코드 입력이 완료된 것입니다. 키보드의 Ctrl + S 를 눌러주세요.

그림 1-4 '새 창으로 열기' 버튼 클릭

[그림 1-4]의 오른쪽 끝에 있는 '새 창으로 열기' 버튼을 클릭하면 새 창으로 페이지가 표시됩니다. 이때 새 창으로 표시된 페이지에는 우리가 입력한 구글 애널리틱스 설치 코드가 포함된 상태입니다. 우리는 이를 구글 애널리틱스 보고서에서 직접 확인할 수 있습니다.

구글 애널리틱스 동작 확인하기

구글 애널리틱스 왼쪽 메뉴의 [보고서]를 클릭합니다.

[실시간]을 클릭합니다. 앞으로는 이를 실시간 보고서라고 부르겠습니다. 실시간 보고서에 접속하면 현재 사용자가 1명임을 알 수 있습니다. 이 사용자 1명은 바로 독자 여러분을 의미합니다. 구글 애널리틱스 설치 코드가 정상 동작하고 있는 것입니다.

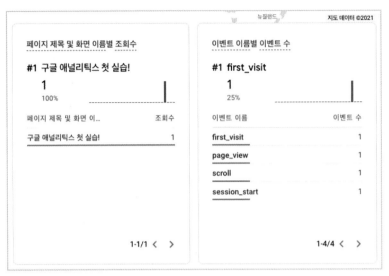

그림 1-5 페이지 정보와 이벤트 정보

구글 애널리틱스는 설치하는 것만으로도 사용자에 대한 여러 가지 정보를 수집합니다. 여기서는 [그림 1-5]와 같이 페이지 정보와 이벤트 정보를 확인할 수 있습니다.

표 1-1 이벤트 정보 상세

이벤트 이름	이벤트 수	내용
first_visit	1	첫 방문
page_view	1	페이지 조회
scroll	1	페이지의 90% 스크롤
session_start	1	세션을 시작함

[표 1-1]은 구글 애널리틱스가 수집한 이벤트 정보입니다. 여기에는 우리가 서비스에 처음 방문(first_visit)했고, 페이지를 조회(page_view)했고, 페이지를 스크롤(scroll)했다는 정보가 표시되고 있습니다. 여기까지는 이벤트 이름의 뜻을 생각해보면 어느 정도 이해가 될 것입니다. 하지만 '세션을 시작함(session_start)'이라는 용어는 이해가 되지 않을 것입니다. 이러한 용어들을 배워나가는 것이 구글 애널리틱스를 학습하는 것이라고 할 수 있습니다.

1.3 데모 계정 연동하기

구글 애널리틱스를 제대로 학습하기 위해서는 실제 서비스에서 수집하고 있는 데이터가 필요합니다. 구글은 구글 애널리틱스의 원활한 학습을 위해 구글 기념품 쇼핑몰인 '구글 머천다이즈 스토어'의 웹사이트 데이터와 애널리틱스 학습용 게임 애플리케이션인 'Flood-It!'의 앱 데이터를 제공합니다. 이번 절에서는 데모 계정을 연동해보겠습니다.

STEP 1 구글 머천다이즈 스토어 살펴보기

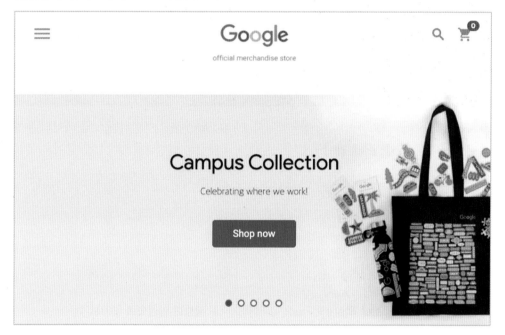

구글 머천다이즈 스토어(https://shop.googlemerchandisestore.com/)에 접속합니다. 구글 머천다이즈 스토어는 구글에서 직접 운영하는 기념품 쇼핑몰입니다. 로그인, 회원 가입, 상품 배너, 상품 목록 등이 표시되는 일반적인 쇼핑몰입니다.

Flood-It! 살펴보기

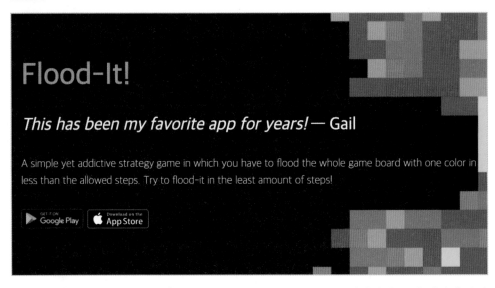

Flood-It!(https://flood-it.app)에 접속합니다. Flood-It!은 구글 애널리틱스 앱 데이터 분석
을 위해 준비한 게임 애플리케이션입니다. 대한민국에서는 실행되지 않으므로 굳이 다운로
드할 필요는 없습니다.

STEP 3 **데모 계정 연동하기**

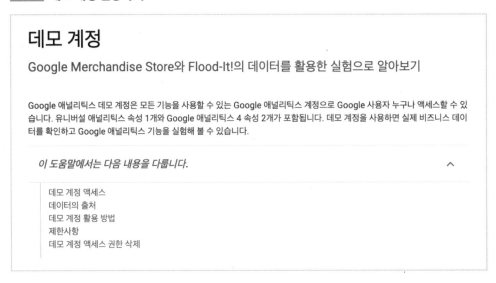

데모 계정을 연동하면 위 사이트와 애플리케이션의 데이터를 확인할 수 있게 됩니다. 데모 계정 설정 페이지(https://www.turtlebooks.co.kr/ga4/demo)에 접속합니다. 구글 머천다이즈 스토어와 Flood-It!의 데이터를 구글 애널리틱스로 학습, 실험할 수 있다는 안내를 확인할 수 있습니다.

데모 계정 액세스

데모 계정에 액세스하려면 이 섹션 하단에서 *데모 계정 액세스* 링크를 클릭하세요. 링크를 클릭하면 다음 메시지가 표시됩니다.

- 이미 Google 계정이 있는 경우 해당 계정에 로그인하라는 메시지가 표시됩니다.
- Google 계정이 없는 경우 계정을 만든 후에 로그인하라는 메시지가 표시됩니다.

- 이미 Google 애널리틱스 계정이 있다면 해당 애널리틱스 계정에 데모 계정이 추가됩니다.
- Google 애널리틱스 계정이 없다면 사용자의 Google 계정과 연결된 새 계정이 생성되며, 데모 계정이 새 애널리틱스 계정에 추가됩니다.

데모 계정은 조직 및 계정 연결을 선택하는 애널리틱스의 계정 선택기에서 사용할 수 있습니다.

데모 계정은 단일 Google 계정에서 만들 수 있는 최대 애널리틱스 계정 수에 포함됩니다. 현재 Google 애널리틱스의 경우 Google 계정당 최대 100개의 애널리틱스 계정을 만들 수 있습니다.

언제든지 데모 계정을 삭제할 수 있습니다.

데모 계정 액세스 ☑

그림 1-6 데모 계정 액세스

[그림 1-6]의 [데모 계정 액세스] 링크를 클릭하면 자신의 구글 애널리틱스 계정에 구글 머천다이즈 스토어와 Flood-It!의 데이터를 연동할 수 있습니다. 만약 이 책의 학습을 완료한 뒤에 데모 계정을 제거하고 싶다면 [데모 계정을 삭제] 링크를 클릭합니다.

STEP 4 **데모 계정 연동 확인하기**

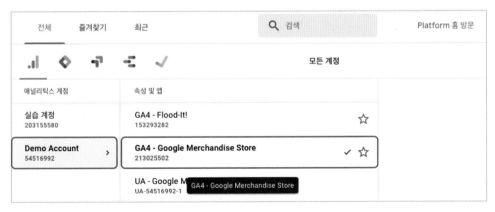

데모 계정 연동이 완료되면 '실습 계정' 아래에 'Demo Account' 계정이 추가됩니다. 'Demo Account'에는 'GA4 − Flood-It!'과 'GA4 − Google Merchandise Store' 속성이 있습니다. 이 중 'GA4 − Google Merchandise Store' 속성이 앞으로 우리가 공부할 구글 애널리틱스 속성입니다. 'GA4 − Google Merchandise Store'를 클릭합니다.

'GA4 − Google Merchandise Store'를 클릭하면 구글 머천다이즈 스토어의 데이터를 확인할 수 있습니다. 사용자가 6.9만 명이고 평균 참여 시간이 2분 09초임을 알 수 있습니다.

1.4 실습 계정 연동하기

앞에서는 데모 계정(구글 머천다이즈 스토어)을 연동했습니다. 이제 우리는 데모 계정을 바탕으로 구글 애널리틱스를 공부할 수 있습니다. 그런데 하나 아쉬운 점이 있습니다. 데모 계정의 데이터는 데이터 분석 방법을 학습하는 데 큰 도움이 되지만 데이터 수집 방법을 학습하는 데는 그다지 도움이 되지 않습니다. 이번 절에서는 데이터 수집 방법을 학습하기 위해 실습 페이지에 실습 계정을 연동해보겠습니다.

먼저 '실습 계정'에서 '구글 애널리틱스 실습 – GA4'를 클릭합니다.

실습 페이지(https://www.turtlebooks.co.kr/ga4/manage)에 접속하면 실습 환경 설정 페이지가 표시됩니다. 여기에서 『고객을 끌어오는 구글 애널리틱스4』를 학습하는 데 필요한 구글 애널리틱스4 측정 ID, 디버그 모드, 사용자 ID, 유니버설 애널리틱스 ID 등을 설정할 수 있습니다.

구글 애널리틱스4 측정 ID를 설정하기 위해서는 구글 애널리틱스에서 측정 ID를 확인해야합니다. 1.2절의 STEP 1 '설치 코드 확인하기'를 참고하여 자신의 측정 ID를 확인할 수 있습니다.

확인한 측정 ID를 실습 환경 설정 페이지에 입력하고 [설정하기]를 클릭합니다.

설정이 완료되면 [테스트] 버튼을 클릭합니다. 만약 구글 애널리틱스4 측정 ID를 변경, 제거하고 싶다면 [초기화하기]를 클릭합니다.

페이지 제목 및 화면 이름별 조회수		이벤트 이름별 이벤트 수	
#1 실습 환경 설정		**#1 scroll**	
1		2	
100%		33.33%	
페이지 제목 및 화면 이...	조회수	이벤트 이름	이벤트 수
실습 환경 설정	1	scroll	2
		first_visit	1
		page_view	1
		session_start	1
		test	1

지난 30분 동안
이벤트 수
test   1 (16.67%)

1-1/1 〈 〉

실시간 보고서에서 '페이지 제목 및 화면 이름별 조회수' 영역에 '실습 환경 설정'이 표시되고 '이벤트 이름별 이벤트 수' 영역에 'test' 이벤트가 발생한다면 실습 계정이 잘 연동된 것입니다.

1.5 실습 계정과 데모 계정 전환하기

지금까지 데모 계정과 실습 계정을 연동했습니다. 이제 『고객을 끌어오는 구글 애널리틱스 4』를 학습할 준비가 완료됐습니다. 이번 절에서는 학습 주제에 따라 두 계정을 적절하게 선택하는 방법을 알아보겠습니다.

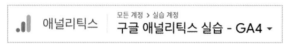

그림 1-7 속성 선택기

구글 애널리틱스의 왼쪽 위에는 속성 선택기가 표시됩니다. 여기에는 현재 사용하고 있는 계정과 속성에 대한 정보가 표시됩니다. 속성 선택기를 클릭하여 다른 계정과 속성을 선택할 수 있습니다.

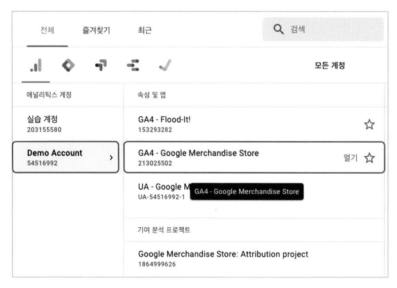

데이터 분석을 학습할 때는 주로 구글 머천다이즈 스토어 계정을 사용합니다. 이때는 'Demo Account'를 클릭하고 'GA4 – Google Merchandise Store'를 선택합니다.

데이터 수집을 학습할 때는 주로 실습 계정을 사용합니다. 이때는 '실습 계정'을 클릭하고 '구글 애널리틱스 실습 – GA4'를 선택합니다.

Chapter 02

보고서 조작 방법 따라 배우기

구글 애널리틱스 코드가 서비스에 설치되면 여러 가지 데이터가 수집됩니다. 사용자가 어떤 페이지를 봤는지, 사용자가 첫 방문자인지 혹은 사용자가 어떤 버튼을 클릭했는지 같은 데이터가 수집되는 것입니다. 이렇게 수집된 데이터를 보고서로 확인하는 것이 구글 애널리틱스 데이터 분석의 기본이라고 할 수 있습니다. 이번 장에서는 보고서 사용 방법을 익혀보면서 본격적으로 구글 애널리틱스를 학습해보겠습니다.

2.1 보고서 살펴보기

구글 애널리틱스의 [보고서] 메뉴를 통해 우리는 여러 가지 보고서를 사용할 수 있습니다. 이번 장에서 다룰 영역이 바로 이 부분입니다.

표 2-1 구글 애널리틱스의 보고서 구분

구분 1	구분 2	내용
보고서 개요		서비스 전반의 현황을 파악합니다.
실시간		서비스의 실시간 현황을 파악합니다.
사용자	인구통계	사용자의 관심 분야, 연령 등을 파악합니다.
	기술	사용자의 운영체제, 기기 등을 파악합니다.
수명 주기	획득	사용자의 유입을 파악합니다.
	참여도	사용자의 행동을 파악합니다.
	수익 창출	서비스의 수익 현황을 파악합니다.
	유지	서비스의 유지 현황을 파악합니다.

구글 애널리틱스는 여러 가지 데이터를 수집합니다. 사용자가 어디에서 유입됐는지, 사용자가 어떠한 행동을 하고 있는지와 같은 데이터를 말입니다. 구글 애널리틱스는 수집한 데이터

를 확인하기 쉽도록 [표 2-1]과 같이 주제로 구분하여 여러 가지 보고서를 제공합니다. 우리는 분석의 주제에 맞는 보고서를 선택하여 확인하면 되는 것입니다. 만약 사용자 행동 파악이 필요하다면 어떤 보고서를 확인하면 될까요? 맞습니다. 참여도 보고서를 확인하면 되는 것입니다.

그림 2-1 참여도 선택

[그림 2-1]과 같이 왼쪽 메뉴의 [참여도]를 클릭해보면 참여도 하위의 여러 가지 보고서가 표시됩니다. 참여 개요 보고서에서는 사용자의 참여 전반에 대한 데이터를 확인할 수 있고, 이벤트 보고서와 전환수 보고서에서는 사용자의 상세한 행동을 확인할 수 있으며, 페이지 및 화면 보고서에서는 사용자가 어떤 페이지나 화면을 사용하는지 확인할 수 있습니다.

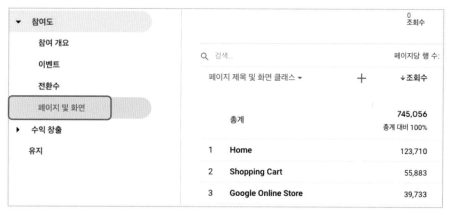

그림 2-2 페이지 및 화면 보고서

페이지 및 화면 보고서를 선택해보면 [그림 2-2]와 같이 사용자가 어떤 페이지를 얼마나 사용하는지 확인할 수 있습니다. 여기서는 Home 페이지의 조회수가 123,710임을 알 수 있습니다. 사용자의 페이지 조회를 확인해야 한다면 페이지 조회 보고서에서 데이터를 확인할 수 있습니다. 각각의 주제에 어떠한 보고서들이 제공되는지 파악하고 내게 맞는 보고서를 선택하여 데이터를 확인하는 것이 구글 애널리틱스의 기본 분석 방법입니다.

[참여도] ▶ [페이지 및 화면] 보고서 외에도 구글 애널리딕스에는 여러 가지 보고서가 있습니다. [획득], [수익 창출] 등을 클릭해보면서 여러 가지 표준 보고서를 살펴보면 정말 다양한 데이터가 제공된다는 사실을 알 수 있을 것입니다.

2.2 보고서 조작하기

앞에서 살펴본 페이지 및 화면 보고서 외의 보고서들도 확인해보았나요? 구글 애널리틱스는 정말 다양한 보고서를 제공합니다. 혹시 '이걸 다 배워야 한다고?'라고 생각하고 있지는 않나요? 겁먹을 필요는 없습니다. 보고서 조작 방법은 대부분 비슷하기 때문에 이번 절만 잘 익혀 두면 쉽게 사용할 수 있습니다.

STEP 1 보고서 선택하기

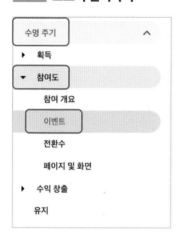

메뉴에서 [수명 주기] ▶ [참여도] ▶ [이벤트]를 클릭합니다. [참여도] 아래의 보고서에서는 사용자의 참여(행동)에 대한 데이터를 확인할 수 있습니다. 그중 이벤트 보고서는 사용자의 행동에 대한 자세한 데이터를 확인하는 보고서입니다. 각각의 보고서는 앞으로 학습을 진행하면서 천천히 살펴볼 예정입니다. 이번 절에서는 보고서의 사용 방법을 익히는 데 집중하겠습니다.

그림 2-3 일반적인 보고서의 모습

일반적으로 보고서의 모습은 [그림 2-3]과 같습니다. 여러분의 화면에는 보고서 상단에 시각화 영역이 있습니다만, 여기서는 지면상의 이유로 시각화 영역을 감춰둔 상태입니다. 그럼 지금부터 보고서 사용 방법을 알아보겠습니다.

STEP 2 일정 조정하기

그림 2-4 보고서 좌측 상단 일정 선택기와 그 외

데이터를 분석할 때 제일 먼저 해야 하는 것은 보고서의 일정을 확인하는 것입니다. 보고서는 일정 내의 데이터만을 표시하기 때문에 원하는 데이터를 확인하기 위한 적절한 일정을 선택해야 합니다.

오늘	맞춤설정						
어제	2021년 4월 1일	-	2021년 6월 30'				
이번 주 ▶	일	월	화	수	목	금	토
지난주 ▶	2021년 6월						
지난 7일			1	2	3	4	5
지난 28일	6	7	8	9	10	11	12
지난 30일	13	14	15	16	17	18	19
지난 90일	20	21	22	23	24	25	26
지난 12개월	27	28	29	30			
달력상 작년	2021년 7월			1	2	3	
올해 (1월부터 오늘까지)	4	5	6	7	8	9	10
맞춤설정 ✓	11	12	13	14	15	16	17
비교	18	19	20	21	22	23	24
					취소	적용	

그림 2-5 일정 선택기

[그림 2-4]의 일정을 클릭하면 [그림 2-5]와 같은 일정 선택기가 표시됩니다. 일정 선택기로 데이터를 확인하기 위한 일정을 설정할 수 있습니다. 오늘, 어제, 이번 주, 지난주, 지난 7일, 지난 28일 등 여러 가지 기본 일정을 클릭하여 쉽게 일정을 선택할 수 있습니다. 여기서는 [맞춤설정]을 클릭하여 2021년 4월 1일부터 2021년 6월 30일까지를 선택하고 [적용]을 클릭합니다.

검색...			페이지당 행 수: 10 ▼	이동: 1	⟨ 1~10/28 ⟩
이벤트 이름 ▼	+	↓이벤트 수	총 사용자	사용자당 이벤트 수	총 수익
총계		5,105,766 총계 대비 100%	208,923 총계 대비 100%	24.51 평균과 동일	$827,692.71 총계 대비 100%
1 page_view		2,084,417	208,111	10.02	$0.00
2 user_engagement		902,062	167,816	5.38	$0.00
3 scroll		500,208	122,279	4.09	$0.00
4 view_item		407,636	68,963	5.91	$0.00
5 session_start		299,555	200,583	1.49	$0.00
6 first_visit		195,276	191,698	1.02	$0.00
7 new_recent_active_user		164,910	162,442	1.02	$0.00
8 view_promotion		135,789	82,076	1.65	$0.00
9 add_to_cart		88,865	12,771	6.96	$0.00
10 new_engaged_user		67,426	66,827	1.01	$0.00

보고서의 표에는 우리가 확인해야 하는 정보가 표시됩니다. 현재 우리는 이벤트 보고서를 확인하고 있기 때문에 표에는 이벤트에 대한 정보가 표시되고 있습니다. 이를 바탕으로 우리는 원하는 이벤트에 대한 이벤트 수, 총 사용자 수, 사용자당 이벤트 수 등을 확인할 수 있습니다. 이에 대해서는 앞으로 학습을 진행하며 자연스럽게 익히게 될 것입니다.

현재 표에는 10행의 데이터가 표시되어 있는데, 때에 따라서는 더 많은 데이터를 확인해야 하는 경우가 있습니다.

그림 2-6 페이지당 행 수

표 상단을 살펴보면 [그림 2-6]과 같이 '페이지당 행 수'가 '10'으로 설정된 것을 알 수 있습니다.

'페이지당 행 수'를 '25'로 변경해보겠습니다.

23	android_lovers	3,274	3,260	1.00	$0.00
24	click	2,479	1,694	1.46	$0.00
25	san_francisco_users	2,062	2,062	1.00	$0.00

아래에서부터 데이터를 확인하면 10개까지 표시되던 데이터가 25개까지 표시되는 것을 확인할 수 있습니다.

| 검색... | | | 페이지당 행 수: 25 | 이동: 1 | < 1~25/28 > |
| 이벤트 이름 ▾ | + | ↓이벤트 수 | 총 사용자 | 사용자당 이벤트 수 | 총 수익 |

만약 페이지의 행을 변경하고 그 뒤에 남는 데이터가 있다면 표 상단에서 <, > 버튼을 눌러 이전 페이지, 다음 페이지로 이동하여 나머지 데이터를 확인할 수 있습니다.

STEP 4 **정렬 방식 변경하기**

그림 2-7 이벤트 수 내림차순 정렬

[그림 2-7]을 자세히 살펴보면 데이터가 이벤트 수의 내림차순(높은 수에서 낮은 수)으로 표시되어 있는 것을 확인할 수 있습니다. 여기서 '이벤트 수'를 클릭하면 [그림 2-8]과 같이 오름차순(낮은 수에서 높은 수)으로 정렬을 변경할 수 있습니다.

그림 2-8   이벤트 수 오름차순 정렬

이제 이벤트 수가 제일 낮은 이벤트부터 확인할 수 있습니다. 다시 '이벤트 수'를 클릭하여 데이터를 내림차순으로 설정해봅시다.

STEP 5 **검색하기**

그림 2-9   데이터 검색하기

표에서 원하는 데이터를 찾고자 할 경우 검색을 사용할 수 있습니다. [그림 2-9]의 돋보기 아이콘 오른쪽의 '검색'을 클릭합니다.

검색어로 'item'을 입력하고 Enter 를 누릅니다.

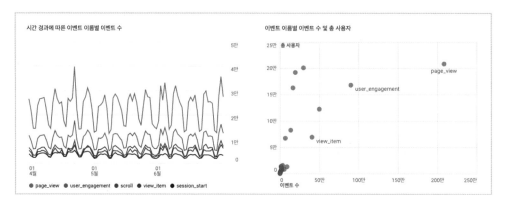

이제 이벤트 이름에 'item'이 포함된 데이터만을 확인할 수 있습니다. 검색어 오른쪽의 ⊗를 클릭하여 검색을 취소합시다.

STEP 6 보고서 상단 시각화 확인하기

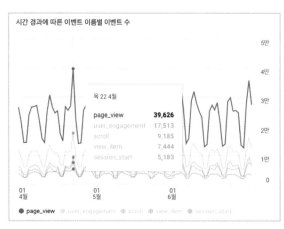

보고서 상단에는 각 보고서의 주제 데이터 시각화가 표시됩니다. 활용도가 높은 편은 아니기 때문에 간단히 살펴보겠습니다.

그림 2-10 page_view 이벤트 수

시각화 그래프에 마우스를 올려보면 마우스가 올라가 있는 영역의 데이터를 확인할 수 있습니다. 시간 경과에 따른 이벤트 이름별 이벤트 수 영역에서 가장 높이 솟아 있는 지점에 마우스를 올려보면 [그림 2-10]과 같이 4월 22일 목요일의 page_view(페이지 조회) 이벤트 수가 39,626임을 알 수 있습니다.

그림 2-11 토요일 페이지 조회 수

여기서는 잠깐 재미있는 데이터를 확인해보겠습니다. 그래프의 가장 낮은 지점의 데이터를 확인해보면 대부분 토요일임을 알 수 있습니다. 그래프의 데이터를 확인해보면 [그림 2-11]과 같이 전반적으로 토요일, 일요일 구간의 페이지 조회수가 낮고 화, 수, 목 구간의 페이지 조회수가 높은 것을 알 수 있습니다. 주중(화, 수, 목)에 제일 높은 수치를 기록하고 주말(금, 토, 일)에 지속적으로 하락하는 패턴이 반복되는 것입니다.

만약 우리가 어떤 행사를 기획하고 있다고 가정해봅시다. 이때 행사 페이지를 사용자에게 가능한 한 많이 보여줘야 한다면 어느 요일에 행사 페이지를 공개해야 할까요? 금, 토, 일을 피하여 월요일이나 화요일에 행사 페이지를 공개해야 할 것입니다. 바로 이것이 구글 애널리틱스를 바탕으로, 데이터를 기반으로 업무를 수행하는 방법입니다.

STEP 7 **측정기준 변경하기**

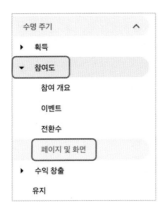

[참여도] ▶ [페이지 및 화면]을 클릭합니다.

페이지 제목 및 화면 클래스 보고서는 사용자가 어떤 페이지를 얼마나 봤는지 확인하는 보고서입니다. 여기서는 사용자들이 Home 페이지를 393,308회 봤다는 사실을 알 수 있습니다. 현재 표는 '페이지 제목 및 화면 클래스'를 기준으로 데이터가 표시되고 있습니다. 'Home 페이지의 조회수', 'Google Online Store의 조회수'와 같이 페이지 제목을 기준으로 데이터가 표시되고 있는 것입니다. 이때 '페이지 제목 및 화면 클래스'를 보고서의 측정기준이라고 합니다. 쉽게 말해, 우리는 현재 페이지 제목을 기준으로 구성된 데이터를 확인하고 있는 것입니다.

'페이지 제목 및 화면 클래스'에 마우스를 올려두면 '웹페이지 제목 및 기본 앱 화면 클래스입니다.'라는 설명 문구가 표시됩니다. 구글 애널리틱스를 사용할 때 모르는 용어가 나타난다면 우선 마우스를 올려두시기 바랍니다. 설명을 바탕으로 데이터 분석을 진행할 수 있을 것입니다.

그림 2-12 측정기준 선택기

'페이지 제목 및 화면 클래스'를 클릭하면 [그림 2-12]와 같이 보고서에서 사용할 수 있는 그 밖의 측정기준들이 표시됩니다. 여기서는 '페이지 경로 및 화면 클래스'를 선택하겠습니다.

표 데이터가 페이지 경로(페이지 URL)를 기준으로 표시되는 것을 확인할 수 있습니다.

STEP 8 보조 측정기준 추가하기

'페이지 경로 및 화면 클래스' 측정기준의 오른쪽 끝에 있는 + 버튼을 클릭하면 보조 측정기준을 추가하여 데이터를 더 상세하게 확인할 수 있습니다.

그림 2-13 보조 측정기준 선택기

보조 측정기준 선택기에는 기본 측정기준(앞에서 살펴본 측정기준을 보고서의 기본 측정기준이라고 합니다)에서는 제공되지 않았던 다양한 측정기준이 제공됩니다. 기본 측정기준과 보조 측정기준을 활용하여 좀 더 의미 있는 데이터를 확인할 수 있습니다. 이에 대해서는 학습을 진행하면서 차츰차츰 배워나갈 것입니다. 여기서는 [그림 2-13]처럼 [기기]를 클릭하고 [운영체제]를 클릭하겠습니다.

Q 검색...			
페이지 경로 및 화면 클래스 ▾	운영체제 ▾	✕	↓조회수
총계			2,084,417
			총계 대비 100%
1	/	Windows	178,976
2	/	Macintosh	146,400
3	/	Android	60,400
4	/	iOS	57,610

이제 페이지 경로(기본 측정기준)를 운영체제(보조 측정기준)로 나누어 데이터를 확인할 수 있습니다. 윈도우(Windows) 사용자는 홈페이지(/)를 178,976회 조회했고 맥(Macintosh) 사용자는 홈페이지를 146,400회 조회했습니다.

기본 측정기준과 보조 측정기준을 어떻게 설정하느냐에 따라 보고서에서 확인할 수 있는 데이터가 달라지게 됩니다. 각자 어떤 기본 측정기준과 보조 측정기준을 선택할 수 있는지, 어떤 데이터를 표시할 수 있는지 확인해보기 바랍니다.

STEP 9 **비교 일정 적용하기**

현재 보고서에는 2021년 4월 1일부터 2021년 6월 30일까지, 즉 2021년 2분기의 데이터가 표시되어 있습니다. 2021년 2분기의 데이터는 2021년 1분기의 데이터와 어떤 차이가 있을까요? 비교 일정을 적용해서 알아보겠습니다.

그림 2-14 비교 일정 선택기

일정 선택기를 표시한 뒤 [비교]를 클릭하면 [그림 2-14]와 같이 비교 일정을 설정할 수 있습니다. 비교에서 [맞춤설정]을 클릭하여 2021년 1월 1일 ~ 2021년 3월 31일로 일정을 지정하고 [적용]을 클릭합니다.

데이터에 비교 일정이 적용된 것을 알 수 있습니다. 여기서는 윈도우 사용자의 홈페이지(/) 조회수가 2021년 1분기에는 177,228이었는데 2021년 2분기에는 178,976으로 0.99% 상승했음을 알 수 있습니다.

지금까지 보고서 조작 방법을 살펴봤습니다. 여기서 배운 조작 방법은『고객을 끌어오는 구글 애널리틱스4』를 학습하는 동안 꼭 필요한 지식입니다. 다음 학습을 진행하기 전에 꼭 실습을 진행해보기 바랍니다.

2.3 실습 설정 문구 이해하기

- 🥧 Demo Account
- ⌂ GA4 – Google Merchandise Store

- 📊 참여도 > 이벤트
- ⏲ 2021년 4월 1일 ~ 2021년 6월 30일

구글 애널리틱스의 일부 기능을 사용하기 위해서는 적절한 사용자 권한이 필요합니다. 예를 들어, 바로 뒤에서 배우는 2.4절 '보고서 데이터 내보내기'를 실습하려면 구글 애널리틱스의 데이터를 추출할 수 있는 권한이 필요합니다.

아쉽게도 우리가 연동한 데모 계정(구글 머천다이즈 스토어)은 데이터 추출 권한을 비롯하여 핵심적인 권한은 제공하지 않기 때문에 보고서 데이터 내보내기 등 구글 애널리틱스의 일부 핵심 기능에 대한 실습을 진행할 수 없습니다. 그렇다고 학습을 멈출 수는 없습니다. 이럴 때는 실습 계정(실습 페이지)을 사용하여 실습을 진행할 것입니다.

이제부터는 각각의 실습에 앞서 '실습 설정 문구'가 표시될 것입니다. 실습 설정 문구에 맞춰 계정과 보고서를 미리 준비하여 원활한 학습이 될 수 있도록 준비해주시기 바랍니다.

STEP 1 실습 설정 문구 확인하기

- 🥧 Demo Account
- ⌂ GA4 – Google Merchandise Store

- 📊 참여도 > 이벤트
- ⏲ 2021년 4월 1일 ~ 2021년 6월 30일

그림 2-15 실습 설정 문구

2.3절의 제목인 '실습 설정 문구 이해하기'로 시선을 돌려봅시다. 제목 바로 아래에서 [그림 2-15]와 같은 실습 설정 문구를 확인할 수 있습니다. 해당 실습 설정 문구는 실습 진행을 위해 🥧 'Demo Account' 계정의 ⌂ 'GA4 – Google Merchandise Store' 속성에서 📊 [참여도] ▶ [이벤트] 보고서를 ⏲ 2021년 4월 1일 ~ 2021년 6월 30일로 설정하라는 의미입니다. 지금부터 천천히 실습 설정 방법을 알아보겠습니다.

STEP 2 계정 확인하기

📊 애널리틱스 | 모든 계정 > 실습 계정 | **구글 애널리틱스 실습 - GA4 ▾**

구글 애널리틱스의 속성 선택기에서 현재 선택되어 있는 계정과 속성을 확인할 수 있습니다. 현재 선택되어 있는 계정과 속성은 '실습 계정'의 '구글 애널리틱스 실습 – GA4'입니다.

2.3절의 실습 설정 문구는 'Demo Account' 계정의 'GA4 – Google Merchandise Store'로 설정되어 있으므로 계정을 전환해야 합니다.

STEP 3 계정 전환하기

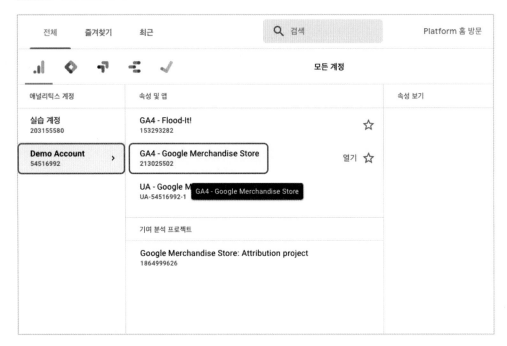

속성 선택기를 클릭하여 'Demo Account' 계정을 선택하고 'GA4 – Google Merchandise Store' 속성을 선택합니다.

실습 설정 문구에 맞게 'Demo Account' 계정의 'GA4 – Google Merchandise Store' 속성이 잘 선택되었습니다.

보고서 접속하기

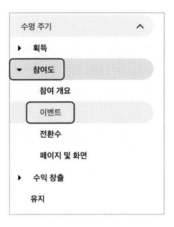

계정/속성 선택이 완료되면 실습 설정 문구에 해당하는 보고서를 선택합니다. 이번 실습은 [참여도] ▶ [이벤트] 보고서에서 이루어집니다. 왼쪽 메뉴에서 [참여도] ▶ [이벤트]를 클릭합니다.

STEP 5 **일정 설정하기**

오늘			맞춤설정					
어제			2021년 4월 1일 – 2021년 6월 30일					
이번 주	▶		일	월	화	수	목	금	토
지난주	▶		9	10	11	12	13	14	15
지난 7일			16	17	18	19	20	21	22
지난 28일			23	24	25	26	27	28	29
지난 30일			30	31					
지난 90일			2021년 6월						
지난 12개월					1	2	3	4	5
달력상 작년			6	7	8	9	10	11	12
올해 (1월부터 오늘까지)			13	14	15	16	17	18	19
맞춤설정	✓		20	21	22	23	24	25	26
비교			27	28	29	30			
			2021년 7월				1	2	3
							취소	적용

실습 설정 문구에 일정이 표시되어 있을 경우 일정 선택기의 [맞춤설정]을 사용하여 일정을 설정합니다. 『고객을 끌어오는 구글 애널리틱스4』에서는 기본적으로 2021년 4월 1일 ~

2021년 6월 30일을 기준으로 데이터를 확인합니다. 그러므로 책과 동일한 데이터를 확인하고 싶다면 위 일정을 설정하는 것이 좋습니다.

실습 설정이 완료되면 위와 같은 이벤트 데이터를 확인할 수 있습니다. 이제 실습을 진행할수 있습니다.

> **NOTE** **구글 애널리틱스의 개인 정보 보호**
> 구글 애널리틱스는 개인 정보 보호를 위해 일부 민감한 데이터의 경우 특정 기간 경과 후 데이터를 제거합니다. 따라서 일부 데이터의 경우 이 책의 스크린샷과 일치하지 않을 수 있습니다. 이 점에 주의하여 학습을 진행합시다. 스크린샷의 수치 하나하나에 집착하지 말고 데이터를 수집/분석/해석하는 방법에 집중하기 바랍니다.

2.4 보고서 데이터 내보내기

🌑 실습 계정 　　　　　　　　　　　　📑 참여도 > 이벤트

⛰ 구글 애널리틱스 실습 – GA4 　　　　⏱ 지난 28일

이번 절에서는 보고서에 표시되어 있는 데이터를 다운로드하여 엑셀 등으로 후가공하는 방법을 알아보겠습니다. 실제 업무에서 구글 애널리틱스의 데이터로 추가적인 데이터 작업을 진행할 때 유용하게 사용할 수 있습니다. 바로 위에 보이는 실습 설정 문구에 맞춰 보고서를 설정하고 실습을 진행합시다.

STEP 1 데이터 확인하기

이벤트 이름 ▾	＋	↓이벤트 수	총 사용자
총계		12 총계 대비 100%	2 총계 대비 100%
1　scroll		3	2
2　session_start		3	2
3　first_visit		2	2
4　page_view		2	2
5　test		1	1
6　user_engagement		1	1

실습 설정이 완료되면 위와 같은 이벤트 데이터를 확인할 수 있습니다. 여기에는 1.4절 '실습 계정 연동하기'에서 진행한 실습 데이터가 표시되어 있습니다.

STEP 2 데이터 내보내기

보고서 일정 설정 영역을 살펴보면 '이 보고서 공유'를 확인할 수 있습니다. '이 보고서 공유'를 클릭합니다.

'이 보고서 공유'를 클릭하면 [링크 공유], [파일 다운로드]를 확인할 수 있습니다. [링크 공유]를 선택할 경우 해당 보고서를 확인할 수 있는 링크를 얻을 수 있습니다. 같이 업무를 진행하는 동료가 있을 경우 보고서의 링크를 공유하면서 작업을 진행할 수 있습니다. 여기서는 [파일 다운로드]를 클릭합니다.

STEP 3 CSV 다운로드하기

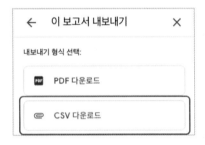

[파일 다운로드]를 클릭하면 [PDF 다운로드]와 [CSV 다운로드]가 표시됩니다. CSV 형태의 파일을 다운로드하면 엑셀, 넘버스, 파이썬 등을 활용하여 후가공, 후작업을 쉽게 진행할 수 있습니다.

# 시작일: 20210626					
# 종료일: 20210725					
이벤트 이름	이벤트 수	총 사용자			
scroll	3	2			
session_start	3	2			
first_visit	2	2			
page_view	2	2			
test	1	1			
user_engagement	1	1			
# 모든 사용자					
# 시작일: 20210626					

그림 2-16 CSV 파일로 추출된 구글 애널리틱스 데이터

CSV 다운로드가 완료되면 각자 지정한 다운로드 폴더에 data-export.csv 파일이 생성됩니다. 엑셀 등으로 CSV 파일을 열어보면 [그림 2-16]과 같은 데이터를 확인할 수 있습니다.

> **NOTE** **한글이 제대로 표시되지 않는 경우**
> 만약 엑셀 등에서 해당 CSV 파일의 한글이 제대로 표시되지 않는다면, 인터넷에서 '엑셀 CSV 깨짐' 등으로 검색해보시기 바랍니다.

Chapter
03 기본 분석 따라 배우기

구글 애널리틱스 데이터 분석은 필요한 보고서를 조작하여 원하는 데이터를 표시하여 해석하는 방식으로 이루어집니다. 우리는 앞에서 보고서를 조작하는 방법을 배웠습니다. 따라서 이제 우리에게 남은 것은 내게 필요한 보고서가 무엇인지, 보고서의 내용을 어떻게 해석하는지 배우는 것입니다.

이번 장에서는 참여도 보고서와 페이지 및 화면 보고서를 바탕으로 구글 애널리틱스의 기본 분석 방법을 학습해보겠습니다. 나머지 학습의 기반이 되는 장이니 꼼꼼히 학습하시기 바랍니다.

3.1 참여 개요 보고서 용어 배우기

🥧 Demo Account   📑 참여도 > 개요

⛰️ GA4 – Google Merchandise Store   ⏱️ 2021년 4월 1일 ~ 2021년 6월 30일

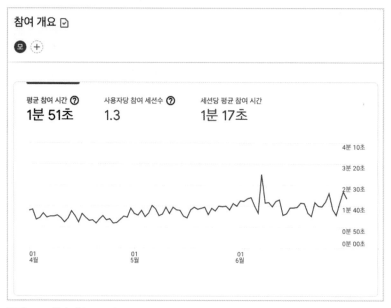

그림 3-1 참여 개요 보고서

우리가 처음으로 배울 보고서는 참여 개요 보고서입니다. 참여 개요 보고서에서는 서비스에 대한 사용자의 사용, 참여에 대한 데이터를 확인할 수 있습니다. '사용자가 서비스를 몇 분 동안 이용하는가?', '사용자가 어떤 페이지를 많이 보는가?'와 같은 데이터를 확인할 수 있습니다.

[그림 3-1]에는 평균 참여 시간, 사용자당 참여 세션수, 세션당 평균 참여 시간 등의 용어가 표시되어 있습니다. 평균 참여 시간이란 사용자가 평균적으로 얼마나 참여(혹은 사용)했는지에 대한 데이터를 나타낸다는 것을 쉽게 추정할 수 있을 것입니다. 그렇다면 사용자당 참여 세션수란 무엇이고, 세션이란 무엇일까요? 구글 애널리틱스를 원활히 사용하려면 이러한 기본 용어들을 숙지해야 합니다.

이제부터 구글 애널리틱스의 기본 용어를 하나씩 배울 것입니다. 그렇다고 용어를 암기할 필요는 없습니다. '이런 의미구나' 정도로 가볍게 이해할 수 있으면 충분합니다. 그럼 바로 용어 학습을 시작해보겠습니다.

사용자

지난 30분 동안의 사용자

41

분당 사용자 수

인기 페이지 및 화면	사용자
Home	16
Google Online Store	12
The Google Me...tore - Log In	6
WFH | Google ...andise Store	5
Womens | Appa...handise Store	4

실시간 보기 →

사용자(user)는 단어 그대로 서비스를 사용하고 있는 사람을 의미합니다. 10명이 서비스를 사용한다면 사용자 수는 10입니다.

Keyword 2 **세션**

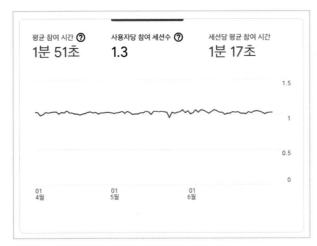

평균 참여 시간 ⑦	사용자당 참여 세션수 ⑦	세션당 평균 참여 시간
1분 51초	1.3	1분 17초

그림 3-2 　사용자당 참여 세션수, 세션당 평균 참여 시간

세션(session)은 사용자의 서비스 사용을 나타내는 단위입니다. [그림 3-2]에서는 사용자당 서비스를 1.3번 사용(사용자당 참여 세션수)하며, 한 번 사용할 때 평균적으로 1분 17초 사용

(세션당 평균 참여 시간)한다는 것을 알 수 있습니다.

이렇게 설명해도 '세션'의 의미가 쉽게 이해되지 않을 것입니다. 세션은 직관적으로 이해되는 용어가 아니기 때문입니다. [표 3-1]을 바탕으로 세션이 무엇인지 살펴보겠습니다.

표 3-1 사용자 A의 행동

시간	행동	세션 번호	세션 시작	세션 종료
09:00	서비스 접속	세션 1	09:00	09:30
09:01	페이지 조회	세션 1	09:00	09:31
09:02	페이지 조회	세션 1	09:00	09:32
09:03	사용자가 출근하기 위해 브라우저를 종료하고 자리를 떠남	세션 1	09:00	09:32
13:00	서비스 접속	세션 2	13:00	13:30
13:01	페이지 조회	세션 2	13:00	13:31

[표 3-1]은 사용자 A의 행동을 정리한 것입니다. 사용자 A는 09:00에 서비스에 처음으로 접속했습니다. 바로 이때 세션이 시작됩니다. 이를 세션 1이라고 부르겠습니다.

여기서 중요한 것은 세션이 언제 종료되는지를 이해하는 것입니다. 09:00에 시작된 세션 1은 언제 종료될까요? 세션은 시작 시점에서부터 30분 뒤 종료됩니다. 09:00에 시작된 세션 1은 09:30에 종료될 것입니다. 사용자가 아무 행동도 하지 않는다면 말입니다. 만약 사용자가 무엇인가 행동을 하면 세션의 종료 시점이 사용자의 행동 시점을 기준으로 30분 연장됩니다.

세션 1은 09:00에서 시작해 09:30에 종료될 예정이었습니다. 그런데 이때 사용자가 09:01에 다른 페이지를 조회하면 사용자의 행동이 발생한 09:01을 기준으로 다시 30분이 연장되어 세션 1의 종료 예정 시간은 09:31이 됩니다. 사용자가 09:02에 또 다른 페이지를 조회했다면? 09:02를 기준으로 다시 30분이 연장되어 세션 1의 종료 예정 시간은 09:32가 됩니다.

사용자가 09:32 이내에 어떠한 행동도 하지 않는다면 세션은 종료됩니다. 09:03에 사용자가 출근하기 위해 브라우저를 종료하고 자리를 떠났다면, 이때부터 아무런 사용자 행동도 발생하지 않을 것입니다. 09:32가 지나면 세션 1은 종료됩니다. 세션 1은 09:00에 시작해 09:32에 종료되었다고 할 수 있습니다.

13:00에 사용자가 다시 접속하면 세션 2가 시작되며, 위와 동일한 방식으로 사용자의 행동이 발생하면 30분이 연장될 것입니다.

다시 한번 사용자 A의 행동을 정리해보겠습니다. 사용자 A는 서비스를 2번 사용(세션 1, 세션 2)했습니다. 세션 1에서는 서비스를 2분가량 사용(참여)했고, 세션 2에서는 서비스를 1분가량 사용했습니다. 사용자 A는 세션당 평균적으로 서비스를 1분 30초 사용했다는 사실을 알 수 있습니다.

바로 이것이 세션입니다. 세션 시작에서부터 세션 종료까지의 연속되는 서비스 사용을 나타내는 단위가 바로 세션인 것입니다.

Keyword 3 **이벤트**

이벤트(event)란 사용자의 행동, 사용자에 대한 정보 그 자체라고 말할 수 있습니다. 구글 애널리틱스는 사용자의 행동, 사용자에 대한 정보를 이벤트라는 형태로 정의하고 수집합니다. 만약 사용자 A가 특정 페이지에 접속한다고 하면 구글 애널리틱스는 '사용자 A가 페이지 조회(page_view) 이벤트를 발생시켰다'라는 식으로 사용자 행동을 정의하고 수집합니다. 우리가 페이지 및 화면 보고서에서 구글 머천다이즈 스토어 홈페이지의 조회수를 확인했던 것이 바로 구글 애널리틱스가 수집한 사용자의 페이지 조회(page_view) 이벤트의 수였던 것입니다.

Keyword 4 **참여**

평균 참여 시간, 사용자당 참여 세션수, 세션당 평균 참여 시간에는 모두 '참여(engagement)'라는 단어가 들어갑니다. 사용자는 서비스를 사용하기 위해 페이지를 조회하거나 버튼을 클

릭하는 등 여러 가지 행동을 합니다. 이때 사용자가 서비스를 사용하는 것 자체를 참여라고
합니다.

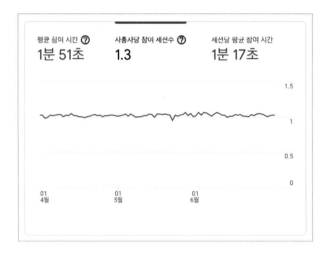

세션의 개념에 참여의 개념을 더하면 참여 세션(engaged session)이 됩니다. 사용자 100명
이 서비스에 접속하면 세션수가 100이 됩니다. 그런데 이때 100명의 사용자가 서비스 접촉
1초 만에 서비스를 종료한다면 어떨까요? 세션수 100이 의미가 있을까요? 참여가 없는 세션
은 의미 없는 세션이나 마찬가지입니다. 따라서 구글 애널리틱스는 참여가 발생한 세션, 사
용이 있었던 세션을 구분하기 위해 참여 세션이라고 부릅니다.

지금까지 사용자, 세션, 이벤트, 참여, 참여 세션이라는 용어를 배웠습니다. 바로 이 용어들이
구글 애널리틱스의 기본이 되는 용어들입니다. 다음 절에서는 이 용어들을 바탕으로 참여 개
요 보고서를 배워보겠습니다.

3.2 참여 개요 보고서 따라 배우기

🔵	Demo Accountt	🖼️	참여도 > 개요
🔺	GA4 – Google Merchandise Store	⏱️	2021년 4월 1일 ~ 2021년 6월 30일

앞에서 배운 용어를 생각해보면서 참여 개요 보고서를 각자 한 번씩 살펴봅시다. '사용자가 몇 명입니다.', '사용자당 서비스를 몇 번 참여합니다.'와 같이 데이터를 확인할 수 있을 것입니다. 이제 여러분에게 남은 것은 데이터를 해석해내는 방법을 배우는 것입니다. 이번 절에서는 참여 개요 보고서를 살펴보면서 내가 확인한 데이터를 어떻게 해석할 수 있는지 알아보겠습니다.

STEP 1 **평균 참여 시간**

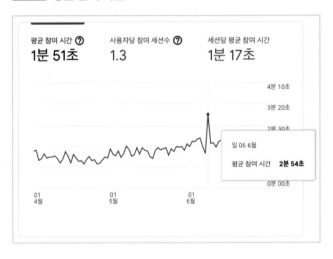

사용자는 평균적으로 서비스를 1분 51초 동안 사용합니다. 6월 6일에는 평균 참여 시간(average engagement time)이 평균 시간인 1분 51초보다 1분가량 높아졌음을 알 수 있습니다. 이날 무슨 일이 있었는지 조사해볼 필요가 있습니다.

사용자당 참여 세션수

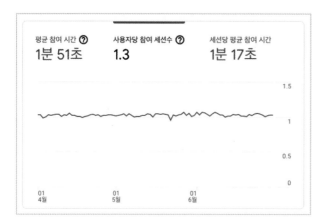

사용자당 참여 세션수(engaged session per user)는 1.3입니다. 사용자 한 명이 서비스를 1.3번 사용하는 것입니다. 만약 사용자당 참여 세션수가 1이라면 이는 사용자가 서비스를 한 번만 사용해보고 다시 돌아오지 않는다는 것을 의미합니다.

어떻게 하면 사용자당 참여 세션수를 늘릴 수 있을까요? 홈페이지에 매력적인 상품이 없는 것인지, 사용자가 원하지 않는 상품만을 전시하고 있는 것인지 등을 생각해보면서 구글 머천다이즈 스토어를 사용해봅시다.

STEP 3 **세션당 평균 참여 시간**

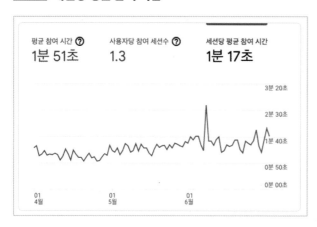

사용자는 세션당 평균 1분 17초 동안 서비스를 사용합니다. 그래프를 확인해보면 세션당 평균 참여 시간이 우상향하고 있다는 사실을 알 수 있습니다. 이는 분명 좋은 신호이지만 1분 17초는 너무나 짧은 시간입니다. 각자 구글 머천다이즈 스토어에서 마음에 드는 상품을 찾아 물건 구매 직전까지 진행해봅시다. 아마 1분 17초가 훨씬 넘는 시간이 필요할 것입니다. 사용자당 참여 세션수도 늘려야 하지만 세션당 평균 참여 시간(average engagement time per session) 역시 늘려야 합니다.

STEP 4 지난 30분 동안의 사용자

지난 30분 동안의 사용자가 몇 명이었는지 그리고 사용자가 어떤 페이지를 봤는지 확인할 수 있습니다. 매일 같은 시각에 해당 보고서를 확인한다면 서비스 사용자가 평소보다 적은지 혹은 많은지를 쉽게 파악할 수 있을 것입니다.

STEP 5 조회수와 이벤트 수

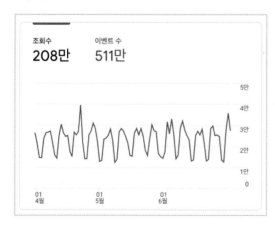

조회수(views) 영역에서는 사용자가 페이지(웹)나 화면(앱)을 얼마나 보는지 확인할 수 있습니다. 조회수 그래프를 자세히 살펴보면 월요일을 기준으로 수치가 올라갔다가 목요일을 기준으로 수치가 내려가는 패턴을 확인할 수 있습니다. 만약 패턴에 변화가 포착된다면 서비스에 어떤 사건(긍정적 혹은 부정적)이 발생한 것일 수 있습니다. 패턴의 변화가 발생한다면 원인을 조사해봐야 할 것입니다.

구글 애널리틱스는 웹페이지 조회(page_view) 말고도 여러 가지 이벤트를 수집합니다. 구글 애널리틱스가 수집하는 이벤트의 총수가 '이벤트 수'에 표시됩니다. 이벤트 수 영역에는 중요 이벤트와 관계없는 모든 이벤트 수치가 표시되므로 그다지 유용하지 않습니다. 이벤트 파악이 필요하다면 이벤트 보고서를 확인하는 것이 좋습니다. 이에 대해서는 책 전반에 걸쳐 살펴볼 것입니다.

STEP 6 이벤트 이름별 이벤트 수

구글 애널리틱스가 수집한 이벤트를 이름별로 확인하는 영역입니다. 여러 가지 이벤트가 표시되어 있지만 아직 배우지 않은 상태입니다. 이 또한 책 전반에 걸쳐 살펴볼 것입니다.

페이지 제목 및 화면 클래스별 조회수

페이지 제목 및 화면 클래스	조회수
Home	39만
Google Online Store	16만
Shopping Cart	15만
Men's / Unisex...chandise Store	9.2만
The Google Mer...Store - Log In	8.3만
Sale | Google ...chandise Store	8만
New | Google M...handise Store	6.2만

페이지 및 화면 보기 →

사용자가 어떤 페이지를 봤는지 확인하는 영역입니다. 이는 우리가 페이지 및 화면 보고서에서 살펴봤던 데이터와 동일합니다.

이 외에도 '시간 경과에 따른 사용자 활동', '사용자 재방문' 영역이 있습니다. 하지만 아직 우리는 해당 영역을 이해할 수 있는 준비가 되지 않았습니다. 차츰차츰 배우게 될 것입니다.

지금까지 간단하게 참여 개요 보고서를 살펴봤습니다. 기본 용어를 바탕으로 나름의 의미를 부여하면서 데이터를 해석할 수 있습니다. 데이터 해석은 주관적이고 경험적인 영역이므로 데이터를 해석하는 능력을 기르기 위해서는 꾸준히 보고서를 살펴봐야 할 것입니다. 구글 애널리틱스가 제공하는 보고서는 대부분 위와 같은 형식입니다. 각자 다른 보고서들도 한 번씩 살펴봅시다.

3.3 페이지 및 화면 보고서 용어 배우기

- Demo Account
- GA4 – Google Merchandise Store
- 참여도 > 페이지 및 화면
- 2021년 4월 1일 ~ 2021년 6월 30일

우리는 2장 '보고서 조직 방법 따라 배우기'에서 페이지 및 화면 보고서를 가볍게 살펴봤습니다. 이번 절에서는 지금까지 배운 용어를 바탕으로 보고서를 다시 한번 살펴보고 몇 가지 용어를 더 배워보겠습니다.

페이지 제목 및 화면 클래스 ▾	↓조회수	사용자	새 사용자 수	사용자당 조회수	평균 참여 시간
총계	2,084,417 총계 대비 100%	208,321 총계 대비 100%	195,276 총계 대비 100%	10.01 평균과 동일	1분 51초 평균과 동일
1 Home	393,308	106,735	71,767	3.68	0분 24초
2 Google Online Store	160,286	54,571	47,442	2.94	0분 08초
3 Shopping Cart	147,948	18,456	949	8.02	1분 10초

그림 3-3 페이지 및 화면 보고서

Keyword 1 조회수

조회수는 사용자가 특정 페이지(혹은 화면)를 본 횟수를 의미합니다. 만약 사용자들이 홈페이지를 100번 봤다면 조회수는 100입니다.

> **NOTE** 페이지와 화면 그리고 조회수
>
> 구글 애널리틱스4는 웹과 앱을 모두 분석할 수 있는 도구입니다. 따라서 사용자가 브라우저에서 웹페이지를 봤는지 앱에서 앱 화면을 봤는지를 구분할 수 있어야 합니다. 구글 애널리틱스는 브라우저의 웹페이지를 '페이지'로, 앱 화면을 '화면'으로 구분합니다. page_view 이벤트는 웹페이지 조회 이벤트이고, screen_view 이벤트는 앱 화면 조회 이벤트입니다. 조회수는 page_view와 screen_view의 수를 더한 값입니다.

Keyword 2 사용자와 사용자당 조회수

홈페이지의 조회수가 100일 때 사용자 수가 10이라면 사용자당 조회수는 당연히 10입니다. 여기서는 10이라는 수 자체가 중요한 것이 아니라 사용자가 어떤 페이지를 반복적으로 보고 있는지를 확인하는 것이 중요합니다.

[그림 3-3]에서는 장바구니의 사용자당 조회수가 8.02로 매우 높은 수준입니다. 사용자가 장바구니 페이지를 자주 사용한다는 의미이므로, 어떤 화면에서나 빠르게 장바구니를 살펴볼 수 있는 기능을 제공하는 것을 고려해볼 수 있을 것입니다.

Keyword 3 새 사용자 수

Home 페이지의 사용자는 106,735이고 새 사용자 수는 71,767입니다. Home 페이지의 전체 사용자가 106,735인데, 그중 새 사용자가 71,767명이라는 의미입니다. 나머지는 기존 사용자라고 할 수 있습니다.

표 3-2 사용자 방문

일시	방문한 사용자	첫 방문 / 재방문
1월 1일	사용자 A	첫 방문
1월 2일	사용자 A	재방문
	사용자 B	첫 방문
	사용자 C	첫 방문

[표 3-2]에는 새 사용자 수를 이해하기 위해 1월 1일과 1월 2일의 방문자를 간략하게 표시해 두었습니다. 표의 데이터를 바탕으로 1월 2일의 데이터를 확인한다고 가정하겠습니다.

1월 2일의 사용자 수는 3(사용자 A, 사용자 B, 사용자 C)입니다. 여기서 첫 방문 사용자(새 사용자)만 골라내면 사용자 B, 사용자 C가 됩니다. 새 사용자 수가 2인 것입니다. 사용자 A는 기존 사용자라고 할 수 있습니다.

Keyword 4 평균 참여 시간

Home 페이지의 평균 참여 시간은 0분 24초입니다. 사용자가 평균적으로 0분 24초 동안 Home 페이지를 살펴봤다는 의미입니다.

이 외에도 페이지 및 화면 보고서에는 순 사용자 스크롤, 이벤트 수, 전환, 총 수익 등의 용어가 표시되어 있습니다. 이에 대해서는 학습을 진행하면서 차츰 살펴보겠습니다.

3.4 페이지 및 화면 보고서 따라 배우기

🥧	Demo Account	🏷️	참여도 > 페이지 및 화면
⩍	GA4 – Google Merchandise Store	⏲️	2021년 4월 1일 ~ 2021년 6월 30일

구글 애널리틱스의 표준 보고서는 크게 두 가지 타입(개요 보고서와 상세 보고서)으로 나눌 수 있습니다. '참여 개요 보고서'는 개요 보고서에 해당하고 '페이지 및 화면 보고서'는 상세 보고서에 해당합니다. 실제 업무를 진행할 때는 데이터를 상세하게 파악하는 작업을 주로 진행하므로 상세 보고서 사용 방법을 잘 알아두어야 합니다. 이번 절에서는 '페이지 및 화면 보고서'로 상세 보고서 사용 방법을 배우고, 페이지 및 화면 보고서의 분석 방법을 배워보겠습니다.

페이지 제목 및 화면 클래스 ▾	↓조회수	사용자	새 사용자 수	사용자당 조회수	평균 참여 시간
총계	2,084,417 총계 대비 100%	208,321 총계 대비 100%	195,276 총계 대비 100%	10.01 평균과 동일	1분 51초 평균과 동일
1 Home	393,308	106,735	71,767	3.68	0분 24초
2 Google Online Store	160,286	54,571	47,442	2.94	0분 08초
3 Shopping Cart	147,948	18,456	949	8.02	1분 10초

그림 3-4 페이지 및 화면 보고서

STEP 1 데이터를 그대로 읽기

먼저 [그림 3-4]의 데이터를 그대로 읽어보겠습니다.

"Home 페이지 조회수는 393,308입니다. 사용자 수는 106,735이며 새 사용자 수는 71,767입니다. 사용자당 조회수는 3.68이며 평균 참여 시간은 0분 24초입니다."

여기서 잠깐 생각해봅시다. 데이터를 그대로 읽는 것이 데이터 분석적으로 의미가 있는 것일까요? 사실 우리가 알고 싶었던 것은 홈페이지의 조회수나 전체 사용자 수보다는 사용자가 제일 많이 보는 페이지는 어디이며 Home 페이지의 평균 참여 시간이 정상인가와 같은 것이 아닐까요? 맞습니다. 데이터를 그대로 읽는 것은 큰 의미가 없습니다. 우리는 데이터를 탐색하며 읽는 방법을 알아야 합니다.

데이터를 탐색하며 읽기

데이터 분석에 정말로 필요한 것은 데이터를 그대로 읽는 것이 아니라, 데이터와 데이터를 비교하여 데이터에 숨겨져 있는 어떠한 의미 혹은 어떠한 인사이트를 찾아내는 것입니다. "홈페이지의 사용자당 조회수는 3.68이다."와 같이 데이터를 그대로 읽는 것이 아니라 "홈페이지의 사용자당 조회수는 3.68이다. 왜 그런 것일까?"와 같이 데이터 속에 감춰져 있는 의미와 인사이트를 찾아내는 것입니다. 우리는 이러한 데이터 읽기 방식을 '탐색하며 읽기'라고 부르겠습니다. 그럼 바로 Home 페이지의 데이터를 탐색하며 읽어보겠습니다.

Home 페이지의 조회수는 393,308입니다. Home 페이지의 조회수는 왜 다른 페이지들보다 높을까요? 각자 여러 가지 생각을 할 수 있습니다. 개인적으로는 Home 페이지가 구글 머천다이즈 스토어의 시작 페이지이기 때문인 것 같습니다. 당연히 Home 페이지의 조회수가 높게 나올 수밖에 없는 것입니다. 그럼에도 불구하고 Home 페이지의 조회수가 다른 페이지들보다 낮다면 이는 분명 큰 문제가 있는 것입니다. 반대로 Home 페이지와 비슷한 조회수를 갖는 페이지가 있다면 이는 시작 페이지에 준하는 중요성을 갖고 다루어야 할 것입니다.

Home 페이지의 사용자 106,735 중 71,767은 새 사용자입니다. Home 페이지의 사용자 중 대략 67%가 새 사용자이고 나머지 33%가 기존 사용자인 것입니다. Home 페이지는 왜 새 사용자 비율이 높은 것일까요? 앞에서 살펴본 것과 마찬가지로 Home 페이지가 구글 머천다이즈 스토어의 시작 페이지이기 때문입니다. 여기서 우리는 이런 질문을 할 수 있습니다. 그렇다면 다른 페이지의 새 사용자 수는 어떨까?

페이지 제목 및 화면 클래스 ▾	+	조회수	사용자	↓새 사용자 수
총계		2,084,417 총계 대비 100%	208,321 총계 대비 100%	195,276 총계 대비 100%
1 Home		393,308	106,735	71,767
2 Google Online Store		160,286	54,571	47,442
3 Google Dino Game Tee		37,601	18,109	17,397
4 YouTube | Shop by Brand | Google Merchandise Store		41,970	14,756	10,698

그림 3-5 새 사용자 수로 정렬한 페이지 및 화면 보고서

[그림 3-5]와 같이 '새 사용자 수'로 정렬을 하면 쉽게 알 수 있습니다. Google Dino Game Tee라는 페이지는 사용자가 18,109인데 새 사용자 수가 17,397입니다. 약 96%가 새 사용자인 셈입니다. 새 사용자를 획득하는 데 정말 중요한 페이지인 것입니다. 왜 해당 페이지로 새

사용자가 유입되고 있는지를 꼭 확인해봐야 할 것입니다. 어쩌면 해당 페이지가 SNS에 크게 입소문이 났을지도 모르는 일입니다.

> **NOTE 홈페이지와 새 사용자 수**
> 일반적으로 우리는 서비스의 홈페이지(시작 페이지)에 많은 공을 들입니다. 새 사용자가 시작 페이지를 통해 접속할 것이라고 가정하기 때문입니다. 정말 그럴까요? 새 사용자 수를 기준으로 데이터를 확인해보면 이러한 가정이 맞지 않는 경우도 많습니다. 때로는 새 사용자의 유입이 홈페이지가 아닌 곳에서 더 많이 이루어지기도 하는 것입니다. 홈페이지 이외의 페이지에서도 새 사용자를 맞이할 수 있는 준비가 항상 되어 있어야 할 것입니다.

Home 페이지의 사용자당 조회수는 3.68입니다. 사용자는 왜 Home 페이지를 반복적으로 조회하는 것일까요?

정말로 Home 페이지에 보고 싶은 콘텐츠가 많기 때문일 수도 있겠지만, 저는 어쩐지 이런 생각이 듭니다. 어쩌면 사용자는 Home 페이지의 콘텐츠를 보기 위해 접속하는 것이 아닐 수도 있습니다. 사용자가 특정 페이지(예를 들어, 회원 가입 페이지)에서 벗어나기 위해 홈페이지 로고를 습관적으로 누르고 있을지도 모릅니다. 평소에 자신이 어떤 방식으로 쇼핑몰을 이용하는지 생각해봅시다. 로고를 눌러서 다른 페이지로 벗어나 본 적이 있지 않나요? 실제로도 이러한 경우는 많이 발생합니다. 따라서 일반적으로 Home 페이지의 사용자당 조회수에는 의미 없는 수, 허수가 포함되어 있다고 볼 수 있습니다. 이 점을 고려한다면 사용자에게 특정 페이지를 벗어날 수 있는 적절한 수단(브레드크럼 등의 UI를 예로 들 수 있습니다)이 제공되고 있는지 조사해볼 필요가 있습니다. 이러한 관점으로 봤을 때 Home 페이지의 평균 참여 시간이 0분 24초라는 것도 이해가 됩니다. Home 페이지를 다른 페이지로 벗어나기 위한 용도로 사용하기 때문에 자연스럽게 평균 참여 시간이 줄어들고 있는 것입니다.

지금까지 간단하게 페이지 및 화면 보고서를 살펴봤습니다. 기본적인 용어를 살펴보고, 데이터를 탐색하며 읽어봤습니다. 제 생각이 많이 담겨 있는 탐색하며 읽기였습니다만, 데이터 분석을 처음 진행하는 독자 입장에서는 '데이터를 이런 식으로 해석할 수 있구나' 정도의 감을 잡는 데 도움이 되었으리라 생각합니다. 구글 애널리틱스의 나머지 부분들을 학습하면 더 깊은 데이터 읽기를 진행할 수 있습니다. 나머지 부분도 열심히 공부하기 바랍니다.

Chapter 04

데이터 더 상세하게 파악하기

구글 애널리틱스를 사용하는 이유는 무엇일까요? 데이터를 수집하고 분석하기 위함입니다. 데이터를 바탕으로 의미를 이끌어내고, 인사이트를 발견하여 서비스를 발전시키기 위함입니다. 앞에서 배운 데이터를 탐색하며 읽기는 이를 위한 우리의 첫걸음인 것입니다.

구글 애널리틱스는 데이터를 더 상세하게 파악할 수 있게 해주는 여러 가지 방법을 제공합니다. 이번 장에서는 그중 세 가지를 배웁니다. 바로 비교군, 잠재고객, 세그먼트입니다. 데이터를 비교하는 방법, 사용자를 비교하는 방법을 통해 좀 더 흥미진진한 데이터 분석의 영역으로 넘어가보겠습니다.

4.1 비교군 설정하기

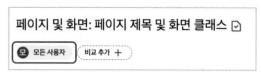

🥧 Demo Account

📈 GA4 – Google Merchandise Store

📑 참여도 > 페이지 및 화면

⏱ 2021년 4월 1일 ~ 2021년 6월 30일

페이지 및 화면: 페이지 제목 및 화면 클래스 ☑

[🅜 모든 사용자] (비교 추가 +)

그림 4-1 모든 사용자의 데이터를 표시하는 페이지 및 화면 보고서

[그림 4-1]은 페이지 및 화면 보고서의 윗부분입니다. '모든 사용자'라는 영역을 확인할 수 있습니다. 이는 현재 보고서의 데이터가 모든 사용자를 대상으로 수집된 데이터임을 나타냅니다. 만약 여기에 '미국 사용자'라는 대상을 추가한다면 우리는 모든 사용자와 미국 사용자의 페이지 조회수를 비교할 수 있을 것입니다. 바로 이것이 이번 절의 목표입니다. 우리는 '모든 사용자'와 '미국 사용자'를 비교할 것입니다. '모든 사용자' 오른쪽의 [비교 추가 +]를 클릭합니다.

STEP 1 비교군 추가하기

비교 만들기 영역이 표시됩니다. 여기서 모든 사용자와 비교할 사용자 그룹을 설정할 수 있습니다. '측정기준 선택'을 클릭합니다.

여러 가지 측정기준이 표시됩니다. 우리는 이 측정기준을 활용하여 사용자 그룹을 설정할 수 있습니다. 여기서는 미국 사용자 그룹을 만들 것이므로 '국가'를 선택합니다.

측정기준 값으로 'United'를 입력합니다. United States(미국)가 표시되는 것을 확인할 수 있습니다. 그런데 여기에는 United Kingdom(영국)도 표시되고 있습니다. 미국과 영국을 선택하고 [확인]을 클릭합니다.

요약 영역에서 국가 United Kingdom 또는 United States를 포함하는 사용자 그룹이 선택되었음을 알 수 있습니다. [적용]을 클릭합니다.

그림 4-2 모든 사용자와 영국, 미국 사용자의 데이터를 표시하는 페이지 및 화면 보고서

[그림 4-2]와 같이 비교군 영역에 '모든 사용자'와 '국가에 다음을 포함: United...'가 추가되었음을 확인할 수 있습니다. 우리가 만든 사용자 그룹이 적용된 것입니다. 이제 우리는 표에서 '모든 사용자'와 '영국, 미국 사용자'를 비교할 수 있습니다.

그림 4-3 모든 사용자와 영국, 미국 사용자의 데이터를 표시하는 표

[그림 4-3]을 살펴보면 Home의 조회수를 '모든 사용자'와 '영국, 미국 사용자'로 나누어 확인할 수 있습니다. 모든 사용자 기준으로 Home의 조회수는 393,308이고 영국, 미국 사용자 기준으로 Home의 조회수는 213,349입니다. 미국과 영국에서의 접속이 매우 많다는 사실을 쉽게 알 수 있습니다.

지금까지 비교군 만드는 방법을 살펴봤습니다. 측정기준에서 국가를 선택하는 것으로 '영국, 미국 사용자' 그룹을 만들어 '모든 사용자' 그룹과 데이터를 비교할 수 있었습니다.

비교군 설정은 구글 애널리틱스 데이터 분석을 배우는 우리에게 무척이나 중요한 한 걸음입니다. 마침내 우리에게 원하는 데이터를 비교하여 파악하는 방법이 생긴 것입니다. 이런 상상을 해봅시다. 사과를 장바구니에 담은 사용자와 사과를 장바구니에 담지 않은 사용자를 비교하는 것입니다. '사과를 장바구니에 담은 사용자들은 사과 페이지를 2분 이상 봤다는 데이터를 확인할 수 있다면⋯' '이를 활용하여 사과 구매율을 높일 수 있다면⋯' 정말 재미있지 않나요?

STEP 2 비교군 삭제하기

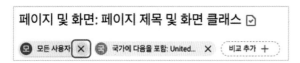

만약 '모든 사용자'의 데이터를 확인할 필요가 없다면 비교군을 제거하면 됩니다. '모든 사용자' 오른쪽의 ✕를 클릭합니다.

비교군 영역에서 '모든 사용자'가 제거되었습니다. 표에서도 '모든 사용자'의 데이터가 제거된 것을 확인할 수 있습니다.

STEP 3 **비교군 수정하기**

이번에는 비교군을 수정해보겠습니다. 보고서 일정 영역의 오른쪽에서 '비교 수정'을 클릭합니다.

'비교 수정'을 클릭하면 보고서에 적용되어 있는 비교군이 표시됩니다. '영국, 미국 사용자' 비교군의 오른쪽에 있는 더보기를 클릭한 뒤 [비교 수정]을 클릭합니다.

비교군을 추가할 때와 마찬가지로 측정기준 값으로 'United'를 입력하고 'United States'만 선택합니다. [확인]을 클릭하고 보고서에 적용합니다.

이제 미국 사용자의 Home 조회수가 205,448임을 확인할 수 있습니다. 앞에서 '영국, 미국 사용자'의 Home 조회수는 213,349였습니다. 대부분 미국 사용자의 접속이었음을 쉽게 알 수 있습니다.

STEP 4 조건 추가하기

이번에는 '미국 안드로이드 사용자'의 홈페이지 조회수를 확인해보겠습니다. '미국 사용자' 비교군에 '안드로이드' 사용 여부를 추가하면 될 것입니다.

'비교 수정'에서 '미국 사용자'를 선택하고 [이 템플릿으로 새로 만들기]를 클릭합니다. 미국 사용자를 템플릿으로 (설정을 그대로 활용하여) 새로운 비교군을 만들 수 있습니다. 비슷한 비교군을 여러 개 만들 때 유용한 방법입니다.

'미국 사용자' 비교군의 설정을 템플릿으로 한 비교군이 표시됩니다. [새 조건 추가]를 클릭합니다.

측정기준으로 '운영체제'를 선택합니다. '측정기준 값 선택'을 클릭하면 운영체제 목록이 표시됩니다. 'Android'를 선택합니다.

위와 같이 비교군을 설정하고 보고서에 적용합니다.

이제 우리는 '미국 안드로이드 사용자'의 Home 조회수를 확인할 수 있습니다.

다시 한번 '미국 안드로이드 사용자'의 설정을 살펴보겠습니다. '운영체제 = Android' 조건이 '포함'으로 설정되어 있습니다. '포함'을 클릭하면 '포함'과 '제외'가 표시되는 것을 확인할 수 있습니다. 만약 여기에서 '제외'를 선택한다면 어떤 비교군이 될까요? '미국의 안드로이드 운영체제를 사용하지 않는' 사용자 그룹이 될 것입니다.

우리는 이러한 방식으로 여러 가지 조건을 포함/제외하는 비교군을 만들 수 있습니다. 각자 여러 가지 설정을 바탕으로 비교군을 만들어보기 바랍니다.

지금까지 실습을 진행했다면 보고서에 '미국 사용자'와 '미국 안드로이드 사용자' 비교군이 적용되어 있을 것입니다. 이 상태에서 브라우저를 종료하고 다시 페이지 및 화면 보고서에 접속해보겠습니다.

브라우저를 종료하고 다시 페이지 및 화면 보고서에 접속하면 비교군이 사라져 있습니다. 다시 '미국 사용자'와 '미국 안드로이드 사용자' 비교군을 적용하려면 처음부터 설정할 수밖에 없습니다. 만약 복잡한 비교군을 4개 설정(비교군은 최대 4개까지 설정 가능)했다면 재설정 자체가 꽤 번거로울 것입니다. 비교군을 통한 사용자 설정이 항상 유지되도록 할 수는 없을까요? 바로 다음 절에서 잠재고객 설정 방법을 알아보겠습니다.

4.2 잠재고객 설정하기

- 🔵 실습 계정
- ⬠ 구글 애널리틱스 실습 – GA4
- ▨ 참여도 > 페이지 및 화면
- 🗓 지난 28일

비교군은 보고서의 데이터를 나누어보는 방법을 제공하는 기능으로, 사용자 그룹 자체를 설정하는 방법은 아닙니다. 구글 애널리틱스는 사용자 그룹 자체를 설정하는 방법으로 '잠재고객'이라는 기능을 제공합니다. 원하는 잠재고객을 설정하면 구글 애널리틱스 전반에서 유용하게 활용할 수 있습니다.

STEP 1 **잠재고객 만들기**

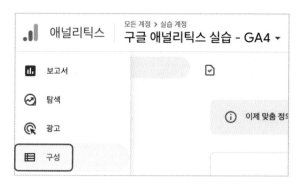

잠재고객 만들기 실습을 진행하기 위해서는 반드시 '실습 계정'을 사용해야 합니다. 보고서 설정 문구에 맞춰 실습 환경을 준비합시다.

구글 애널리틱스 메뉴에서 [구성]을 클릭합니다.

[잠재고객]을 클릭합니다.

잠재고객 이름	설명	사용자 ⑦	변동률(%)	생성일 ↓
All Users	All users	2	-	2021. 7. 25.
Purchasers	Users who have made a purchase	사용자 10 명 미만	-	2021. 7. 25.

그림 4-4 기본 잠재고객 목록

[잠재고객]을 클릭하면 [그림 4-4]와 같이 기본 잠재고객 목록이 표시됩니다. 'All Users'는 모든 사용자를 의미하는 잠재고객입니다. 지금까지 실습을 진행하는 동안 측정된 사용자 2명이 표시되어 있습니다. 'Purchasers'는 구매 잠재고객을 의미합니다. 이에 대해서는 나중에 살펴보겠습니다. [새 잠재고객]을 클릭하여 새로운 잠재고객을 만들 수 있습니다.

추천 잠재고객에는 '최근에 활동한 사용자', '비구매자' 잠재고객이 표시되어 있습니다. 이는 구글 애널리틱스가 '최근에 활동한 사용자 데이터를 확인해보는 건 어떠세요?' 하고 잠재고객을 추천하는 것입니다. 바로 이것이 잠재고객의 활용 방법입니다. 비교군과 마찬가지로 잠재고객을 바탕으로 사용자와 사용자를 비교하여 인사이트를 발견할 수 있습니다.

우리는 처음부터 잠재고객을 만들 것이므로 [맞춤 잠재고객 만들기]를 클릭합니다.

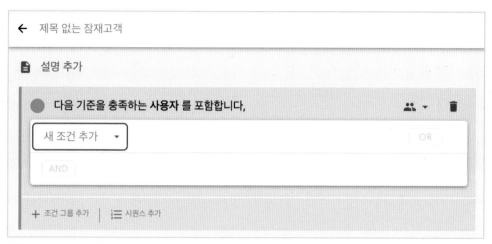

그림 4-5 잠재고객 만들기

[그림 4-5]는 잠재고객 만들기 화면입니다. 비교군에서 사용자 그룹을 만들 때와 마찬가지로 여러 가지 조건을 추가하는 방식으로 원하는 잠재고객을 만들 수 있습니다. 여기서는 '한국 사용자' 잠재고객을 만들어보겠습니다.

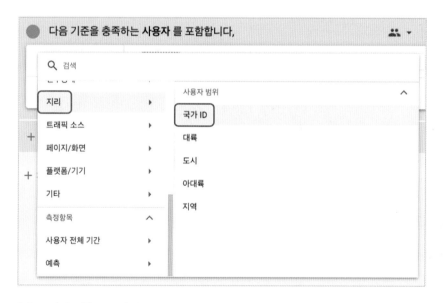

'새 조건 추가'를 클릭하면 잠재고객 조건 선택기가 표시됩니다. 비교군보다 훨씬 다양한 측정기준과 측정항목이 제공되고 있어 더 자세한 사용자 그룹을 만들 수 있습니다. 각자 어떤 측정기준, 측정항목이 제공되는지 확인해보시기 바랍니다. 여기서는 [지리] ▶ [국가 ID]를 선택합니다.

국가 조건을 설정했습니다. 이제 한국을 설정하면 될 것입니다. [필터 추가]를 클릭합니다.

조건이 표시되면 '포함'을 선택하고 국가 ID로 'KR'을 선택합니다. [적용]을 클릭합니다.

잠재고객은 기본 30일로 설정됩니다. 30일 이내의 사용자를 대상으로 한국 사용자를 구분하겠다는 의미입니다. 활용 방식에 따라 기간을 특정하거나 최대 한도를 설정하여 사용합니다.

요약 영역에는 우리가 설정한 '국가 ID KR(한국)' 사용자가 몇 명 있는지가 표시됩니다. 지난 30일의 데이터를 기준으로 해당 조건에 일치하는 사용자가 2명으로 예측되는 것을 확인할 수 있습니다.

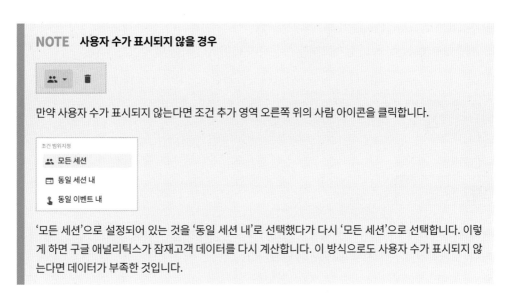

NOTE **사용자 수가 표시되지 않을 경우**

만약 사용자 수가 표시되지 않는다면 조건 추가 영역 오른쪽 위의 사람 아이콘을 클릭합니다.

'모든 세션'으로 설정되어 있는 것을 '동일 세션 내'로 선택했다가 다시 '모든 세션'으로 선택합니다. 이렇게 하면 구글 애널리틱스가 잠재고객 데이터를 다시 계산합니다. 이 방식으로도 사용자 수가 표시되지 않는다면 데이터가 부족한 것입니다.

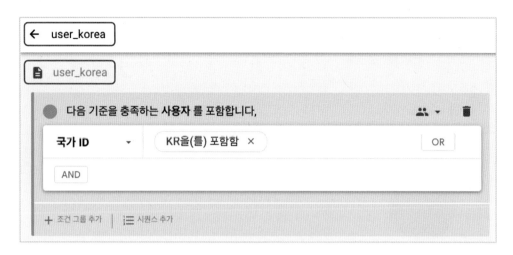

잠재고객 이름과 설명으로 'user_korea'를 입력하고 저장합니다.

잠재고객으로 'user_korea'가 추가된 것을 확인할 수 있습니다. 이제 우리는 구글 애널리틱스 전반에서 'user_korea' 잠재고객을 사용하여 데이터 분석을 할 수 있습니다.

잠재고객은 최대 100개까지 설정할 수 있습니다. 사용하지 않는 잠재고객은 더보기를 클릭하여 [보관처리]하는 것으로 제거할 수 있습니다.

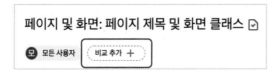

다시 페이지 및 화면 보고서에 접속합니다. [비교 추가 +]를 클릭합니다.

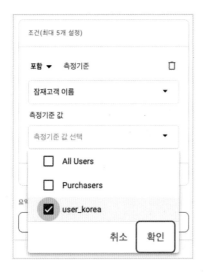

측정기준으로 '잠재고객 이름'을 선택합니다. '측정기준 값 선택'을 클릭하면 앞에서 만든 잠재고객 'user_korea'가 표시됩니다. 'user_korea'를 선택하고 [확인]을 클릭하여 보고서에 적용합니다.

잠재고객을 활용한 비교군이 적용된 것을 확인할 수 있습니다.

그런데 여기서 주의할 것이 있습니다. 지금까지의 실습을 빠르게 진행한 독자 여러분에게는 해당 부분의 데이터가 아직 표시되지 않을 수 있습니다. 왜냐하면 잠재고객을 비롯한 구글 애널리틱스의 여러 설정들은 설정 이후 대략 하루가 지나야(실시간 보고서가 아니므로) 확인할 수 있기 때문입니다. 하루 이틀 뒤 다시 해당 부분의 실습을 진행하고 데이터를 확인해보기 바랍니다.

> **NOTE 구글 애널리틱스 데이터 수집 계획**
>
> 구글 애널리틱스의 설정이 데이터에 반영되려면 하루 정도의 시간이 필요합니다. 따라서 구글 애널리틱스로 어떤 데이터를 수집/확인할 필요가 있다면 이러한 점을 고려하여 구글 애널리틱스 설정을 미리 진행해야 합니다. 이에 대해서는 학습을 진행하면서 자연스럽게 알게 될 것입니다.

4.3 측정기준 설정하기

🌓 Demo Account
🔺 GA4 – Google Merchandise Store

📊 참여도 > 페이지 및 화면
⏱ 2021년 4월 1일 ~ 2021년 6월 30일

비교군과 잠재고객은 보고서에 표시되는 데이터의 출처를 특정 사용자 그룹으로 제한하여 데이터를 상세하게 파악하는 방법입니다. '모든 사용자'의 Home 조회수보다 '미국 사용자'의 Home 조회수가 더 상세한 데이터이고, '미국 안드로이드 사용자'의 Home 조회수는 그보다 더 상세한 데이터인 것입니다.

그렇다면 이런 질문은 어떨까요? '홈페이지의 국가별 조회수는 몇인가?' 아마 '모든 국가별 잠재고객을 만든다'라는 방법이 떠오를 것입니다. 미국, 영국, 한국, 일본 등 대표 국가를 선정해서 잠재고객으로 만들고 보고서에 적용하는 것입니다. 그런데 이 방법은 무언가 불편합니다. 매번 대표 국가가 추가될 때마다 잠재고객을 새로 만들 수도 없는 노릇입니다.

바로 이 시점에서 데이터를 상세하게 파악할 수 있는 다른 방법이 필요해집니다. 이번 절에서는 측정기준을 설정하여 데이터에 표시되는 항목을 변경 혹은 추가하는 방법을 알아보겠습니다.

STEP 1 보조 측정기준 추가하기

그림 4-6 페이지 및 화면 보고서

[그림 4-6]에는 '페이지 제목 및 화면 클래스'를 기준으로 각 페이지의 조회수가 표시되어 있습니다. 우리는 Home 페이지의 조회수가 393,308임을 쉽게 알 수 있습니다. 어떻게 하면 Home 페이지의 국가별 조회수를 알 수 있을까요? 답은 가까이에 있습니다. Home 페이지 옆에 '국가' 정보를 추가하면 되는 것입니다. 기본 측정기준 오른쪽의 +를 클릭합니다.

보조 측정기준 선택기가 표시됩니다. 비교군, 잠재고객을 설정할 때와 마찬가지로 여러 가지 항목들이 표시됩니다. 각자 어떤 항목을 활용할 수 있을지 확인해보시기 바랍니다. 여기서는 '사용자'에서 '국가'를 선택하겠습니다.

기본 측정기준(페이지 제목 및 화면 클래스) 오른쪽에 보조 측정기준으로 '국가'가 추가되었습니다. 이제 Home 페이지의 미국(United States) 조회수를 확인할 수 있습니다. 그런데 여기에는 Home 외에도 Shopping Cart, Men's / Unisex | Apparel 페이지도 표시되고 있습니다.

검색어로 'Home'을 입력하고 [Enter]를 누릅니다. 이제 보고서에는 Home 페이지의 국가별 조회수만 표시됩니다.

측정기준과 측정항목 이해하기

앞에서는 기본 측정기준(페이지 제목 및 화면 클래스)에 보조 측정기준(국가)을 추가하여 데이터를 상세하게 파악하는 방법을 알아봤습니다. 구글 애널리틱스 전반에서 측정기준은 매우 큰 역할을 합니다. 우리가 확인하고 싶은 데이터가 있다고 할 때, 이를 파악하기 위해서는 데이터를 어떤 측정기준과 측정항목으로 나눌 것인지를 먼저 생각해두어야 하기 때문입니다.

페이지 제목 및 화면 클래스 ▾	＋	↓조회수	사용자
총계		2,084,417 총계 대비 100%	208,321 총계 대비 100%
1 Home		393,308	106,735
2 Google Online Store		160,286	54,571
3 Shopping Cart		147,948	18,456

페이지 및 화면 보고서입니다. 해당 보고서는 다음 표처럼 읽을 수 있습니다.

1	페이지 **Home**의 <u>조회수</u>는 393,308이고 <u>사용자</u>는 106,735다.
2	페이지 **Google Online Store**의 <u>조회수</u>는 160,286이고 <u>사용자</u>는 54,571이다.
3	페이지 **Shopping Cart**의 <u>조회수</u>는 147,948이고 <u>사용자</u>는 18,456이다.

표의 각 행은 '~의 <u>어떤 수치</u>'라고 읽을 수 있습니다. 여기서 '~'가 측정기준에 해당하고, '어떤 수치'가 측정항목에 해당합니다.

텅 빈 보고서가 있다고 가정해보겠습니다. 우리는 국가별 참여 세션수가 알고 싶습니다. 어떻게 측정기준과 측정항목을 설정하면 될까요? 구글 애널리틱스를 사용하는 데 있어 가장 중요한 질문입니다.

1	**미국**의 참여 세션수는 50이다.
2	**영국**의 참여 세션수는 40이다.

국가별 참여 세션수는 위와 같이 샘플 데이터를 만들 수 있습니다. '**미국**의 <u>참여 세션수</u>는 50', '**영국**의 <u>참여 세션수</u>는 40'과 같이 말입니다. 우리가 알고 싶은 것은 '**국가**의 <u>참여 세션수</u>

는 **이다'인 것입니다. 국가를 측정기준으로 설정하고 참여 세션수를 측정항목으로 설정하면 될 것입니다.

여기서 한 걸음 더 나가보겠습니다. 국가의 도시별 세션수를 표시하고 싶다면 측정기준과 측정항목을 어떻게 설정할 수 있을까요?

| 1 | **미국**의 **뉴욕**의 <u>세션수</u>는 50이다. |
| 2 | **미국**의 **샌프란시스코**의 <u>세션수</u>는 40이다. |

앞에서와 마찬가지로 '**미국**의 **뉴욕**의 <u>세션수</u>는 50', '**미국**의 **샌프란시스코**의 <u>세션수</u>는 50'과 같이 샘플 데이터를 만들 수 있습니다. 이때 측정기준이 '**미국**의 **뉴욕**의' 혹은 '**미국**의 **샌프란시스코**의'와 같이 두 번씩 사용되고 있습니다. 측정기준이 2개일 때는 기본 측정기준과 보조 측정기준을 사용해서 설정할 수 있습니다. 국가를 기본 측정기준으로 설정하고 도시를 보조 측정기준으로 설정한 뒤 세션수를 측정항목으로 설정하면 국가의 도시별 세션수를 확인할 수 있는 것입니다.

자유 형식 1 ▼ +		
국가	시/군/구	↓ 세션수
총계		123,411 총계 대비 100.0%
1 United States	New York	6,243
2 United States	San Jose	4,629
3 United States	(not set)	4,054
4 United States	San Francisco	3,844

그림 4-7 탐색 분석 데이터

[그림 4-7]은 탐색기에 표시된 '**국가**의 **도시**의 <u>세션수</u>' 데이터입니다. 탐색기는 보고서의 주제와 상관없이 우리가 원하는 데이터를 자유롭게 탐색할 수 있게 도와주는 도구입니다. 아직 탐색기에 대해서는 배우지 않았습니다만, 우리가 설정한 측정기준과 측정항목이 정말로 동작한다는 사실을 알 수 있을 것입니다.

구글 애널리틱스를 사용하는 데이터 분석은 비교군, 잠재고객 그리고 측정기준과 측정항목을 바탕으로 데이터를 좀 더 상세하게 확인하는 방식으로 이루어집니다. 이번 장은 앞으로의 구글 애널리틱스 학습에 있어 매우 중요한 내용을 담고 있습니다. 만약 이해가 되지 않는다면 다시 한번 확인해보기 바랍니다.

Chapter 05 이벤트란 무엇인가?

비교군, 잠재고객, 측정기준을 사용하면 데이터를 더 상세하게 파악할 수 있습니다. 데이터를 상세하게 파악한다는 것은 무슨 뜻일까요? 우리가 사용자의 행동 혹은 사용자에 대한 정보를 더 자세히 확인하고 싶다는 것을 의미합니다.

구글 애널리틱스는 사용자의 행동 혹은 사용자에 대한 정보를 이벤트라는 형태로 정의하고 수집합니다. 보고서의 기본 조작 방법과 데이터를 상세하게 파악하는 방법을 배운 지금이 '이벤트'를 배우기에 가장 좋은 시점일 것입니다. 이번 장에서는 이벤트가 무엇인지 살펴보겠습니다.

5.1 이벤트 살펴보기

🌑 실습 계정   📚 참여도 > 이벤트

🔘 구글 애널리틱스 실습 – GA4   🕐 최근 한 달

이번 절에서는 구글 애널리틱스의 이벤트가 무엇인지 실시간 보고서로 확인할 것입니다. 실시간 보고서에 접속합니다.

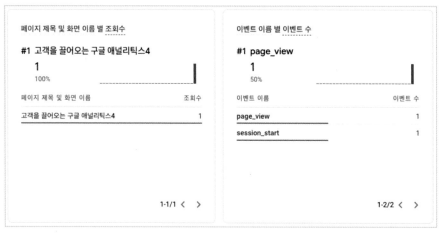

그림 5-1 실시간 이벤트 데이터

브라우저 새 창으로 실습 페이지(https://www.turtlebooks.co.kr/ga4/about)에 접속합니다. 실시간 보고서에 [그림 5-1]과 같이 데이터가 표시되는 것을 확인할 수 있습니다.

현재 우리가 접속한 페이지 제목은 '고객을 끌어오는 구글 애널리틱스4'입니다. 또한 page_view(페이지 조회) 이벤트와 session_start(세션 시작) 이벤트가 발생한 것을 알 수 있습니다.

다시 실습 페이지로 돌아가 화면을 [가입하기] 버튼이 보일 때까지 스크롤합니다.

실시간 보고서에 scroll(스크롤) 이벤트가 표시(혹은 숫자가 늘어남)되는 것을 확인할 수 있습니다. 우리가 실습 페이지 화면을 스크롤했다는 사실을 구글 애널리틱스가 포착하여 수집했음을 의미합니다.

실습 페이지에서 [가입하기] 버튼을 클릭하면 가입 페이지(https://www.turtlebooks.co.kr/ga4/sign_up)로 이동합니다.

실시간 보고서의 페이지 제목 영역에 '회원 가입'이 추가되고 이벤트 영역의 page_view 이벤트 수가 늘어납니다. 'page_view'를 클릭하면 이벤트에 대한 상세한 정보를 확인할 수 있습니다.

그림 5-2 page_view 이벤트 상세 데이터

'page_view' 이벤트를 클릭하면 [그림 5-2]와 같이 page_location(페이지 경로), page_title(페이지 제목) 등이 표시되는 것을 확인할 수 있습니다. 'page_title'을 클릭합니다.

'page_title'을 클릭하면 '회원 가입'이라는 페이지 제목이 표시됩니다. 우리는 앞서 '페이지 및 화면 보고서'에서 페이지 제목으로 데이터를 확인했습니다. 이를 통해 페이지 및 화면 보고서에 표시되었던 데이터가 이벤트에 대한 데이터임을 알 수 있습니다. 구글 애널리틱스의 각종 보고서는 여러 가지 이벤트를 주제별로 모아놓은 것이나 마찬가지입니다.

다시 실습 페이지를 살펴보겠습니다. 실습 페이지에는 파란색 물음표 버튼들이 있습니다. 물음표 버튼을 클릭하면 이벤트를 수집하는 프로그래밍 코드의 모습을 확인할 수 있습니다.

일부 이벤트는 데이터 수집을 위해 개발자와 협업해야 합니다. 이에 대해서는 앞으로 학습을 통해 알 수 있게 될 것입니다. [OK]를 눌러서 이벤트 코드 확인 창을 닫습니다.

실습 페이지에서 [구글로 회원가입]을 클릭합니다.

실시간 보고서의 이벤트 영역을 확인하면 sign_up(가입) 이벤트가 수집된 것을 확인할 수
있습니다.

또한 'sign_up' 이벤트를 클릭한 뒤 상세 정보에서 방법(method)을 확인해보면 가입 방법
이 google임을 알 수 있습니다. 사용자가 구글 회원 가입을 했다는 사실을 구글 애널리틱스
가 포착한 것입니다.

바로 이것이 이벤트입니다. 구글 애널리틱스는 사용자에 대한 정보, 사용자의 행동에 대한
정보를 이벤트라는 형태로 수집합니다. 우리가 구글 애널리틱스에서 확인하는 데이터가 바
로 이벤트인 것입니다.

5.2 디버그 모드로 이벤트 살펴보기

앞에서는 실시간 보고서에서 이벤트 정보를 확인했습니다. 이는 개발이 완료되고 운영 단계의 서비스에서 이벤트 정보를 확인하는 방법입니다. 만약 서비스가 개발 단계 혹은 데이터 수집 코드가 잘 동작하는지 확인하는 단계라면 '디버그 모드'를 활용하여 이벤트 정보를 좀 더 빠르고 자세하게 확인할 수 있습니다. 우리는 실습을 진행하는 동안 '디버그 모드'를 활용하여 이벤트 정보를 확인하겠습니다.

STEP 1 디버그 모드 설정하기

실습 페이지(https://www.turtlebooks.co.kr/ga4/manage)에 접속합니다. 디버그 모드라는 영역에 '현재 디버그 모드를 사용하고 있지 않습니다.'라는 문구가 표시된 것을 확인할 수 있습니다. [미사용] 버튼을 클릭하여 [사용중]으로 변경합니다.

디버그 모드가 [사용중]으로 설정되면 [테스트] 버튼을 클릭합니다.

왼쪽 메뉴에서 [구성]을 클릭합니다.

[DebugView]를 클릭합니다.

디버그 모드가 설정되면 디버그 페이지에서 초 단위로 발생하는 이벤트를 확인할 수 있습니다.

아이디	아이디를 입력해주세요	?
비밀번호	비밀번호를 입력해주세요 (아무것이나 입력)	?
비밀번호 확인	비밀번호를 확인해주세요 (아무것이나 입력)	?
휴대폰 번호 입력	휴대폰 번호를 입력해주세요 (아무것이나 입력)	?
휴대폰 인증하기	인증하기	?
인증번호 입력	인증 번호를 입력해주세요 (아무것이나 입력)	?

구글로 회원가입 ?	페이스북으로 가입 ?	네이버로 회원가입 ?

실습 페이지(https://www.turtlebooks.co.kr/ga4/sign_up)에서 디버그 모드를 살펴보겠습니다. 아이디, 비밀번호, 비밀번호 확인, 휴대폰 번호 입력, 휴대폰 인증하기, 인증번호 입력 등을 차례대로 천천히 클릭합니다. 마지막으로 원하는 방식의 회원 가입 버튼을 클릭합니다. 이때, 실제 회원 가입이 진행되는 것은 아니므로 아이디, 비밀번호 등은 아무렇게나 입력해도 괜찮습니다.

디버그 페이지에 try_sign_up(가입 시도) 이벤트가 여러 개 표시되고 sign_up(가입) 이벤트가 표시됩니다. try_sign_up 이벤트는 사용자가 회원 가입을 진행하기 위해 아이디 영역, 비밀 번호 영역을 클릭했다와 같은 정보가 담겨 있고 sign_up 이벤트에는 사용자가 [가입하기] 버튼을 클릭했다는 정보가 담겨 있습니다. 이를 바탕으로 실습 페이지에서 발생하는 이벤트를 쉽게 확인할 수 있습니다.

디버그 모드는 특정 사용자를 '디버그' 시용자로 설정하여 해딩 사용자의 네이터만을 좀 더 상세하게 실시간으로 파악할 수 있게 해줍니다. 실제 업무에서는 개발자와 논의하여 특정 사용자(본인 혹은 QA 테스터)를 디버그 사용자로 설정할 수 있습니다. 만약 서비스에서 디버그 모드를 사용해야 한다면 서비스 개발자에게 '디버그 모드에서 이벤트 모니터링' 도움말 페이지(https://support.google.com/analytics/answer/7201382?hl=ko)를 전달하여 자신 혹은 특정 사용자를 디버그 모드로 설정해달라고 요청하기 바랍니다.

5.3 자동 수집 이벤트 살펴보기

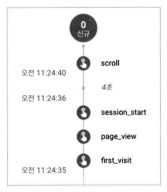

그림 5-3 자동 수집 이벤트

구글 애널리틱스는 설치하는 것만으로도 여러 가지 정보를 자동으로 수집합니다. 이를 '자동 수집 이벤트'라고 합니다. [그림 5-3]은 사용자가 처음 방문했을 때 발생하는 이벤트들을 디버그 페이지에서 확인한 모습입니다. 이를 [표 5-1]과 같이 정리하여 자동 수집 이벤트에 대해 알아보겠습니다.

표 5-1 사용자 행동과 이벤트 수집

순서	사용자 행동	이벤트 수집
1	특정 페이지에 접속했다.	첫 방문(first_visit) 여부를 확인하여 수집
		페이지 조회(page_view)했음을 수집
		세션 시작(session_start) 여부를 확인하여 수집
2	페이지를 스크롤했다.	스크롤(scroll)했음을 수집

사용자가 특정 페이지에 접속하면 구글 애널리틱스는 우리가 서비스에 첫 방문한 것인지를 계산합니다. 만약 첫 방문이라면 first_visit 이벤트를 수집합니다. 만약 첫 방문이 아니라면 first_visit 이벤트를 수집하지 않을 것입니다.

첫 방문 여부를 계산한 뒤에는 page_view 이벤트를 수집합니다. 그리고 곧바로 현재 페이지 조회에 의해 세션이 시작되는지를 계산합니다. 만약 세션이 시작된 것이라면 session_start 이벤트를 수집합니다. 만약 세션이 시작된 것이 아니고 연장된 것이라면 session_start 이벤트는 수집하지 않을 것입니다.

간혹 user_engagement(사용자 참여)라는 이벤트가 수집되기도 합니다. 이는 구글 애널리틱스가 현재 사용자가 '참여' 중인 상태인지를 계산하여 주기적으로 자동 수집하는 이벤트입니다. 해당 이벤트가 발생하면 사용자가 뭔가 하고 있구나 정도로 생각하면 됩니다.

> **NOTE 크롬 브라우저의 새 시크릿 창**
>
> | 새 탭 | ⌘T |
> |---|---|
> | 새 창 | ⌘N |
> | 새 시크릿 창 | ⇧⌘N |
>
> 크롬 브라우저 메뉴에서 [새 시크릿 창]을 선택하면 완전히 새로운 브라우저가 시작됩니다. 여기서 실습 페이지에 접속하면 first_visit, session_start 이벤트를 확인할 수 있습니다.

앞에서 살펴본 자동 수집 이벤트는 이벤트 이름이 무엇인지, 이벤트가 어떤 시점에서 수집되는지, 그리고 어떤 디바이스에서 수집 가능한 이벤트인지를 [표 5-2]와 같이 정리할 수 있습니다.

표 5-2 자동 수집 이벤트의 예

이벤트 이름	이벤트가 수집되는 시점(트리거)	디바이스
first_visit	사용자가 서비스를 처음 방문, 실행할 때	앱, 웹
page_view	페이지가 로드될 때	웹
screen_view	화면 전환이 발생할 때	앱
scroll	사용자가 페이지를 90% 이상 스크롤할 때	웹
session_start	사용자가 앱 또는 웹사이트에 참여할 때	앱, 웹
user_engagement	사용자가 '참여 중' 상태일 때 주기적으로	앱, 웹

여기서는 '디바이스' 항목을 좀 더 알아보겠습니다. 우리는 지금까지 웹페이지로 실습을 진행했습니다만, 실제 업무에서는 웹과 앱을 동시에 분석하게 됩니다. 이때 사용자의 디바이스에 따라 비슷한 성격의 행동이라도 수집되는 이벤트가 다를 수 있습니다. 예를 들어, 웹은 페이지 기반이므로 사용자가 페이지를 조회하는 것을 page_view 이벤트로 수집하고 앱은 화면 기반이므로 사용자가 화면을 조회하는 것을 screen_view 이벤트로 수집합니다. '페이지

(page) 및 화면(screen) 보고서'라는 보고서의 이름을 생각해보면 이를 쉽게 이해할 수 있을 것입니다.

구글 애널리틱스에는 [표 5-2] 외에도 많은 이벤트가 존재합니다. 이 책의 나머지 부분을 학습하면서 점점 더 많은 이벤트를 살펴보겠지만, 모든 이벤트를 살펴볼 수는 없습니다. 실제 업무를 진행할 때는 '[GA4] 이벤트 정보'(https://support.google.com/analytics/answer/9322688?hl=ko) 페이지를 살펴보면서 어떠한 이벤트가 제공되는지 미리 알아둔다면 큰 도움이 될 것입니다.

5.4 직접 수집 이벤트 살펴보기

자동 수집 이벤트 외의 이벤트는 모두 직접 수집 이벤트(이하 이벤트)입니다. 구글 애널리틱스가 자동으로 수집하는 이벤트가 아니므로 개발자와 논의하여 이벤트 수집을 계획하고 이벤트 수집을 코드로 구현해서 서비스에 적용해야 합니다.

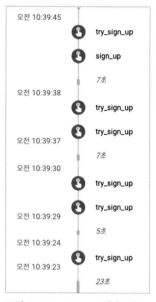

그림 5-4 try_sign_up 이벤트와 sign_up 이벤트

[그림 5-4]는 실습 페이지(https://www.turtlebooks.co.kr/ga4/sign_up)에서 회원 가입을 진행할 때 수집되는 이벤트들입니다. 여기서 try_sign_up(가입 시도) 이벤트와 sign_up(가입) 이벤트는 모두 개발자와 협업하여 서비스에 적용된 직접 수집 이벤트입니다. 서비스 기획, 개발 단계에서 '사용자가 특정 동작을 했을 때 해당 이벤트를 수집한다'고 계획된 이벤트인 것입니다.

직접 수집 이벤트 데이터는 분석적으로 꽤나 중요한 의미를 지닙니다. 특정 분석을 수행하기 위한 목적으로 설정된 이벤트이므로 자동 수집 이벤트보다 활용도 측면에서 유용할 수 있습니다. 가입 관련 이벤트를 예로 든다면 사용자 가입이 얼마나 발생하고 있는지 혹은 더 나아가 사용자가 가입의 어떤 단계에서 가입을 포기하는지를 파악할 수 있는 것입니다. 이에 대해서는 6장 '이벤트 분석 따라 배우기'에서 더 살펴보겠습니다.

5.5 기본 분석 다시 살펴보기

●	Demo Account	🗂	참여도 > 페이지 및 화면
🐧	GA4 – Google Merchandise Store	⏲	2021년 4월 1일 ~ 2021년 6월 30일

구글 애널리틱스가 '이벤트'라는 형태로 사용자에 대한 정보와 사용자의 행동을 수집한다는 사실을 이해하면 구글 애널리틱스의 보고서를 더 깊이 이해할 수 있습니다. 이번에는 페이지 및 화면 보고서에서 어떤 이벤트 정보가 표시되는지 확인해보겠습니다.

보고서의 측정항목에 마우스 커서를 올려두면 해당 측정항목이 어떤 데이터를 표시하는지 확인할 수 있습니다. 조회수의 경우 '사용자가 본 앱 화면 또는 웹페이지 수입니다. 단일 페이지 또는 화면을 반복해서 조회한 횟수도 집계에 포함됩니다. (screen_view + page_view 이벤트)'라는 설명을 확인할 수 있습니다. 조회수는 자동 수집 이벤트인 screen_view와 page_view 이벤트를 더한 수치입니다. 다른 용어들도 확인해보면서 어떤 이벤트를 바탕으로 수치가 구성되는지 확인해보기 바랍니다.

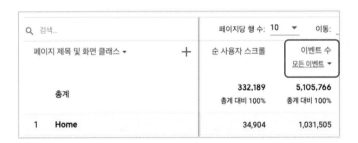

표의 오른쪽 끝부분에는 '이벤트 수'라는 영역이 있습니다. 페이지에서 발생한 이벤트의 수를 확인하는 영역입니다. 바로 아래의 '모든 이벤트'를 클릭하면 해당 페이지에서 발생한 상세한 이벤트를 확인할 수 있습니다.

이벤트 선택기가 표시되면 'scroll'을 선택합니다.

페이지 제목 및 화면 클래스 ▾	순 사용자 스크롤	이벤트 수 scroll ▾
총계	332,189 총계 대비 100%	500,208 총계 대비 9.8%
1　Home	34,904	44,223

이제 Home 페이지에서 발생한 스크롤(scroll) 이벤트 수를 확인할 수 있습니다. Home 페이지의 스크롤 이벤트 수는 44,223입니다. 그런데 왼쪽에는 '순 사용자 스크롤'이라는 영역이 있습니다. 이는 중복을 제외한 스크롤 수를 의미합니다.

예를 들어, 사용자 A가 스크롤 이벤트를 10번 발생시켰다고 가정하겠습니다. 이때 스크롤 이벤트 수는 10입니다. 반면 순 스크롤 이벤트 수는 1이 됩니다. 사용자 A의 중복 스크롤 이벤트를 제거한 순(unique) 스크롤 수는 1이기 때문입니다. 구글 애널리틱스에서 '순'이라는 용어가 붙으면 일반적으로 실제 업무에서 '유니크'라고 부르는 것과 동일한 의미가 된다는 점 참고하시기 바랍니다.

> **NOTE　스크롤 이벤트**
>
> 스크롤 이벤트는 사용자가 페이지를 90% 이상 스크롤했을 때 발생합니다. 그런데 이때 주의할 점이 있습니다. 페이지의 길이가 아주 짧아서 스크롤을 할 필요가 없는 상태일 때에도 스크롤 이벤트가 발생한다는 점입니다.

따라서 모든 페이지의 스크롤 이벤트를 확인하기보다는 프로모션 페이지와 같이 사용자가 프로모션의 내용을 숙지하고 마지막에 [이벤트 참여] 버튼 같은 결정적인 행동을 유도하는 페이지에 한하여 스크롤 이벤트를 확인하는 것이 스크롤 이벤트의 적절한 사용법이라고 할 수 있습니다.

이번에는 이벤트를 첫 방문(first_visit)으로 설정합니다. Home 페이지의 first_visit 수는 71,767입니다.

Home 페이지의 새 사용자 수를 확인합니다. 새 사용자 수도 first_visit 이벤트 수와 마찬가지로 71,767입니다. 신규 방문(first_visit)한 사용자는 새 사용자이기 때문입니다.

지금까지 우리는 페이지 및 화면 보고서에서 Home 페이지의 조회수만을 확인했습니다. 하지만 이제는 Home 페이지에서 발생한 각종 이벤트 수를 확인할 수 있습니다. 페이지 조회수 대비 스크롤이 많이 발생하는 페이지, 페이지 조회수 대비 장바구니 담기나 구매가 많이 발생하는 페이지들을 분석할 수 있게 된 것입니다. 이벤트에 대해 배우면 배울수록 우리는 더 많은 것을 분석할 수 있게 됩니다. 바로 이어서 이벤트 분석 방법을 배워보겠습니다.

Chapter

06 이벤트 분석 따라 배우기

5장 '이벤트란 무엇인가?'에서는 이벤트가 자동 수집 이벤트와 직접 수집 이벤트로 구분된다는 것을 배웠습니다. 자동 수집 이벤트는 구글 애널리틱스를 설치하는 것만으로도 자동으로 수집이 이루어지는 이벤트이고, 직접 수집 이벤트는 서비스에서 직접 수집해야 하는 이벤트를 말합니다.

이번 장에서는 서비스에 직접 수집 이벤트를 적용하는 과정을 배워보겠습니다. 이벤트 수집 계획을 세우는 방법을 살펴보고 개발자와 어떻게 협업하는지, 개발자는 어떤 방식으로 프로그래밍 코드를 작성하는지 살펴보겠습니다.

6.1 이벤트 수집 계획하기

● 실습 계정

🔲 구글 애널리틱스 실습 – GA4

실습 페이지(https://www.turtlebooks.co.kr/ga4/item)에 접속합니다. 여기에는 사용자가 선택한 과일이 무엇인지 수집하는 이벤트 코드가 적용되어 있습니다. 각자 자신이 좋아하는 과일을 선택합니다.

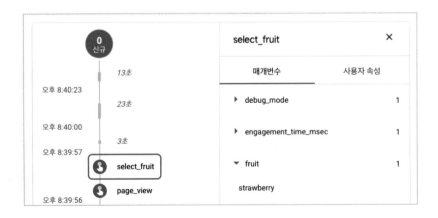

디버그 페이지를 살펴보면 select_fruit(과일 선택) 이벤트가 발생한 것을 확인할 수 있습니다. 'select_fruit'를 클릭해서 자세히 확인해보면 선택한 과일(fruit)이 딸기(strawberry)임을 확인할 수 있습니다.

바로 이것이 우리가 이번 절에서 수집할 이벤트입니다. 이번 절에서는 select_fruit 이벤트를 바탕으로 이벤트 수집을 계획하고 적용하는 방법을 배워보겠습니다.

STEP 1 이벤트 수집 무작정 계획하기

우리가 수집하려고 하는 것은 아주 명확합니다. 우리는 사용자가 '어떤 과일을 선택했는지'에 대한 데이터를 수집할 것입니다. 이를 구글 애널리틱스의 이벤트 형식에 맞춰 수집하면 되는 것입니다.

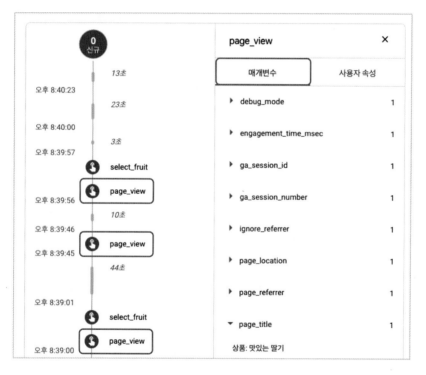

여기서 잠깐 디버그 페이지에 표시된 page_view 이벤트를 살펴보겠습니다. page_view는 구글 애널리틱스가 자동으로 수집하는 대표적인 이벤트입니다. page_view 이벤트의 형태를 살펴보면 구글 애널리틱스의 이벤트가 어떻게 구성되는지 확인할 수 있습니다.

page_view 이벤트는 사용자가 페이지를 조회했음을 나타냅니다. 이때 사용자가 어떤 페이지를 조회했는지 상세한 정보가 궁금할 수 있습니다. 이벤트에 대한 상세한 정보는 '매개변수'에서 확인할 수 있습니다. page_view 이벤트의 page_title 매개변수를 확인해보면 이벤트가 발생한 페이지의 이름이 '상품: 맛있는 딸기'임을 알 수 있습니다.

이것이 이벤트의 기본 구조입니다. 이벤트는 이벤트의 내용을 표현하는 이벤트 이름과 이벤트에 대한 상세한 내용을 담는 이벤트 매개변수('이벤트 파라미터'라고도 합니다)로 이루어져 있습니다.

과일 선택 이벤트도 해당 구조에 맞춰 만들 수 있습니다. 과일 선택 데이터를 수집한다는 것을 알리는 이벤트 이름(select_fruit)과 선택한 과일에 대한 상세한 내용을 담는 이벤트 매개변수(fruit)만 있으면 되는 것입니다.

STEP 2 사전 정의 이벤트 알아보기

다시 page_view 이벤트를 떠올려보겠습니다. 사용자가 페이지를 조회한 행동은 왜 page_see(페이지 봄)나 page_access(페이지 접속)가 아닌 걸까요? 왜 하필이면 page_view(페이지 조회)인 것일까요? 특별한 이유가 있는 것은 아닙니다. 다만 구글 애널리틱스가 페이지 조회 이벤트는 page_view라는 이름으로 수집한다고 사전에 정의(google predefined event)했기 때문입니다. 구글 애널리틱스가 사전에 정의해두었으므로 그대로 사용하는 것입니다.

표 6-1 사전 정의 이벤트의 예

이벤트 이름	이벤트 수집 시점(이벤트 트리거 시점)	디바이스
first_visit	사용자가 서비스를 처음으로 방문, 실행할 때	앱, 웹
page_view	페이지가 로드될 때	웹
screen_view	화면 전환이 발생할 때	앱
scroll	사용자가 페이지를 90% 이상 스크롤할 때	웹
session_start	사용자가 앱 또는 웹사이트에 참여할 때	앱, 웹
user_engagement	사용자가 '참여 중' 상태일 때 주기적으로	앱, 웹

구글 애널리틱스는 데이터 분석에 필요한 공통 데이터가 무엇인지, 그리고 그 데이터를 어떻게 다루는지 누구보다 잘 알고 있습니다. 구글 애널리틱스는 데이터 수집/분석 노하우를 바탕으로 대부분의 서비스에 일반적으로 수집하는 이벤트에 대해 우리에게 안내하고 있습니다. [표 6-1]처럼 '어떤 이벤트에 대한 수집이 필요합니다. 이런 이름으로 수집해주세요'라고 제안하고 권장(recommended event)하는 것입니다. 이에 따라 우리는 구글 애널리틱스에서 사전 정의한 이벤트가 있다면 해당 이벤트를 사용하면 되는 것입니다.

추천 이벤트 알아보기

이벤트 참조

📄 **[GA4]** 이벤트 정보

📄 **[GA4]** 향상된 측정

📄 **[GA4]** 자동으로 수집되는 이벤트

📄 **[GA4]** 추천 이벤트

구글 애널리틱스는 다양한 사전 정의 이벤트를 정의해두었습니다. 사전 정의 이벤트 목록을 살펴보고 싶다면 '[GA4] 이벤트 정보'(https://support.google.com/analytics/answer/9322688?hl=ko&ref_topic=9756175) 페이지에서 확인할 수 있습니다. 여기서는 '[GA4] 추천 이벤트'를 클릭해보겠습니다.

이벤트	트리거되는 시점	매개변수
login	사용자가 로그인할 때	method
sign_up	사용자가 가입할 때	method
	사용자가 가입할 때 가장 많이 사용한 방법(예: Google 계정, 이메일 주소)을 확인할 수 있습니다.	

'[GA4] 추천 이벤트'를 클릭하면 다양한 이벤트를 확인할 수 있습니다. 우리는 여기에서 login(로그인) 이벤트와 sign_up(가입) 이벤트를 실습해본 적이 있습니다. login 이벤트는 사용자가 로그인할 때(트리거되는 시점) 수집하는 이벤트이고 로그인 방법을 method라는 매개변수로 수집합니다. sign_up 이벤트는 사용자가 가입할 때 수집하는 이벤트이고 가입 방법을 method라는 매개변수로 수집합니다.

이 외에도 여러 가지 사전 정의 이벤트, 추천 이벤트 등이 있으므로 각자 어떤 이벤트가 있는지 확인해봅시다. 구글 애널리틱스의 이벤트는 그 양이 매우 많기 때문에 이 책에서 모두 다룰 수 없으므로 기본을 이해한 후에는 각자 이벤트 목록에서 자신이 필요로 하는 이벤트를 찾는 방법을 알아둘 필요가 있습니다.

사용자 정의 이벤트 알아보기

다시 과일 선택 이벤트 수집으로 돌아가겠습니다. 혹시 구글 애널리틱스에서 사용자의 '과일 선택'에 대한 이벤트를 정의하지는 않았을까요? 앞의 도움말 페이지에서 이벤트를 찾아봅시다. 아쉽게도 과일 선택에 관한 이벤트는 없습니다. 그렇다면 혹시 '사용자가 무엇인가를 선택함'이라는 이벤트는 없을까요? 과일을 선택함과 비슷한 의미이니 이를 사용하면 될 것입니다. 아쉽게도 사용자가 '무엇인가를 선택함'에 관련된 이벤트도 없습니다.

바로 이런 경우, 즉 사전 정의 이벤트나 추천 이벤트가 없는 경우에는 우리가 직접 이벤트를 정의해서 사용해야 합니다. 우리는 이런 이벤트를 사용자 정의 이벤트(user defined event)라고 부를 것입니다.

표 6-2 과일 선택 이벤트

이벤트 이름	트리거	매개변수
select_fruit	사용자가 과일을 선택했을 때	fruit

앞에서 우리는 이벤트가 이벤트의 내용을 의미하는 이름과 이벤트의 상세 내용을 담는 매개변수로 구성된다는 것을 배웠습니다. 과일 선택 이벤트는 '과일 선택'이 주 내용이므로 select_fruit라는 이벤트 이름을 사용할 것입니다. 선택한 과일에 대한 상세 내용은 fruit라는 매개변수에 담을 것입니다. 사용자가 과일을 선택했을 때 해당 이벤트를 수집할 것입니다. 우리는 이를 바탕으로 [표 6-2]와 같이 과일 선택 이벤트를 정의하겠습니다.

> **NOTE 서비스에 적용된 이벤트 정리하기**
>
> | 적용 경로 | 이벤트 이름 | 트리거 | 매개변수 |
> | --- | --- | --- | --- |
> | /item | select_fruit | 사용자가 과일을 선택했을 때 | fruit |
>
> 실제 업무를 진행할 때는 서비스의 어떤 부분에 어떤 이벤트가 적용되어 있는지 정리하는 것이 좋습니다. 사내 공유 문서에 표와 같은 형태로 이벤트를 정리해둡시다. 간혹 서비스 스크린샷을 첨부하여 이벤트 적용 부분을 정리하는 경우도 있습니다. 이런 경우는 서비스가 업데이트될 때마다 반드시 스크린샷을 최신화하도록 합시다.

여기까지가 이벤트 수집 계획을 수립하는 과정입니다. 이벤트 수집이 필요할 때는 제일 먼저 사전 정의 이벤트를 조사합니다. 사전 정의 이벤트가 없다면 사용자 정의 이벤트를 정의하여 이를 서비스에 적용합니다. 사용자 정의 이벤트를 서비스에 적용할 때는 반드시 개발자의 도움이 필요합니다. 바로 다음 절에서 이에 대해 살펴보겠습니다.

6.2 이벤트 코드 살펴보고 적용하기

앞에서는 '과일 선택' 이벤트 수집 계획을 세웠습니다. 사용자가 과일을 선택하면 select_fruit라는 이벤트 이름으로 데이터를 수집할 것입니다. 이때 fruit라는 매개변수에 선택한 과일이 무엇인지에 대한 정보를 담을 것입니다. 실제 이러한 이벤트를 수집하기 위해서는 개발자와 협업이 필요합니다. 이번 절에서는 개발자와의 협업 과정이 어떠한 방식으로 이루어지는 알아보고, 개발자가 작성한 이벤트 코드를 살펴보겠습니다.

STEP 1 개발자와 협업하기

표 6-3 과일 선택 이벤트

적용 경로	이벤트 이름	트리거	매개변수
/item	select_fruit	사용자가 과일을 선택했을 때	fruit

이벤트 수집 계획이 세워지면 개발자와 협업하여 서비스에 이벤트 코드를 적용합니다. 일반적으로 서비스 기획서 혹은 데이터 수집 기획서에 사용자가 어떠한 행동을 했을 때 어떤 이벤트 이름으로 어떤 정보를 수집해달라는 내용을 기술하여 개발자에게 전달합니다. 개발자는 기획서를 바탕으로 이벤트 수집 코드를 작성하고 서비스에 적용할 것입니다.

이벤트 기획서가 개발자에게 전달되고 나서부터 본격적으로 개발자와의 협업, 의논이 이루어집니다. 주로 이벤트를 수집하는 상세한 시점과 실제 해당 정보를 수집할 수 있는지의 여부에 대한 이야기를 나누게 됩니다. 만약 제가 이벤트 구현을 담당하는 개발자라면 [표 6-3]을 바탕으로 두 가지 의견을 말할 것 같습니다.

첫째, 사용자가 과일을 선택한다는 것은 개발 관점에서 의미가 약간 모호할 수 있습니다. 이 경우 개발자는 해당 이벤트 수집 계획이 사용자가 과일을 '클릭'했을 때라는 사실을 잘 알고 있어도 "사용자가 과일을 '클릭'했을 때 이벤트를 수집하면 되는 것이죠?"라고 되물을 수 있습니다. 개발 관점에서는 행동의 정의가 상세할수록 좋기 때문에 이러한 질문을 받았을 경우 당황하지 말고 "네, 클릭할 때 수집하는 것이 맞습니다."라고 이야기하면 됩니다.

> **NOTE** **사용자 행동과 이벤트 수집 시점의 상세화**
>
> 만약 사용자가 '동영상을 재생함'이라는 이벤트를 수집한다고 가정해봅시다. 우리는 이를 듣고 '사용자가 재생 버튼을 클릭하면 이벤트를 수집한다'라고 쉽게 정의할 수 있을 것입니다.
>
> 그런데 이때 사용자가 동영상 재생 버튼을 누르자마자 정지 버튼을 눌렀다고 가정해봅시다. 이것이 정말 '동영상을 재생함'에 해당하는 걸까요? 의미 없는 이벤트의 수집을 방지하기 위해 '사용자가 재생 버튼을

둘째, fruit 매개변수에 과일에 대한 내용을 어떻게 담을지에 대한 정의가 필요합니다. 사용자가 딸기를 선택하면 fruit 매개변수에 딸기에 대한 정보를 담는다는 사실은 쉽게 이해할 수 있습니다. 이를 한글로, 영문으로 혹은 대문자로, 소문자로 한다는 것에 대한 정의가 필요한 것입니다.

표 6-4 과일 선택 이벤트 상세

적용 경로	이벤트 이름	트리거	매개변수	매개변수 목록
/item	select_fruit	사용자가 과일을 클릭했을 때	fruit	apple strawberry

여기서는 fruit의 매개변수로 'apple'과 'strawberry'를 사용한다고 [표 6-4]와 같이 정의할 수 있을 것입니다.

> **NOTE** **사전 정의 이벤트는 개발자와 함께 확인하세요!**
>
> 이벤트 수집을 계획할 때는 제일 먼저 구글이 사전 정의한 이벤트가 있는지를 조사합니다. 이때 개발자와 함께 사전 정의 이벤트를 조사하는 것이 좋습니다. 구글 애널리틱스4의 이벤트 개발 문서(https://developers.google.com/gtagjs/reference/ga4-events)에는 도움말에 표시된 이벤트보다 더 다양하고 상세한 이벤트 정보가 표시되어 있기 때문입니다.

STEP 2 **이벤트 코드 읽어보기**

실습 페이지(https://www.turtlebooks.co.kr/ga4/item)에 접속하여 딸기 우측의 물음표 버튼(⑦)을 클릭하면 실제 적용되어 있는 이벤트 코드를 확인할 수 있습니다. 해당 실습 페이지 외에도 곳곳에 물음표 버튼이 있습니다. 모두 이벤트 코드를 확인하는 버튼입니다.

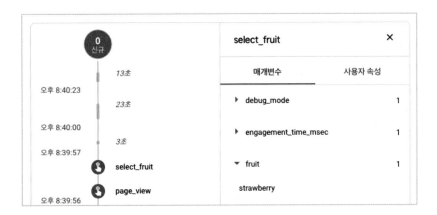

과일을 선택하면 디버그 페이지에서 select_fruit 이벤트가 수집되었고, select_fruit의 fruit 매개변수로 딸기가 선택되었음을 알 수 있습니다.

```
ⓘ 코드를 확인해보세요

gtag('event', 'select_fruit', {
  fruit: 'strawberry',
})

                                    OK
```

실습 페이지에서 물음표 버튼을 클릭합니다. 이번에는 이벤트 코드를 살펴보겠습니다. 프로그래밍 코드이기 때문에 덜컥 겁부터 나겠지만 천천히 확인해봅시다. 프로그래밍 코드도 일반적인 글과 마찬가지로 왼쪽에서 오른쪽으로 천천히 읽어나가면 됩니다.

"글로벌 태그[1] (gtag)야! select_fruit 이벤트를 수집해줘. fruit 매개변수에 선택한 과일이 무엇인지 수집해줘!"라고 읽을 수 있습니다.

---

1 글로벌 태그는 구글 애널리틱스를 코드로 동작시킬 때 부르는 이름입니다.

```
gtag('event', '이벤트 이름', {
  '매개변수': '매개변수 내용'
});
```

이벤트 수집 프로그래밍 코드의 기본 형태는 위와 같습니다. 이벤트 수집 계획을 세울 때를 다시 생각해봅시다. 우리는 이벤드를 수집하기 위해 이벤트 이름과 이벤트 매개변수를 설정하고 매개변수로 무엇을 사용할지를 정했습니다. 이를 그대로 이벤트 수집 프로그래밍 코드로 옮기면 되는 것입니다.

```
gtag('event', 'sign_up', {
  'method': 'google'
});
```

자, 그렇다면 이 이벤트 코드는 무엇을 의미할까요? sign_up은 가입을 의미하는 단어이고, method는 방법을 의미하는 단어입니다. 그렇습니다. 회원 가입 이벤트를 수집하는 코드입니다.

> **NOTE   왜 Strawberry가 아니고 strawberry일까?**
> 구글 애널리틱스를 각종 프로그래밍 도구와 연동하여 데이터 분석을 진행할 때는 대소문자의 구분이 필요할 때가 있습니다. 프로그래밍 코드는 S와 s를 다른 것으로 인식하기 때문입니다. 따라서 데이터 수집 계획을 세울 때는 STRAWBERRY 혹은 strawberry와 같이 대문자를 사용하려면 나머지도 모두 대문자, 소문자를 사용하려면 나머지도 모두 소문자를 사용하는 것이 좋습니다. 데이터 분석 혹은 개발을 진행할 때는 특수한 상황이 아니라면 소문자를 사용하는 편이니 소문자를 바탕으로 이벤트 수집 계획을 세우도록 합시다.

6.3 이벤트 매개변수 살펴보기

이벤트 수집 프로그래밍 코드는 '이벤트 이름'과 '이벤트 매개변수'로 나눌 수 있습니다. 이벤트 이름은 단어 그대로 이벤트의 이름을 의미합니다. 이벤트 매개변수는 이벤트의 상세 정보, 부가 정보를 의미합니다.

앞에서는 select_fruit라는 이름으로 과일 선택 이벤트를 만들었고, 매개변수 fruit에 선택한 과일 이름을 담았습니다. 이때 만약 select_fruit에 선택한 과일의 이름뿐만 아니라 크기, 가격, 수량 등에 대해 더 상세히 알고 싶다면 어떻게 해야 할까요? 크기, 가격, 수량 등을 의미하는 이벤트 매개변수를 추가해야 할 것입니다. 이벤트 정보를 상세하게 확인하고 싶다면 이벤트 매개변수를 추가하여 더 많은 데이터를 수집해야 하는 것입니다. 이번 절에서는 더 많은 이벤트 매개변수를 사용하는 경우에 대해 알아보겠습니다.

STEP 1 장바구니 담기(add_to_cart) 이벤트의 매개변수 살펴보기

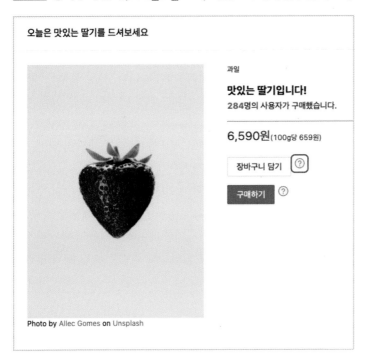

실습 페이지(https://www.turtlebooks.co.kr/ga4/item/strawberry)에 접속합니다. 딸기를 장바구니에 담거나 구매할 수 있는 상품 페이지입니다. [장바구니 담기] 버튼 오른쪽의 물음표 버튼을 클릭합니다.

```
gtag('event', 'add_to_cart', {
  currency: 'KRW',
  value: 6590,
  items: [
    {
      item_id: "ITEM_2",
      item_name: "맛있는 딸기입니다!",
      item_category: "과일",
      price: 6590,
      quantity: 1
    }
  ]
})
```

이벤트 이름인 add_to_cart를 제외하고 나머지는 모두 이벤트 매개변수입니다. currency(통화), value(값, 가격), items(상품 목록)가 모두 이벤트 매개변수인 것입니다. 해당 이벤트 매개변수들을 천천히 읽어보면 발생한 장바구니 이벤트의 상세한 내용을 확인할 수 있습니다. 현재 장바구니에 담긴 상품의 이름(item_name)은 '맛잇는 딸기입니다!'이고, 가격(price)은 원화(currency, KRW)로 6590원이며, 수량(quantity)은 1개입니다. 해당 상품은 '과일' 카테고리(item_category)에 속하여 내부적으로 'ITEM_2'라는 고유 아이디 혹은 상품 아이디(item_id)를 지니고 있습니다.

이렇게 상세하게 부가 정보를 수집하는 이유는 무엇일까요? 당연히 장바구니 담기 이벤트를 자세히 분석하기 위해서입니다. 현재로서는 '이벤트 매개변수가 많아서 어렵다'라는 느낌이 들겠지만 구글 애널리틱스 활용 능력이 좋아진다면 적합한 이벤트 매개변수가 많이 수집될수록 더 재미있는 데이터 분석을 할 수 있게 될 것입니다. 특정 상품이 장바구니에 담긴 횟수, 쿠폰을 사용한 제품과 쿠폰을 사용하지 않는 제품의 차이 등에 대한 데이터 분석을 통해 서비스의 매출을 올리는 상상을 해보시기 바랍니다. 누가 시키지도 않았는데 이벤트 수집 계획 단계에서 가능한 한 상세하게 이벤트 매개변수를 설계하고 있는 자신을 발견할 수 있을 것입니다.

> **NOTE 이벤트 매개변수의 점진적 추가**
> 이벤트 수집 계획 단계에서 이벤트 매개변수를 완벽히 정의해야 하는 것은 아닙니다. 서비스의 발전에 따라 점진적으로 이벤트 매개변수를 추가하는 것도 좋은 방법입니다. 과일 선택 이벤트를 예로 든다면 처음에는 선택한 과일의 이름만을 수집하고 서비스가 발전함에 따라 과일의 가격, 과일의 크기, 쿠폰 사용 여부 등을 점차 추가로 수집할 수 있을 것입니다.

select_fruit	✕
매개변수	사용자 속성
▸ debug_mode	1
▸ engagement_time_msec	1
▸ fruit	1
▸ ga_session_id	1
▸ ga_session_number	1
▾ page_location	1
https://www.turtlebooks.co.kr/ga4/item	
▸ page_title	1

실습 페이지(https://www.turtlebooks.co.kr/ga4/item/)에 접속해서 원하는 과일을 선택합니다. 디버그 페이지에서 select_fruit 이벤트의 상세 내용을 확인합니다.

우리는 분명 select_fruit 이벤트 수집 계획을 세울 때 fruit라는 매개변수로 선택한 과일에 대한 정보를 담는다고 정의했습니다. 그런데 실제로 select_fruit 이벤트를 자세히 살펴보면 fruit 외의 매개변수들도 수집되는 것을 확인할 수 있습니다. fruit 외의 매개변수들은 왜 수집된 것일까요? 이는 구글 애널리틱스가 이벤트에 대한 일부 필수 정보를 자동으로 수집하기 때문입니다.

구글 애널리틱스는 이벤트를 수집할 때 이벤트에 대한 필수 정보를 자동으로 수집하며, 이는 fruit 외의 매개변수에 담깁니다. 이를 자동 수집되는 매개변수라고 합니다.

select_fruit의 상세 정보에서 page_location을 확인해봅시다. page_location 매개변수에는 이벤트가 어디에서 발생되었는지에 대한 정보(여기서는 실습 페이지의 주소)가 담겨 있습니다. 또한 page_title을 확인해봅시다. page_title 매개변수에는 이벤트가 발생한 페이지의 제목이 담겨 있습니다.

매개변수	내용
language	사용자의 언어
page_location	이벤트가 발생한 페이지 URL
page_referrer	이벤트가 발생한 페이지 URI 의 이전 페이지 URL (/about에서 /item으로 이동하여 과일을 선택한다면, 이때 page_referrer 값은 /about입니다.)
page_title	이벤트가 발생한 페이지 제목
screen_resolution	사용자의 화면 해상도

구글 애널리틱스 이벤트가 자동으로 수집하는 이벤트 매개변수들은 위와 같습니다. 더 자세한 내용이 궁금하다면 '[GA4] 자동으로 수집되는 이벤트'(https://support.google.com/analytics/answer/9234069?hl=ko) 페이지에서 확인할 수 있습니다.

따라서 이벤트 수집 계획을 수립할 때, 이벤트가 어디에서 발생했는지를 파악하기 위해 이벤트가 발생한 페이지의 주소, 제목은 별도로 수집할 필요가 없습니다. 구글 애널리틱스가 관련 정보를 자동으로 수집하기 때문입니다. 우리는 정말로 필요한 정보만을 수집하고 이를 활용하여 데이터를 분석하면 되는 것입니다.

매개변수	내용
debug_mode	디버그 모드 사용 여부
engagement_time_msec	마지막 참여 이후 참여에 걸린 시간(ms)
ga_session_id	사용자 세션 고유 아이디
ga_session_number	사용자 세션 횟수 (사용자의 첫 번째 세션, 사용자의 다섯 번째 세션)

디버그 모드를 사용할 경우 좀 더 상세한 이벤트 매개변수를 확인할 수 있습니다. 여기서 ga_session_number 같은 경우 사용자가 서비스를 몇 번 사용(세션)했는지를 나타내므로 고급 데이터 분석에 활용할 수 있습니다.

6.4 이벤트 맞춤 측정기준 추가하기

실습 계정 　　　　　　　　　　　참여도 > 이벤트
구글 애널리틱스 실습 – GA4 　　　지난 28일

지금까지 이벤트 수집 계획을 수립하고 개발자와 협업하여 이벤트 코드를 적용하는 방법을 배웠습니다. 이제 곧 사용자의 행동 데이터가 수집될 것입니다. '이제 이벤트 데이터를 확인할 수 있겠군!'이라는 기대감은 잠시 넣어두시기 바랍니다. 아직 준비해야 할 과정이 남아 있습니다. 사용자 정의 이벤트를 분석하기 위해서는 이벤트를 맞춤 측정기준으로 등록해야 합니다.

STEP 1 　맞춤 측정기준 필요성 이해하기

이벤트 이름 ▾	✛	↓이벤트 수
총계		66 총계 대비 100%
1　page_view		21
2　scroll		14
3　user_engagement		9
4　session_start		7
5　try_sign_up		6
6　first_visit		3
7　select_fruit		2
8　sign_up		2
9　test		2

이벤트 보고서에 접속합니다. select_fruit 이벤트 수가 2임을 확인할 수 있습니다. 자, 여기서 한 가지 질문을 해보겠습니다. select_fruit 이벤트로 어떤 과일이 선택되었을까요? 사과는 몇 번, 딸기는 몇 번 선택되었을까요? 각자 '**select_fruit 이벤트**의 **fruit 매개변수**의 <u>이벤트 수</u>'를 확인해봅시다. 각자 기본 측정기준, 보조 측정기준을 설정하여 데이터를 확인해봅시다.

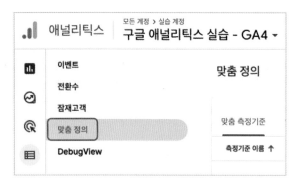

기본 측정기준으로 이벤트 이름이 선택되어 있으니 보조 측정기준으로 fruit를 선택하면 될 것입니다. 하지만 측정기준 선택기 어디에서도 fruit를 찾아볼 수는 없습니다. 아쉽게도 현재 우리는 '**select_fruit 이벤트**의 **fruit 매개변수**의 <u>이벤트 수</u>'를 확인할 수 없습니다.

구글 애널리틱스는 기본적으로 '특정 데이터를 보고서에서 확인한다'라고 설정한 항목에 대해서만 데이터를 표시합니다. 현재 우리는 select_fruit 이벤트에 fruit라는 매개변수로 선택한 과일에 대한 정보를 수집만 하고 있는 상태이지 fruit 매개변수를 '보고서에서 확인한다'라고 설정한 상태는 아닌 것입니다. 따라서 우리는 fruit 매개변수를 '보고서에서 확인한다'라고 설정할 필요가 있습니다. 이 역할을 하는 것이 '맞춤 측정기준'입니다.

STEP 2 맞춤 측정기준 추가하기

왼쪽 메뉴의 [구성]에서 [맞춤 정의]를 선택합니다.

맞춤 정의 영역에서 '맞춤 측정기준', '맞춤 측정항목'을 추가할 수 있습니다. 여기에 특정 데이터를 등록해야만 해당 데이터를 '보고서에서 확인'할 수 있는 상태가 되는 것입니다. [맞춤 측정기준 만들기]를 클릭합니다.

새 맞춤 측정기준 영역이 표시됩니다. 여기에 fruit를 등록하면 구글 애널리틱스에는 fruit를 '확인 가능하고 활용 가능한 데이터'로 우리에게 제공합니다.

측정기준 이름과 설명으로 'fruit'를 입력합니다. 범위로는 '이벤트'를 선택합니다. 이벤트 매개변수로 'fruit'를 입력하거나 선택합니다. [저장]을 클릭합니다.

측정기준 이름 ↑	설명	범위	사용자 속성/매개변수	마지막 변경일	
fruit	fruit	이벤트	fruit	2021년 7월 31일	⋮

맞춤 측정기준으로 fruit가 등록되었습니다. 대략 1~2일이 지나면 구글 애널리틱스 전반에서 fruit에 대한 정보를 확인할 수 있게 될 것입니다. 데이터 확인을 위해 실습 페이지(https://www.turtlebooks.co.kr/ga4/item)에 접속하여 원하는 과일을 선택해보시기 바랍니다.

> **NOTE 이벤트 데이터 확인 계획 세우기**
>
> 구글 애널리틱스에서는 이벤트 수집 계획에 못지않게 이벤트 데이터 확인 계획도 중요합니다. 이벤트 수집 코드가 서비스에 적용되었다고 하더라도 맞춤 측정기준을 제때에 등록하지 않으면 데이터를 확인할 수 없기 때문입니다.
>
> 따라서 이벤트 수집 계획을 세우고 개발자와 논의하여 적절한 이벤트 매개변수를 정한 뒤에는 가능한 한 빨리 이벤트 맞춤 측정기준을 적용하여 데이터를 필요 시점에 확인할 수 있도록 준비해두어야 할 것입니다.

STEP 3 맞춤 측정기준 확인하기

맞춤 측정기준으로 fruit를 등록하고 하루 이틀 뒤 이벤트 보고서에 접속하여 select_fruit를 검색합니다. 보조 측정기준을 추가하기 위해 이벤트 이름 오른쪽의 +를 클릭합니다.

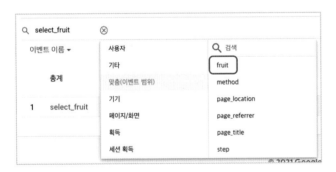

보조 측정기준 선택기에 '맞춤(이벤트 범위)'라는 영역이 추가된 것을 확인할 수 있습니다. 해당 영역에는 우리가 맞춤 측정기준으로 추가한 데이터가 표시됩니다. 앞에서 맞춤 측정기준으로 설정한 fruit가 마침내 구글 애널리틱스에서 '확인 가능하고 활용 가능한 데이터'로 설정된 것입니다. 'fruit'를 선택합니다.

Q select_fruit		⊗	
이벤트 이름 ▾	fruit ▾	✕	↓이벤트 수
총계			**5** 총계 대비 6.17%
1 select_fruit	apple		2
2 select_fruit	strawberry		2
3 select_fruit	(not set)		1

이제 우리는 과일 선택(select_fruit) 이벤트에서 정확히 어떤 과일이 몇 번 선택되었는지 확인할 수 있습니다. 여기서는 사과가 2번, 딸기가 2번 선택되었음을 알 수 있습니다. 맞춤 측정기준 fruit를 설정하기 이전의 데이터는 어떤 과일을 선택했는지 알 수 없기 때문에 '(not set)'으로 표시된다는 점 참고하기 바랍니다.

6.5 전환 이벤트 설정하기

🌐 실습 계정　　　　　　　　　📊 참여도 > 페이지 및 화면

⛰️ 구글 애널리틱스 실습 – GA4　　🕐 지난 28일

지금까지 이벤트를 수집하고 확인하는 빙법을 살펴봤습니다. 이를 바딩으로 시비스의 다양한 이벤트 분석을 진행할 수 있을 것입니다. 앞으로 서비스가 성장하면서 수집하는 이벤트도 점점 많아질 것입니다. 10개로 시작한 이벤트 분석이 어느새 50개, 100개가 될 것입니다. 수집하는 이벤트의 개수가 늘어나면 우리는 어떤 착각에 빠질 수 있습니다. 그 착각이란 바로 이벤트를 많이 수집하고 있으니 데이터 분석을 잘하고 있다는 착각입니다.

제 경험상 이벤트의 개수가 크게 늘어나는 것은 '일단 수집하자'라는 생각이 앞서기 때문입니다. '일단 최대한 많이 수집하고 나중에 확인해보면 뭔가 의미 있는 인사이트를 발견할 수 있을 거야'라는 생각이 이벤트의 개수를 늘리고 있는 것입니다. 이벤트 분석에 정말 필요한 것은 이벤트를 일단 수집하고 보는 것이 아니라 서비스의 핵심이 되는 이벤트를 구분하고 관리하는 것입니다. 이번 절에서는 전환 이벤트를 설정하여 중요 이벤트를 관리하는 방법을 살펴보겠습니다.

STEP 1 **전환 이벤트 설정하기**

왼쪽 메뉴의 [구성]에서 [이벤트]를 선택합니다.

기존 이벤트						🔍	⬇
이벤트 이름 ↑	수	변동률(%)		사용자	변동률(%)	전환으로 표시 ⍰	
first_visit	3	-		3	-	⬜	
page_view	21	-		4	-	⬜	
scroll	14	-		4	-	⬜	
select_fruit	2	-		1	-	⬜	
session_start	7	-		4	-	⬜	
sign_up	2	-		1	-	⬜	
test	2	-		2	-	⬜	
try_sign_up	6	-		1	-	⬜	

일정 수정　**일정 만들기**

이벤트 페이지에는 구글 애널리틱스에 수집되어 있는 이벤트 데이터가 모두 표시됩니다. 이벤트에 대한 전체적인 확인이 필요할 때 유용하게 활용할 수 있습니다.

여기서 이벤트 페이지의 이벤트를 가볍게 살펴보겠습니다. 사용자의 스크롤(scroll) 이벤트도 표시되어 있고, 실습 페이지의 동작을 확인하기 위한 테스트(test) 이벤트도 표시되어 있습니다. 과일 선택(select_fruit) 이벤트도 표시되어 있고, 가입(sign_up) 이벤트도 표시되어 있습니다. 여기에서 이런 생각을 해보겠습니다. 테스트 이벤트는 가입 이벤트만큼 중요할까요? 과일 선택 이벤트는 가입 이벤트만큼 중요할까요? 서비스를 운영하는 입장, 특히 초기 서비스를 운영하는 입장에서는 가입 이벤트만큼 중요한 이벤트가 없을 것입니다. 사용자 가입이벤트 자체가 목표인 것입니다. 이러한 중요한 이벤트, 목표 이벤트는 '전환 이벤트'로 설정하여 다른 이벤트들과 구분하여 관리하는 것이 좋습니다.

기존 이벤트						🔍	⬇
이벤트 이름 ↑	수	변동률(%)		사용자	변동률(%)	전환으로 표시 ⍰	
sign_up	2	-		1	-	🔘	

일정 수정　**일정 만들기**

sing_up 이벤트 오른쪽 끝의 '전환으로 표시' 영역의 스위치 버튼을 클릭하여 파란색이 보이도록 설정합니다. 이렇게 하면 sign_up 이벤트가 전환 이벤트로 설정됩니다.

STEP 2 전환 이벤트 살펴보기

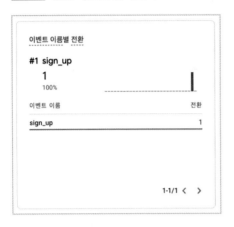

실습 페이지(https://www.turtlebooks.co.kr/ga4/sign_up)에 접속해서 [회원가입] 버튼을 클릭합니다. 설정이 적용되기를 잠시 기다린 뒤 실시간 보고서에 접속하면 '이벤트 이름별 전환' 영역에 전환 이벤트인 sign_up이 표시되는 것을 확인할 수 있습니다. 전환 이벤트를 잘 설정해두면 실시간 보고서를 통해 서비스 목표가 어떻게 달성되고 있는지를 확인할 수 있습니다.

실시간 보고서를 바탕으로 전환 이벤트를 추적하는 방식은 서비스 운영에 유용하게 사용되는 방식입니다. 만약 '여름 세일 이벤트' 페이지를 사용자에게 공개했다고 가정해보겠습니다. 이때 우리는 여름 세일 이벤트 페이지에서 상품을 얼마나 선택하는지 등에 대한 이벤트를 추적할 것입니다. 이를 전환 이벤트로 설정하여 실시간 보고서에서 이벤트 페이지의 반응을 곧바로 확인할 수 있습니다. 만약 이벤트에 대한 반응이 좋지 않다면 이미지를 변경한다거나 상품을 변경하는 방식으로 실시간 대응을 할 수 있을 것입니다.

전환 이벤트의 발생은 [구성] ▶ [전환수]에서도 확인할 수 있습니다. 전환 이벤트로 sign_up
이 표시되어 있고, sign_up 이벤트가 2회 발생했음을 알 수 있습니다. 이는 앞서 이벤트 페
이지에서 이벤트 목록을 확인한 것과 동일한 데이터이지만, 전환 이벤트만 모아서 확인할 수
있다는 장점이 있습니다. 서비스의 목표 달성을 좀 더 쉽게 확인할 수 있기 때문입니다.

STEP 3 **전환 이벤트 직접 추가하기**

다시 이벤트 수집 계획을 생각해보겠습니다. 이벤트 수집을 계획할 때 해당 이벤트가 서비스
의 핵심 목표인지를 생각해봐야 합니다. 만약 서비스의 핵심 목표라면 전환 이벤트로 설정해
야 할 것입니다. 그런데 해당 시점에서는 이벤트가 아직 수집된 것이 아니므로 이벤트 페이
지에 표시되지 않을 것입니다.

이때에는 전환 이벤트 페이지에서 [새 전환 이벤트]를 클릭합니다. 이를 통해 이벤트 이름을
직접 입력해 전환 이벤트를 설정할 수 있습니다.

새 이벤트 이름으로 'select_fruit'를 입력하고 [저장]을 클릭합니다.

select_fruit 이벤트가 전환으로 설정된 것을 확인할 수 있습니다.

실습 페이지(https://www.turtlebooks.co.kr/ga4/item/)에 접속하여 과일을 선택합니다. 과일을 선택하고 나서 실시간 보고서를 확인하면 select_fruit 이벤트가 전환으로 표시되는 것을 확인할 수 있습니다.

STEP 4 표준 보고서에서 전환 이벤트 확인하기

페이지 제목 및 화면 클래스 ▾	+	순 사용자 스크롤	이벤트 수 모든 이벤트 ▾	전환 모든 이벤트 ▾
총계		8 총계 대비 100%	147 총계 대비 100%	4 총계 대비 100%
1 마음에 드는 과일을 선택해주세요		1	31	1
2 실습 환경 설정		2	30	0
3 상품: 맛있는 딸기		2	14	0

다음 날 페이지 및 화면 보고서에 접속합니다. 표의 오른쪽 끝에는 '전환'이라는 영역이 있습니다.

'전환' 아래의 '모든 이벤트'를 클릭하면 전환 이벤트로 등록된 이벤트들이 표시됩니다. 'select
_fruit'를 선택합니다.

이제 어떤 페이지에서 'select_fruit' 전환이 몇 회 발생했는지 확인할 수 있습니다.

지금까지 보고서의 조작 방법에 대해 많은 것을 살펴봤습니다. 보고서 기본 조작 방법, 비교
군 설정 방법 그리고 기본 측정기준과 보조 측정기준의 설정 방법을 알아봤고, 이번 장에서
는 이벤트와 전환 이벤트를 설정하고 적용하는 방법을 배웠습니다. 마침내 보고서의 조작 방
법을 모두 배운 것입니다. 이제 여러분이 활용하지 못할 보고서는 없습니다. 각자 구글 머천
다이즈 스토어 계정에 접속하여 보고서를 조작해보면서 어떤 데이터를 확인할 수 있는지 실
습해보기 바랍니다.

6.6 이벤트 분석 정리하기

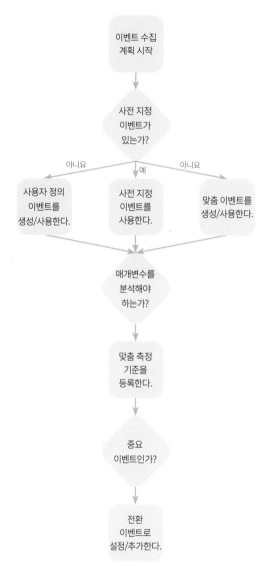

이벤트 수집
계획 시작

사전 지정
이벤트가
있는가?

아니요   예   아니요

사용자 정의
이벤트를
생성/사용한다.

사전 지정
이벤트를
사용한다.

맞춤 이벤트를
생성/사용한다.

매개변수를
분석해야
하는가?

맞춤 측정
기준을
등록한다.

중요
이벤트인가?

전환
이벤트로
설정/추가한다.

그림 6-1 이벤트 분석의 흐름

이번 장에서는 이벤트에 대해 많은 것을 배웠습니다. 구글 애널리틱스는 이벤트를 중심으로 데이터 수집/분석이 이루어지므로 이벤트 수집 계획, 이벤트 데이터의 확인 계획, 이벤트의 관리 및 운영 방법을 잘 알아두는 것이 좋습니다. [그림 6-1]을 바탕으로 이해가 되지 않는 부분을 꼭 점검해보기 바랍니다.

6.7 [필수] 자동 수집 이벤트 매개변수 맞춤 측정기준 등록하기

🥧	Demo Account	🗨	참여도 > 이벤트
🏛	GA4 – Google Merchandise Store	⏱	2021년 4월 1일 ~ 2021년 6월 30일

6.3절 '이벤트 매개변수 살펴보기'에서는 이벤트 데이터를 수집할 때 일부 매개변수가 자동으로 수집된다는 것을 알아봤습니다. 그중 page_location은 특히 유용합니다. 이벤트가 발생한 페이지의 주소를 확인할 수 있도록 해주는 정보이기 때문입니다. 이번 절에서는 page_location 같은 자동 수집 이벤트 매개변수를 맞춤 측정기준으로 등록해보겠습니다.

STEP 1 **구글 머천다이즈 스토어의 맞춤 측정기준 살펴보기**

왼쪽 메뉴의 [구성]에서 [맞춤 정의]를 클릭합니다.

맞춤 측정기준 맞춤 측정항목		
측정기준 이름 ↑	설명	범위
member	If member logs in and views site	사용자
member_level	Gold, Silver or Bronze level is assigned to members.	사용자
page_location		이벤트
page_referrer		이벤트
page_title		이벤트

그림 6-2 구글 머천다이즈 스토어의 맞춤 측정기준

구글 머천다이즈 스토어에서 데이터 분석을 위해 직접 추가한 맞춤 측정기준이 표시됩니다. 여기서는 자동 수집 매개변수인 page_location, page_referrer, page_title이 모두 맞춤 측정기준(이벤트)으로 등록된 것을 확인할 수 있습니다.

해당 맞춤 측정기준들은 이벤트의 발생 경로를 특정하는 용도 등으로 사용할 수 있습니다. '이벤트가 어디에서 발생했는가?', '어떤 유입 경로를 통해 이벤트가 발생했는가?'와 같은 용도로 사용할 수 있는 것입니다.

STEP 2 **이벤트 맞춤 측정기준 활용하기**

이벤트 보고서에서 장바구니 담기(add_to_cart) 이벤트를 검색한 모습입니다. 각자 해당 이벤트가 발생한 페이지를 찾아봅시다. 아마 몇 분을 들여 보고서를 조작해도 장바구니 이벤트가 발생한 페이지를 확인할 수 없을 것입니다.

페이지 제목 및 화면 클래스 ▾ ＋	순 사용자 스크롤	↓이벤트 수 add_to_ca... ▾
총계	138,143 총계 대비 100%	35,307 총계 대비 1.94%
1 Men's / Unisex | Apparel | Google Merchandise Store	6,066	5,108
2 TYCTWE | Google Merchandise Store	2,053	4,264
3 Sale | Google Merchandise Store	6,014	3,845

이를 확인하기 위해서는 이벤트 보고서가 아니라 페이지 및 화면 보고서를 사용해서 이벤트 수의 이벤트를 add_to_cart로 설정해야 합니다.

구글 애널리틱스의 표준 보고서는 보고서에서 제공하는 측정기준만 사용할 수 있기 때문에 이러한 제약사항이 발생합니다. 이를 우회하기 위한 방법이 바로 맞춤 측정기준을 등록하는 것입니다.

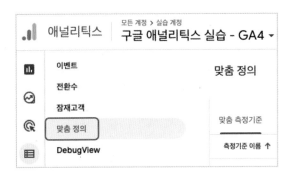

Q add_to_cart		⊗
이벤트 이름 ▾	page_title ▾ ✕	↓이벤트 수
총계		35,307
		총계 대비 1.94%
1 add_to_cart	Men's / Unisex | Apparel | Google Merchandise Store	5,108
2 add_to_cart	TYCTWE | Google Merchandise Store	4,264
3 add_to_cart	Sale | Google Merchandise Store	3,845

다시 이벤트 보고서입니다. 만약 자동 수집 이벤트 매개변수를 맞춤 측정기준으로 등록했다면 이벤트 보고서에서 보조 측정기준으로 page_title을 설정할 수 있습니다. 이제야 이벤트 보고서에서 이벤트가 발생한 페이지 경로를 확인할 수 있게 된 것입니다.

STEP 3 등록하기

지금까지 자동 수집 매개변수를 등록하면 보고서에서 이를 활용할 수 있음을 알아봤습니다. 바로 실습 계정에 자동 수집 매개변수를 맞춤 측정기준으로 등록해보겠습니다.

사용 중인 계정을 '실습 계정'으로 전환하고 [구성]에서 [맞춤 정의]를 클릭합니다.

맞춤 측정기준 맞춤 측정항목				맞춤 측정기준 만들기	
측정기준 이름	설명	범위	사용자 속성/매개변수	마지막 변경일 ↑	
fruit	fruit	이벤트	fruit	2021년 7월 31일	⋮
method	method	이벤트	method	2021년 7월 31일	⋮

[맞춤 측정기준 만들기]를 클릭합니다.

× 새 맞춤 측정기준		저장
측정기준 이름 ⑦		**범위** ⑦
page_location		이벤트 ▼
설명 ⑦		
page_location		
이벤트 매개변수 ⑦		
page_location ▼		

측정기준 이름과 설명으로 'page_location'을 입력하고 이벤트 매개변수로 page_location 을 선택합니다. [저장]을 클릭하면 page_location 측정기준이 추가됩니다.

맞춤 측정기준 맞춤 측정항목				맞춤 측정기준 만들기	
측정기준 이름 ↑	설명	범위	사용자 속성/매개변수	마지막 변경일	
fruit	fruit	이벤트	fruit	2021년 7월 31일	⋮
method	method	이벤트	method	2021년 7월 31일	⋮
page_location	page_location	이벤트	page_location	2021년 8월 8일	⋮
page_referrer	page_referrer	이벤트	page_referrer	2021년 7월 31일	⋮
page_title	page_title	이벤트	page_title	2021년 7월 31일	⋮

그림 6-3 실습 계정에 자동 수집 매개변수를 측정기준으로 등록

동일한 과정을 거쳐 page_referrer와 page_title을 맞춤 측정기준으로 추가합니다. 지금까지 등록한 맞춤 측정기준은 [그림 6-3]과 같습니다.

구글 애널리틱스는 여러 가지 데이터를 수집하지만 수집한 데이터 전부를 우리에게 공개하지는 않습니다. 우리는 구글 애널리틱스에 이러한 정보를 확인할 수 있도록 공개해달라고 요청할 필요가 있습니다. 이때 사용하는 것이 맞춤 측정기준을 등록하는 것입니다. 이 과정은 구글 애널리틱스 사용에 매우 중요하기 때문에 9.6절 [필수] 맞춤 등록 가능한 매개변수 파악하고 등록하기'에서 더 살펴보겠습니다.

6.8 [실전] 회원 가입 이벤트 분석하기

실습 계정   참여도 > 이벤트

구글 애널리틱스 실습 – GA4   지난 28일

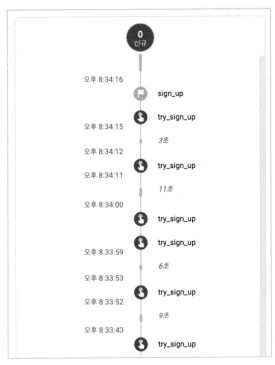

그림 6-4 이벤트 디버그

실습 페이지(https://www.turtlebooks.co.kr/ga4/sign_up)에서 가입을 진행하고 디버그 페이지에 접속하면 [그림 6-4]와 같은 이벤트들이 발생하는 것을 확인할 수 있습니다. 사용자가 아이디, 비밀번호 등의 입력 양식을 선택하면 try_sign_up(가입 시도) 이벤트가 발생하고 마지막에 회원 가입을 클릭하면 sign_up(가입) 전환 이벤트가 발생하는 것입니다.

여기서 sign_up 이벤트는 구글 애널리틱스 사전 정의 이벤트입니다. 회원 가입과 관련된 데이터 분석을 진행하기 위해서는 필수로 구현해야 하는 이벤트인 것입니다. 반면에 try_sign_up 이벤트는 구글 애널리틱스 사전 정의 이벤트가 아닙니다. 무엇인가 분석의 목적이 있기 때문에 우리가 직접 이벤트를 정의하여 서비스에 적용한 것입니다. 이번 절에서는 어떠한 과정을 거쳐 try_sign_up 이벤트를 수집하게 된 것인지 알아보겠습니다. 실제 업무에서의 이벤트 분석 방법을 소개하려는 목적으로 구성된 예제이니 자세히 살펴보기 바랍니다.

이벤트 분석의 목적 파악하기

회원 가입 페이지에서 회원 가입이 얼마나 발생하는지 분석해야 하는 것은 너무나 당연한 일입니다. 자연스럽게 구글 애널리틱스의 사전 정의 이벤트 목록에서 가입(sign_up) 이벤트를 진행하게 될 것입니다. 또한 가입 이벤트는 서비스의 주요 이벤트 중 하나이므로 이를 전환 이벤트로 설정하게 될 것입니다. 여기까지 자연스럽게 이해할 수 있다면 6장 '이벤트 분석 따라 배우기'의 학습을 잘 진행한 것입니다.

이때 서비스가 많이 성장했다고 가정해보겠습니다. 서비스 초기와 다르게 회원 가입이 많이 발생하지는 않습니다. 이제 우리의 목표는 회원 가입의 양을 늘리는 것에서 회원 가입 포기를 줄이는 것으로 변경되었습니다. 이제 회원 가입 페이지에서 가입 이벤트 분석뿐만 아니라 가입 포기를 분석해야 하는 것입니다. 이 과정을 살펴보면서 학습을 진행해보겠습니다.

STEP 2 **이벤트 수집 계획하기**

현재 회원 가입하기 페이지는 아이디, 비밀번호, 비밀번호 확인, 휴대폰 번호 입력, 휴대폰 인증하기, 인증번호 입력의 여섯 가지 과정을 거치고 마지막에 [회원가입] 버튼을 눌러 가입을 완료하도록 구성되어 있습니다. 정말 이 구성이 회원 가입에 도움이 되는 것일까요? 혹시 회원 가입 과정이 너무 어려워 사용자가 가입을 포기하는 것은 아닐까요? 사용자가 어떤 단계에서 회원 가입을 포기하는지 알 수 있다면 우리는 이를 바탕으로 회원 가입 방식을 개선할수 있을 것입니다. 이러한 분석을 진행하기 위해서는 사용자가 어떤 입력 양식을 클릭하고, 클릭하지 않는지를 파악할 수 있어야 합니다.

STEP 3 **이벤트 수집 계획하기**

표 6-5   이벤트 수집 계획하기

이벤트 이름	트리거
sign_up_id	사용자가 아이디 입력을 클릭
sign_up_password	사용자가 비밀번호 입력을 클릭
sign_up_password_check	사용자가 비밀번호 확인을 클릭
sign_up_phone	사용자가 휴대폰 번호 입력을 클릭
sign_up_phone_check	사용자가 휴대폰 인증하기 버튼을 클릭
sign_up_phone_auth	사용자가 인증번호 입력을 클릭

'사용자가 어떤 입력 양식을 클릭하고, 클릭하지 않는지를 파악할 수 있어야 한다'는 목표가세워지면 나머지는 쉽습니다. 각 입력 양식 클릭이 발생할 때 [표 6-5]와 같은 이벤트를 수집한다는 계획을 세우고 개발자와 논의하여 이벤트 수집 코드를 서비스에 적용하면 됩니다.

STEP 4 **이벤트 이름 최적화하기**

그런데 실습 페이지(https://www.turtlebooks.co.kr/ga4/sign_up/)를 살펴보면 각 입력양식에서 발생하는 이벤트 이름이 모두 try_sign_up인 것을 확인할 수 있습니다.

이벤트 내용	이벤트 이름	step 매개변수
아이디 입력	try_sign_up	id
비밀번호 입력	try_sign_up	password
비밀번호 확인	try_sign_up	password_check
휴대폰 번호 입력	try_sign_up	phone
휴대폰 번호 확인	try_sign_up	phone_check
인증번호 입력	try_sign_up	phone_auth

분명 앞에서는 sign_up_id, sign_up_password와 같이 각 입력 단계의 이름을 상세하게 지정했습니다만, 실습 페이지에 적용된 이벤트 이름은 모두 try_sign_up으로 고정되어 있고 step 매개변수에서 입력 단계의 이름을 구분하고 있습니다. 왜 실습 페이지에는 try_sign_up이라는 이벤트 이름을 적용하고 step이라는 매개변수로 각각의 단계를 구분한 것일까요? 여기에는 몇 가지 이유가 있습니다.

첫째, 사용자 정의 이벤트는 최대 500개까지 사용할 수 있습니다. 따라서 되도록이면 사용자 정의 이벤트의 개수가 크게 증가하지 않도록 주의를 기울이는 것이 좋습니다. sign_up_id, sign_up_password와 같이 개별 이벤트 이름이 아니라 try_sign_up이라는 공통의 이벤트 이름을 사용하고 step이라는 매개변수로 상세 내용을 구분하면 사용자 정의 이벤트 하나로 동일한 분석을 진행할 수 있습니다.

둘째, 구글 애널리틱스는 이벤트를 바탕으로 잠재고객, 맞춤 이벤트 등을 설정할 수 있습니다. 이때 이벤트 이름이 많은 것보다 이벤트 매개변수가 풍부한 것이 활용하기에 좋습니다. 이는 아직 우리가 살펴본 부분이 아니므로 여기까지만 이야기하겠습니다. 앞으로의 학습을 통해 배우게 될 것입니다.

STEP 5 이벤트 데이터 확인 계획 세우기

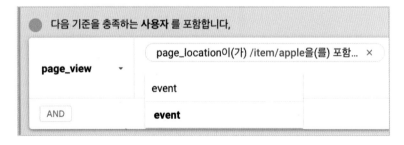

개발자가 이벤트 수집 프로그래밍 코드를 구현하고 서비스에 적용하는 동안 우리는 이벤트

데이터를 확인할 수 있도록 준비해야 합니다. 맞춤 측정기준으로 step 이벤트 매개변수를 추가합니다.

> **NOTE 서로 다른 이벤트가 동일한 매개변수 이름을 사용하는 경우**
>
> 서로 다른 이벤트가 동일한 매개변수 이름을 사용하는 경우 이벤트 맞춤 측정기준을 한 번만 등록해도 괜찮습니다. 예를 들어, sign_up 이벤트와 login 이벤트는 모두 method라는 매개변수 이름으로 회원 가입 방법과 로그인 방법을 수집합니다.
>
> 이를 참고한다면 이벤트 매개변수도 최적화의 대상이 될 수 있음을 알 수 있습니다. 우리는 try_sign_up 이벤트의 상세 정보를 step(단계)라는 매개변수 이름으로 수집했습니다만, 이를 method(방법)라는 매개변수 이름으로 수집해도 이해하는 데 무리는 없을 것입니다.

STEP 6 이벤트 데이터 확인하기

이벤트 이름 ▾	step ▾	✕	↓이벤트 수	총 사용자
총계			**20** 총계 대비 24.69%	**1** 총계 대비 100%
1 try_sign_up	(not set)		6	1
2 try_sign_up	id		3	1
3 try_sign_up	password		3	1
4 try_sign_up	password_check		3	1
5 try_sign_up	phone		2	1
6 try_sign_up	phone_check		2	1
7 try_sign_up	phone_auth		1	1

하루 뒤 이벤트 보고서에 접속합니다. try_sign_up 이벤트를 검색하고 보조 측정기준으로 step 매개변수를 설정합니다. 이제 try_sign_up step 이벤트의 매개변수별 이벤트 수를 확인할 수 있습니다. 이때 '(not set)'은 step 매개변수가 맞춤 이벤트로 등록되기 전의 데이터이므로 무시합니다. 표시되는 데이터를 바탕으로 각 가입 단계의 증감을 파악할 수 있습니다.[2]

---

2 실제 업무에서는 총 사용자 수를 확인해야 하지만 아쉽게도 우리에게는 데이터가 부족합니다. 여기서는 이벤트 수를 확인하겠습니다.

이벤트 내용	이벤트 이름	이벤트 매개변수 step	이벤트 수	증감
아이디 입력	try_sign_up	id	3	0
비밀번호 입력	try_sign_up	password	3	0
비밀번호 확인	try_sign_up	password_check	3	0
휴대폰 번호 입력	try_sign_up	phone	2	-1
휴대폰 번호 확인	try_sign_up	phone_check	2	0
인증번호 입력	try_sign_up	phone_auth	1	-1

데이터를 정리하면 이와 같습니다. 각 단계의 이벤트 수 증감을 확인합니다. 여기서는 비밀번호 확인 단계에서 휴대폰 번호 입력 단계로 넘어갈 때 이벤트 수가 1 감소하는 것을 확인할 수 있습니다. 이후 인증번호 입력 단계에서 이벤트 수가 또 1 감소합니다. 휴대폰 번호를 인증하는 과정이 가입 완료를 방해하는 부분으로 작용하고 있다고 추측할 수 있습니다. 정말 가입 단계에서 휴대폰 인증 혹은 개인 인증이 필요한지를 점검하는 것이 좋아 보입니다. 만약 다른 서비스에서도 개인 인증을 진행한다는 이유로 개인 인증을 따라 하고 있는 것이라면 가입 단계에서 이를 제거하는 편이 좋을 것입니다.

Chapter 07 탐색 분석 따라 배우기

드디어 구글 애널리틱스 Step 1의 마지막입니다. 지금까지 배운 내용을 정리해봅시다. 우리는 보고서의 기본 조작 방법을 배웠습니다. 비교군, 잠재고객, 측정기준을 활용하여 데이터를 더 상세하게 파악하는 방법을 배웠습니다. 그리고 이벤트를 수집하고 분석하는 방법을 배웠습니다. 이를 활용한다면 표준 보고서를 바탕으로 기본적인 데이터 분석을 원활하게 진행할 수 있을 것입니다.

잠깐, '표준 보고서'와 '기본적인 데이터 분석'이라고요? 맞습니다. 지금까지 우리가 배운 것은 표준 보고서를 바탕으로 기본적인 데이터 분석을 진행하기 위해 필요한 지식이었습니다. 우리는 페이지 및 화면 보고서에서 페이지 관련 데이터를 분석했고, 이벤트 보고서에서 이벤트 관련 데이터를 분석했습니다. 실제 데이터 분석 업무는 이보다 복잡합니다. 페이지 데이터와 이벤트 데이터를 동시에 분석하는 것 같은 복합적인 주제의 데이터 분석이 이루어집니다. 이때 우리에게는 표준 보고서 이상의 보고서가 필요해집니다. '탐색 분석'이 필요해지는 것입니다. 이번 장에서는 탐색 분석에 대해 알아보겠습니다.

7.1 탐색 분석 보고서 살펴보기

🞊 Demo Account

🏛 GA4 – Google Merchandise Store

지금까지 우리가 배운 보고서는 구글 애널리틱스가 제공하는 특정 주제를 단순화하여 제공하는 '표준 보고서'입니다. 페이지 및 화면 보고서에서는 페이지에 대한 정보만을, 이벤트 보고서에서는 이벤트에 대한 정보만을 확인할 수 있는 것입니다. 따라서 복합적인 주제를 분석하는 데는 근본적인 한계가 있습니다. 다행히도 구글 애널리틱스는 표준 보고서 외에도 자유 형식의 보고서를 제공합니다. 이번 절에서는 탐색 분석의 자유 형식 보고서를 살펴보겠습니다.

STEP 1 **구글 머천다이즈 스토어의 탐색 보고서 살펴보기**

왼쪽 메뉴에서 [탐색]을 선택합니다.

탐색 분석 페이지에는 구글 머천다이즈 스토어에서 실제로 사용하고 있는 데이터 분석을 위한 각종 보고서들이 표시됩니다. 여기서 'Shopping Behavior Funnel'과 'Behavior Flow

Path' 보고서를 간단히 살펴보겠습니다.

STEP 2 **Shopping Behavior Funnel 살펴보기**

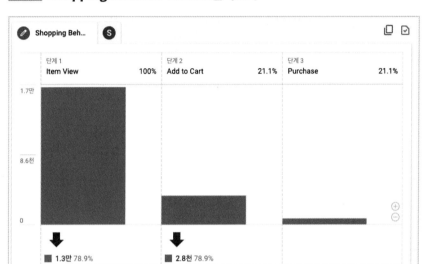

'Shopping Behavior Funnel'을 클릭하면 지금까지 살펴본 보고서와는 전혀 다른 형태의 보고서를 확인할 수 있습니다. 해당 보고서는 '유입경로 탐색 분석'이라는 기법을 바탕으로 사용자의 쇼핑 행동(shopping behavior)을 표시하는 보고서입니다.

여기서 우리는 아이템 조회(Item View)가 1.3만 회 발생했고, 아이템 조회 이후 장바구니 담기(Add to Cart)가 2.8천 회 발생했음을 확인할 수 있습니다. 이를 바탕으로 아이템 조회 사용자의 21% 정도가 상품을 장바구니에 담는다는 사실을 쉽게 알 수 있습니다.

STEP 3 **Behavior Flow Path 살펴보기**

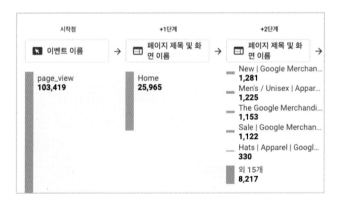

Behavior Flow Path 보고서는 '경로 탐색 분석'이라는 기법을 사용하여 사용자가 어떠한 순서로 행동했는지를 확인하기 좋게 데이터를 시각화한 보고서입니다.

여기서는 page_view를 기준으로 사용자가 Home에 많이 접속하고 그 이후로는 New로 접속하는 경우가 많다는 것을 알 수 있습니다.

STEP 4 **템플릿 갤러리 살펴보기**

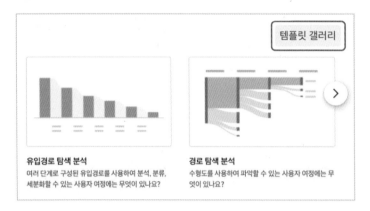

탐색 분석 페이지 우측 상단의 [템플릿 갤러리]를 클릭하면 더 다양한 보고서들을 확인할 수 있습니다.

템플릿 갤러리 페이지에는 데이터 분석을 위한 여러 가지 보고서 템플릿들이 준비되어 있습니다. 기법, 사용 사례, 업종 등으로 크게 구분하여 어떤 보고서를 사용할 수 있는지 각자 확인해보시기 바랍니다.

탐색 분석에서 제공하는 여러 가지 형식 중 가장 많이 사용되는 것은 '비어 있음'과 '자유 형식' 보고서입니다. 둘은 동일한 보고서입니다만, 자유 형식 보고서에는 기본 데이터가 일부 설정된 상태이기 때문에 수정해서 사용하기 좋습니다. 아직 탐색 분석에 익숙하지 않은 상태일 때 유용한 보고서라고 할 수 있습니다.

기기 카테고리	desktop	mobile	tablet	총계
시/군/구	활성 사용자	활성 사용자	활성 사용자	↓활성 사용자
총계	49,105 총계 대비 67.11%	22,934 총계 대비 31.34%	1,214 총계 대비 1.66%	73,175 총계 대비 100%
1 (not set)	4,639	2,019	128	6,734
2 New York	1,532	480	23	2,033
3 San Jose	1,430	264	11	1,704
4 San Francisco	1,279	306	3	1,587
5 Sunnyvale	1,298	130	5	1,433
6 Los Angeles	605	504	6	1,115
7 London	738	267	12	1,015
8 Singapore	714	199	9	919
9 Mountain View	837	83	1	921
10 Seattle	689	156	2	846

그림 7-1 자유 형식 보고서

자유 형식을 선택하면 [그림 7-1]과 같이 '시/군/구'의 '기기 카테고리'별 '활성 사용자' 데이터가 표시되는 보고서를 확인할 수 있습니다.

탐색 분석 보고서의 동작을 가볍게 살펴보겠습니다. 화면 왼쪽의 측정항목에 표시된 '이벤트 수'를 마우스로 드래그하여 값 영역의 '활성 사용자' 아래로 끌어다 놓습니다.

위와 같이 값 영역의 '활성 사용자' 아래에 '이벤트 수'가 놓인다면 설정이 완료된 것입니다.

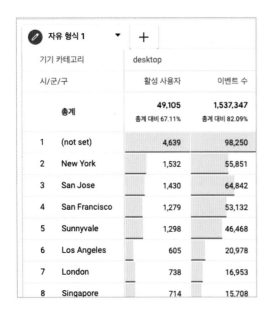

표를 다시 살펴보면 '활성 사용자' 오른쪽에 '이벤트 수'가 표시되는 것을 확인할 수 있습니다. 우리의 설정에 따라 표의 데이터가 재구성된 것입니다.

우리는 비어 있음 혹은 자유 형식의 탐색 분석 보고서(이하 탐색 보고서)를 바탕으로 우리에게 딱 맞는 보고서를 만들 수 있습니다. 지금까지 그리고 앞으로 학습할 구글 애널리틱스에 대한 지식은 모두 탐색 보고서를 잘 사용하기 위해 필요한 지식이라고 할 수 있습니다.

이번 장에서는 탐색 분석이 무엇이며 어떻게 사용하는지를 간단하게 배워볼 것입니다. 앞으로 학습을 진행하면서 탐색 분석에 대한 지식을 점차 심화시켜나갈 것이므로 이번 장에서 탐색 분석 사용 방법을 꼭 익혀두시기 바랍니다.

7.2 표준 보고서 데이터를 탐색 보고서로 확인하기

Demo Account

GA4 – Google Merchandise Store

참여도 > 이벤트

2021년 4월 1일 ~ 2021년 6월 30일

탐색 보고서를 처음부터 만드는 것은 쉬운 일이 아닙니다. 탐색 보고서에 익숙해지기 전까지는 표준 보고서에서 확인할 수 있는 데이터를 탐색 보고서로 확인하는 편이 좋습니다. 이번 절에서는 표준 보고서 데이터를 탐색 보고서로 변환하고 탐색 보고서의 기본 사용 방법을 알아보겠습니다.

STEP 1 **탐색 보고서 변환하기**

이벤트 보고서 오른쪽 상단의 '비교 수정'을 클릭합니다.

비교 수정 영역 아래를 살펴보면 [탐색] 버튼을 확인할 수 있습니다. [탐색] 버튼을 클릭합니다.

> **NOTE** **구글 애널리틱스는 정기적으로 업데이트됩니다.**
> 구글 애널리틱스4는 정기적으로 업데이트됩니다. 주로 신규 기능이 추가되는 업데이트가 이루어지지만, 간혹 일부 불편사항의 개선이 이루어지기도 합니다. 개인적으로 표준 보고서를 탐색 보고서로 변환하는 해당 버튼의 위치가 지나치게 어색하게 느껴집니다. 갑작스럽게 [탐색] 버튼의 위치가 바뀌는 일이 발생하지 않을까라는 생각이 들기도 합니다. 만약 해당 위치에 [탐색] 버튼이 없다면 업데이트 안내(https://www.turtlebooks.co.kr/ga4/update) 페이지에 접속하여 확인하시기 바랍니다.

보고서의 일부 측정항목 및 측정기준은 탐색 분석에서 지원되지 않습니다 ✕

지원되지 않는 측정항목 또는 측정기준을 사용하여 보고서를 분석하면 해당 탐색 분석 시 각화에 표시되지 않습니다.

예를 들어 지원되지 않는 측정항목을 표시하는 선 차트는 시각화에 포함되지 않습니다.

다시 보지 않기 | 자세히 알아보기

[탐색]을 클릭하면 현재 보고서의 일부 측정항목과 측정기준은 탐색 보고서에 표시되지 않는다는 이야기가 표시됩니다. 크게 중요하지 않은 내용입니다. [다시 보지 않기]를 클릭합니다.

이벤트 이름	↓이벤트 수	총 사용자	사용자당 이벤트 수	총 수익
총계	5,105,766 총계 대비 100%	208,923 총계 대비 100%	24.51 평균과 동일	$827,692.71 총계 대비 100%
1 page_view	2,084,417	208,111	10.02	$0.00
2 user_engagement	902,062	167,816	5.38	$0.00
3 scroll	500,208	122,279	4.09	$0.00
4 view_item	407,636	68,963	5.91	$0.00
5 session_start	299,555	200,583	1.49	$0.00
6 first_visit	195,276	191,698	1.02	$0.00
7 new_recent_active_user	164,910	162,442	1.02	$0.00
8 view_promotion	135,789	82,076	1.65	$0.00
9 add_to_cart	88,865	12,771	6.96	$0.00
10 new_engaged_user	67,426	66,827	1.01	$0.00

이벤트 보고서가 탐색 보고서로 전환된 모습을 확인할 수 있습니다. 또한 이벤트 보고서에서 확인할 수 있었던 데이터가 동일하게 표시됨을 알 수 있습니다.

바로 이것이 탐색 분석기를 사용하는 가장 쉬운 방법입니다. 탐색 분석을 처음부터 설정할 수 있는 지식이 생길 때까지는 위와 같은 방법을 사용하여 데이터 분석을 진행하시기 바랍니다. 바로 이어서 탐색 보고서의 사용 방법을 알아보겠습니다. 반드시 숙지해야 하는 내용이니 꼼꼼히 확인하시기 바랍니다.

이벤트 이름	↓이벤트 수	총 사용자	사용자당 이벤트 수	총 수익
총계	**5,105,766** 총계 대비 100%	**208,923** 총계 대비 100%	**24.51** 평균과 동일	**$827,692.71** 총계 대비 100%
1 page_view	2,084,417	208,111	10.02	$0.00
2 user_engagement	902,062	167,816	5.38	$0.00
3 scroll	500,208	122,279	4.09	$0.00
4 view_item	407,636	68,963	5.91	$0.00
5 session_start	299,555	200,583	1.49	$0.00
6 first_visit	195,276	191,698	1.02	$0.00
7 new_recent_active_user	164,910	162,442	1.02	$0.00
8 view_promotion	135,789	82,076	1.65	$0.00
9 add_to_cart	88,865	12,771	6.96	$0.00
10 new_engaged_user	67,426	66,827	1.01	$0.00

보고서의 가운데 영역에서는 데이터를 확인할 수 있습니다. 여기서는 page_view 이벤트 수
가 2,084,417임을 알 수 있습니다.

보고서 상단에는 3개의 탭이 표시되어 있습니다. 각각의 탭이 개별 보고서를 이룹니다. 두 번
째 탭을 클릭해보겠습니다.

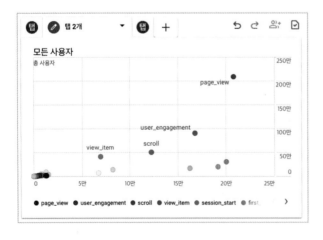

표로 표시되고 있던 보고서가 시각화 보고서로 변경되는 것을 확인할 수 있습니다. 첫 번째 탭을 클릭하면 또 다른 시각화 보고서로 변경됩니다. 이때 각 탭의 보고서를 조합하면 표준 이벤트 보고서와 동일한 보고서가 만들어집니다.

이는 우리가 탐색 보고서 사용에 익숙해진다면 표준 보고서를 확인하지 않고도 표준 보고서와 동일한 데이터를 확인할 수 있으며, 우리가 탐색 보고서로 표준 보고서 이상의 보고서를 만들어낼 수 있다는 의미가 됩니다.

STEP 3 탭 설정 – 보고서의 구조와 모양 결정하기

탭 설정 영역은 보고서의 구조와 모양을 결정합니다. 탭 설정 영역의 값에서 '총 수익' 오른쪽의 ☒를 클릭합니다.

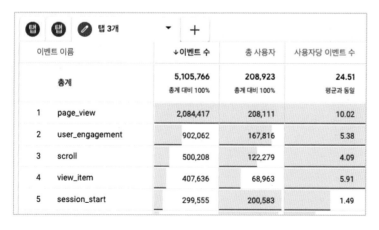

보고서에서 '총 수익'이 제거된 것을 확인할 수 있습니다.

변수 영역에서는 보고서에서 사용할 데이터를 선언할 수 있습니다. 현재 변수 영역에는 측정 기준으로 '이벤트 이름'을 사용하고 측정항목으로 '이벤트 수', '총 사용자', '사용자당 이벤트 수', '총 수익'을 사용하겠다고 선언되어 있는 상태입니다.

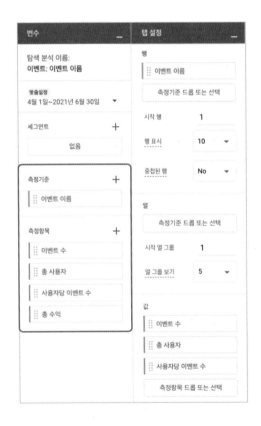

변수 영역에서 사용하겠다고 선언한 데이터는 탭 설정으로 끌어다 놓거나, 제거할 수 있습니다. 이때 보고서의 형태가 재구성되어 우리가 원하는 데이터를 확인할 수 있게 됩니다. 그림을 다시 살펴보면 탭 설정 영역에는 변수 영역에 선언되어 있는 '이벤트 이름', '이벤트 수', '총 사용자', '사용자당 이벤트 수'만이 표시되어 있음을 확인할 수 있습니다. 탐색 보고서에서는 변수 영역에서 사용하겠다고 선언한 데이터만을 확인할 수 있다는 사실을 이해하게 된다면 탐색 보고서 사용이 굉장히 수월해질 것입니다.

STEP 5 필터 – 데이터 정리하기

이벤트 이름	↓이벤트 수
총계	5,105,766 총계 대비 100%
1 page_view	2,084,417
2 user_engagement	902,062
3 scroll	500,208
4 view_item	407,636
5 session_start	299,555
6 first_visit	195,276
7 new_recent_active_user	164,910
8 view_promotion	135,789
9 add_to_cart	88,865
10 new_engaged_user	67,426

현재 표에는 이벤트 이름이 10개가 표시되어 있습니다. page_view 이벤트처럼 이벤트 수가 많은 이벤트도 있고 new_engaged_user 이벤트처럼 이벤트 수가 적은 이벤트도 있습니다. 이때 만약 '이벤트 수가 100,000 이상인 데이터만 확인하고 싶다'라는 생각이 든다면 어떻게 해야 할까요?

보고서의 구조와 모양은 탭 설정 영역에서 결정할 수 있습니다. 우선 탭 설정 영역에서 무엇을 활용할 수 있을지 각자 찾아봅시다.

탭 설정 영역 아래의 필터를 사용하면 보고서에서 원하지 않는 데이터가 표시되지 않도록 제거(필터링)할 수 있습니다. '필터'를 클릭하고 측정항목에서 '이벤트 수'를 클릭합니다.

검색 유형 선택을 클릭하여 '>='을 선택하고 '100000'을 입력한 뒤 [적용]을 클릭합니다.

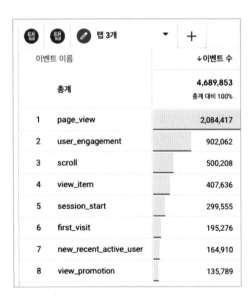

이제 이벤트 수가 100,000 이상인 데이터만 표시될 것입니다.

이번에는 이벤트 이름이 'view'라는 단어를 포함하는 경우에 대한 필터를 만들어보겠습니다. 위와 같이 필터를 설정하고 [적용]을 클릭합니다.

이제 보고서에는 이벤트 수가 100,000 이상이고 이벤트 이름에 view가 포함된 데이터만 표시됩니다.

필터는 보고서에 표시되는 데이터를 제한하는 기능을 합니다. 데이터를 탐색할 필요가 있을 경우 필터에서 제공하는 옵션들을 하나씩 적용해보면서 원하는 데이터를 구성할 수 있도록 시도해보시기 바랍니다.

STEP 6 보고서 이름 정하기

원하는 탐색 보고서가 만들어졌다면 다음에도 사용할 수 있도록 저장을 진행합니다. 탐색 보고서 왼쪽 상단의 탐색 분석 이름 영역에 '탐색 분석 따라 배우기 실습'이라고 입력합니다. 메뉴의 뒤로가기를 클릭하면 보고서 저장이 완료됩니다.

유형	이름 ↓	소유자
🧍	탐색 분석 따라 배우기 실습	문준영
👥	Funnel	Kyle Blanchette
👥	Shopping Behavior Funnel	Demo

그림 7-2 새로 만든 보고서가 추가된 모습

다시 탐색 분석 페이지에 접속하면 [그림 7-2]와 같이 직접 만든 '탐색 분석 따라 배우기 실습' 보고서가 추가되었음을 확인할 수 있습니다.

탐색 분석 보고서 사용에 익숙해지면 우리가 원하는 보고서를 만들 수 있게 됩니다. 이를 바탕으로 좀 더 심도 깊은 데이터 분석을 진행할 수 있습니다. 여기서는 자유 형식의 보고서만을 살펴봤습니다만, 실제 탐색 분석에는 더 다양한 보고서들이 있습니다. 이에 대해서는 앞으로 학습을 진행하면서 알아보겠습니다.

7.3 [실전] 탐색 보고서로 회원 가입 이벤트 분석하기

🥧 실습 계정

🏛 구글 애널리틱스 실습 – GA4　　　　　　　⏰ 지난 28일

6.8절 '[실전] 회원 가입 이벤트 분석하기'에서는 회원 가입 페이지의 입력 양식에 try_sign_up 이벤트를 설정하여 각 입력 단계별로 가입을 포기하는 사용자가 얼마나 발생하는지 알아봤습니다. 우리는 이때 표준 이벤트 보고서를 활용했습니다. 이번 절에서는 이와 동일한 데이터 분석을 탐색 분석 보고서로 진행해보겠습니다. 텅 빈 분석 보고서를 바탕으로 이벤트 분석에 적합한 보고서를 만들어보겠습니다.

STEP 1 새 분석 보고서 만들기

탐색 분석에서 '비어 있음'을 클릭합니다.

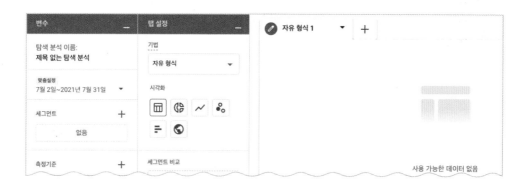

텅 빈 분석 보고서가 만들어집니다. 이를 바탕으로 이벤트 분석 보고서를 처음부터 만들 것입니다.

STEP 2 분석 목표를 측정기준과 측정항목으로 설정하기

탐색 보고서는 변수 영역에서 사용하겠다고 선언한 데이터를 탭 설정 영역에 배치하는 방식으로 보고서의 데이터를 만들어나갑니다. 따라서 분석 목표를 어떻게 변수 영역에 설정하느냐, 어떻게 변수 영역의 측정기준, 측정항목으로 선언하느냐에 대한 계획이 먼저 이루어집니다.

우리가 분석하고자 하는 것은 '**try_sign_up 이벤트의 매개변수 step**의 이벤트 수'입니다. 무엇이 측정기준이고 무엇이 측정항목인지는 명확합니다. 이벤트 이름과 이벤트 맞춤 측정기준으로 등록한 step을 측정기준으로 등록하고 이벤트 수를 측정항목으로 등록하면 되는 것입니다.

측정기준과 측정항목 오른쪽의 +를 눌러 측정기준, 측정항목을 추가할 수 있습니다.

측정기준 오른쪽 끝의 +를 클릭해보면 데이터 선택기가 표시됩니다. 맞춤 측정기준에서 'step'을 선택하고 이벤트에서 '이벤트 이름'을 선택한 뒤 [적용]을 클릭합니다.

측정항목 오른쪽 끝의 +를 클릭한 뒤 이벤트에서 '이벤트 수'를 선택하고 적용합니다.
데이터 선택기에는 탐색 보고서에서 활용할 수 있는 수많은 데이터 항목들이 표시됩니다. 각자 어떤 항목들이 제공되는지 꼼꼼히 확인해봅시다. 앞으로 여러분이 데이터 분석을 수행할 때 어떤 데이터를 확인할 수 있는지 미리 파악해둔다면 분명 도움이 될 것입니다.

위와 같이 측정기준으로 'step'과 '이벤트 이름', 측정항목으로 '이벤트 수'가 설정되었다면 변수 선언이 완료된 것입니다.

이제 변수 영역에서 선언한 데이터를 탭 설정 영역에 끌어다 놓아 데이터를 구성합니다. 먼저 '이벤트 이름'을 행으로 이동시키고, '이벤트 수'를 값으로 이동시킵니다.

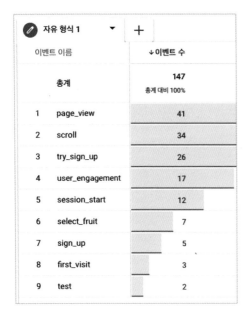

위와 같은 이벤트 데이터가 표시될 것입니다. 분석 목표가 데이터로 잘 옮겨진 것을 확인하면 나머지 설정을 진행합니다.

변수 영역에 설정한 맞춤 측정기준 'step'을 탭 설정 영역의 행에 끌어다 놓습니다. 이때 데이터가 많을 것을 고려하여 행 표시를 10에서 50으로 변경했습니다.

	이벤트 이름	step	↓이벤트 수
	총계		**147** 총계 대비 100%
1	page_view	(not set)	41
2	scroll	(not set)	34
3	user_engagement	(not set)	17
4	session_start	(not set)	12
5	try_sign_up	(not set)	12
6	select_fruit	(not set)	7
7	sign_up	(not set)	5
8	first_visit	(not set)	3
9	try_sign_up	id	3
10	try_sign_up	password	3
11	try_sign_up	password_check	3
12	test	(not set)	2
13	try_sign_up	phone	2
14	try_sign_up	phone_check	2
15	try_sign_up	phone_auth	1

그림 7-3 try_sign_up 이벤트의 step 데이터

이제 [그림 7-3]에서 try_sign_up 이벤트의 step이 제대로 표시되는 것을 확인할 수 있습니다. 그런데 현재 보고서에는 우리가 원하지 않는 이벤트도 많이 표시되어 있습니다. 원하지 않는 데이터를 제외하고 싶을 때는 필터를 사용하면 됩니다.

STEP 4 **필터로 데이터 정리하기**

이벤트 이름이 try_sign_up을 포함하는 경우에 대한 필터를 만들고 적용합니다.

이제 보고서에는 try_sign_up 이벤트만 표시됩니다. '(not set)'의 경우 맞춤 측정기준 'step'을 설정하기 이전에 수집된 데이터입니다. 만약 (not set) 데이터를 제외하고 싶다면 (not set) 제외 필터를 추가하면 됩니다. 이 부분은 각자 진행해보시기 바랍니다.

step	(not set)	id	password	password_ch...	phone	총계
이벤트 이름	이벤트 수	이벤트 수	이벤트 수	이벤트 수	이벤트 수	↓이벤트 수
총계	12 총계 대비 46.15%	3 총계 대비 11.54%	3 총계 대비 11.54%	3 총계 대비 11.54%	2 총계 대비 7.69%	26 총계 대비 100%
1　　try_sign_up	12	3	3	3	2	26

앞에서는 이벤트 이름과 step을 행으로 설정했습니다. 이번에는 각자 step을 열로 설정해봅시다. 위와 같은 모습이 표시됩니다. 언제 어떤 것을 행으로 설정하고, 열로 설정한다는 정확한 규칙이 있는 것은 아닙니다. 각자 데이터 분석을 진행하면서 행을 열로도 설정해보고 열을 행으로도 설정해보면서 자신에게 편한 데이터의 형태를 만들어나가면 되는 것입니다.

이번 절에서는 6.8절 '[실전] 회원 가입 이벤트 분석하기'의 표준 보고서에서 살펴본 데이터를 텅 빈 탐색 보고서로 동일하게 구현해봤습니다. 분석 목표에 따라 측정기준과 측정항목만 제대로 설정하면 나머지는 쉽다는 사실을 깨달았을 것입니다. 이제 여러분은 원하는 데이터를 확인하는 진정한 방법을 알게 되었습니다. 구글 애널리틱스 Step 2로 넘어가기 전에 이벤트 분석과 탐색 분석을 복습하면서 놓친 부분이 없는지 살펴보시기 바랍니다.

STEP
02

구글 애널리틱스
파고들기

구글 애널리틱스 Step 1을 마치셨군요! 이제 여러분은 구글 애널리틱스의 기본적인 사용 방법을 모두 익힌 상태입니다. 스스로 데이터 수집 계획을 세우고 탐색 보고서로 데이터를 분석할 수 있습니다.

Step 2의 목표는 Step 1에서 다루지 않은 구글 애널리틱스의 나머지 기본 지식을 배우는 것입니다. 페이지 및 화면 보고서, 이벤트 보고서를 제외한 나머지 보고서를 가볍게 살펴보면서 몇 가지 용어를 더 배우고 이벤트 못지않게 중요한 사용자 속성을 살펴볼 것입니다. 그리고 측정기준과 측정항목을 바탕으로 잠재고객을 만드는 기본기를 다질 것입니다.

구글 애널리틱스 Step 2의 학습은 구글 애널리틱스 기초(Step 1)에서 구글 애널리틱스 활용(Step 3)으로 넘어가는 단계에 놓여 있는 징검다리라고 할 수 있습니다. 활용 단계에서 살펴보게 될 '진짜' 구글 애널리틱스를 기대하면서 Step 2도 열심히 공부하시기 바랍니다.

01010
10101

Chapter 08 획득 보고서 따라 배우기

우리 서비스를 사용하는 사용자들은 어디에서 어떤 방식으로 접속할까요? 구글 검색으로 접속할까요? 네이버 검색으로 접속할까요? 페이스북 광고 링크로 접속하는 것일까요? 블로그 광고 링크로 접속하는 것일까요? 이번 장에서는 사용자 획득을 분석하는 방법, 사용자 접속을 분석하는 방법을 배워보겠습니다.

8.1 획득 보고서 용어 배우기

Demo Account
GA4 – Google Merchandise Store

획득 > 개요[3]
2021년 4월 1일 ~ 2021년 6월 30일

사용자 매체 ▼ 별 새 사용자 수	
첫 사용자 매체	새 사용자 수
organic	11만
(none)	6.2만
referral	2.5만
cpc	2.1천
affiliate	753
email	498
(data deleted)	34
사용자 획득 보기 →	

세션 매체 ▼ 별 세션수 ▼	
세션 매체	세션수
organic	16만
(none)	9만
referral	4.7만
cpc	2.2천
email	1.3천
affiliate	1.2천
트래픽 획득 보기 →	

그림 8-1 획득 개요

획득 보고서는 '사용자가 어디에서 접속하고 있는가?', '사용자를 어떤 방식으로 얻었는가?'에 대한 데이터를 확인하는 보고서입니다. '우리 서비스 접속의 20%는 구글 검색에서 발생한다', '우리 서비스 사용자의 10%는 페이스북 광고로 홈페이지에 첫 방문한다'와 같은 데이터를 확인하는 보고서가 바로 획득 보고서입니다.

획득 보고서에는 획득 개요 보고서, 사용자 획득 보고서, 트래픽 획득 보고서가 있으며 각각 획득에 대한 전반적인 데이터, 사용자 획득에 대한 자세한 데이터, 트래픽(세션) 획득에 대한 자세한 데이터를 확인할 수 있습니다. 여기서는 획득 보고서를 이해하는 데 필요한 용어를 살펴보겠습니다.

---

3 Acquisition overview

매체와 소스와 캠페인

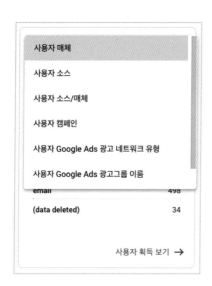

'사용자 매체'를 클릭하면 획득 보고서의 중심이 되는 용어들을 모두 확인할 수 있습니다.

사용자 매체, 사용자 소스, 사용자 소스/매체, 사용자 캠페인 등의 항목이 표시됩니다. 획득 보고서는 해당 용어를 중심으로 파악합니다. 사용자가 무엇인지는 이해하고 있으므로 매체, 소스, 캠페인에 대해서만 알아보겠습니다.

용어	의미	예
매체 (medium)	획득의 방식 혹은 획득의 범주	**무료 검색**으로 획득한 사용자의 수가 100입니다.
소스 (source)	획득의 상세한 위치 혹은 장소	**구글**에서 획득한 새 사용자의 수가 100입니다.
소스/매체 (source/medium)	획득의 상세한 위치 혹은 장소와 매체	**구글/무료 검색**으로 획득한 사용자의 수가 100입니다.
캠페인 (campaign)	광고의 이름 혹은 획득을 위한 여러 가지 행동들의 이름	**여름 반짝 세일 A안** 구글 광고로 획득한 새 사용자의 수가 100입니다. **여름 반짝 세일 B안** 구글 광고로 획득한 새 사용자의 수가 50입니다. **여름 반짝 세일** 관련 구글 광고와 페이스북 광고로 획득한 새 사용자의 수가 100입니다.

여러분이 구글 검색 광고나 페이스북 혹은 인스타그램 광고를 통해 서비스를 홍보했고 결과가 좋아 새 사용자가 100명 늘어났다고 가정해보겠습니다.

우리는 단순하게 '광고를 게시했더니 사용자가 100 늘었다'라고 생각할 수 있습니다. 여기서 '광고로 획득했다', '검색으로 획득했다'와 같이 획득의 방식이나 범주를 매체(medium)라고 합니다.

'광고로 획득했다'는 '구글 광고로 획득했다' 혹은 '페이스북 광고로 획득했다'와 같이 좀 더 자세히 말할 수 있습니다. '구글 광고', '페이스북 광고'와 같이 매체의 상세한 위치 혹은 장소를 소스(source)라고 합니다. 소스와 매체(소스/매체)를 합쳐 '구글/광고', '페이스북/광고'와 같이 부를 수 있을 것입니다.

만약 구글에 여러 건의 광고를 진행하고 있다면 광고를 구분하기 위한 이름이 필요할 것입니다. '여름 반짝 세일 A안' 혹은 '여름 반짝 세일 B안'과 같이 광고를 구분하기 위한 이름을 캠페인(campaign)이라고 합니다. 캠페인은 좁은 의미에서 광고 그 자체를 의미하기도 하지만, 넓은 의미로 살펴보면 획득을 위한 여러 가지 행동을 구분하기 위한 이름으로 파악할 수도 있습니다. 만약 '여름 반짝 세일'과 관련하여 구글에 광고를 진행하면서 블로그에 여름 반짝 세일 상품에 대한 소개 페이지를 운영하고 있다면 이러한 획득을 위한 여러 가지 행동들의 이름으로 '여름 반짝 세일' 캠페인이라고 묶어서 부를 수 있습니다.

'소스', '매체', '캠페인'은 구글 애널리틱스로 마케팅을 분석하는 데 주로 사용되는 용어입니다. 실제 업무에서는 한글 용어와 영어 용어를 모두 알아둘 필요가 있습니다. 광고 링크를 직접 생성할 때 source, medium, campaign 등 영어를 직접 사용하기 때문입니다.

매체 구분하기

사용자 매체 ▾ 별 **새 사용자 수**

첫 사용자 매체	새 사용자 수
organic	11만
(none)	6.2만
referral	2.5만
cpc	2.1천
affiliate	753
email	498
(data deleted)	34

사용자 획득 보기 →

매체는 획득의 방식 혹은 획득의 범주를 나타냅니다. 데이터를 읽는 입장에서는 '무료 검색으로 사용자를 획득했다'와 같이 이해할 수 있지만 실제 표시되는 데이터는 그렇지 않습니다. '무료 검색으로 사용자를 획득했다'는 'organic으로 사용자를 획득했다'와 같이 표시됩니다. 따라서 매체를 구분하는 용어가 무엇인지를 알아두어야 합니다.

⚙ organic

검색에 의한 획득을 organic이라고합니다. 실제 업무에서는 '오가닉 획득, 자연유입 획득, 자연검색 획득'이라고 말합니다. 구글에서 '책 추천'을 검색했을 때 검색 목록의 첫 번째 링크를 클릭하여 접속하는 것을 예로 들 수 있습니다. 간혹 검색 결과에 광고라고 표시되는 경우, 즉 광고 링크가 표시되는 경우가 있습니다. 광고 링크를 통한 사용자의 획득은 organic이 아닙니다. 이는 paid, paid search라고 합니다.

⚙ referral

특정 사이트에 게시된 링크를 통해 우리 서비스에 접속하게 된 경우의 획득은 referral이라고 합니다. 여러분이 뉴스 페이지나 커뮤니티 페이지에서 본문이나 댓글에 달려 있는 링크를 통해 서비스에 접속하는 경우를 말합니다. 실제 업무에서는 '레퍼러 획득, 리퍼럴 획득'이라고 말합니다.

이때 특정 웹페이지에 게시된 링크를 백링크(backlink)라고 합니다. 백링크는 다른 사이트에 게시되어 있는 우리 사이트를 향하는 링크를 의미합니다.

백링크가 게시되어 있는 사이트의 신뢰도 혹은 백링크의 개수는 우리 서비스의 신뢰도를 나타내는 지표로 활용되기도 합니다. 뉴욕타임스의 메인 페이지에 우리 서비스의 링크가 게시되어 있다고 가정해봅시다. 구글 등의 검색 엔진은 우리 서비스가 뉴욕타임스와 연관 있는 중요하고 신뢰할 수 있는 서비스라고 추정할 것입니다. 이에 따라 구글의 검색 결과에 우리 서비스가 우선 표시될 수 있습니다. 해당 영역은 실제 업무에서 검색 엔진 최적화(SEO, Search Engine Optimization)라 부릅니다. 콘텐츠 마케팅과 관련하여 이 책을 보고 있다면 반드시 공부해보시기 바랍니다.

⚙ none

organic에 의한 접속도 아니고 referral에 의한 접속도 아닌 접속을 none이라고 합니다. 주소를 직접 입력해서 들어오거나, 즐겨찾기를 통해 들어오는 접속 등이라고 생각할 수 있습니다. 유입/획득의 방법을 정확히 판단할 수 없기 때문에 none이라고 하며, 이때 소스(획득의 상세한 위치 혹은 장소)는 direct(직접 접속)입니다. 실제 업무에서 굳이 none(논)이라고 부르는 경우는 없으며, 다이렉트 혹은 직접 접속이라고 부릅니다.

⚙ data deleted

개인 정보 보호 등의 이유로 데이터가 삭제되어 확인할 수 없는 경우를 의미합니다.

⚙ 기타

이 외에도 cpc(클릭 광고, cost per click), email(이메일), affiliate(제휴처) 등의 매체가 있습니다.

지금까지 살펴본 용어들은 구글 애널리틱스뿐만 아니라 광고 업계 전반에서 공통으로 사용되는 용어입니다. 만약 마케팅 관련 업무를 진행하고 있다면 반드시 외워둬야 합니다.

8.2 획득 개요 보고서 따라 배우기

- 🥧 Demo Account
- ⌂ GA4 – Google Merchandise Store
- 📑 획득 > 개요
- 📅 2021년 4월 1일 ~ 2021년 6월 30일

소스, 매체, 캠페인 그리고 매체를 구분하는 방법을 알고 있다면 획득 개요 보고서는 쉽게 파악할 수 있습니다. 이번 절에서는 획득 개요 보고서를 간단히 살펴보고 '사용자 획득'과 '트래픽 획득'이 어떻게 다른지 알아보겠습니다.

Keyword 1 사용자와 새 사용자 수

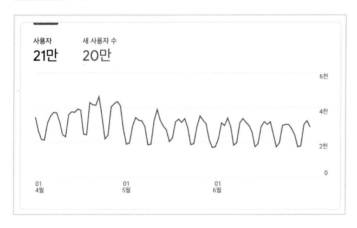

획득 개요 보고서에서 가장 먼저 보이는 영역은 사용자, 새 사용자 수 영역입니다. 이를 통해 사용자 수의 추이와 새 사용자 수의 추이를 쉽게 파악할 수 있습니다. 여기서는 사용자가 21만 명이며, 그중 새 사용자가 20만 명임을 알 수 있습니다.

Keyword 2 사용자 소스/매체별 새 사용자 수

사용자 매체별 새 사용자 수 영역을 사용자 소스/매체별 새 사용자 수로 변경하여 데이터를 살펴보겠습니다. 매체(획득의 방식 혹은 획득의 범주)를 중심으로 데이터를 천천히 살펴봅시다. 우선 구글 검색(organic)에 의한 새 사용자 수 획득이 10만이라는 사실을 알 수 있습니다. 검색을 통해 접속하는 사용자는 어떤 필요성에 의해 검색을 진행하고 서비스의 특정 페이지에 접속합니다. 이때 사용자의 필요에 맞는 콘텐츠 혹은 서비스를 제공한다면 가입 혹은 구매와 같은 전환 이벤트를 이끌어낼 수 있을 것입니다.

referral(외부 사이트에서의 링크)에 의한 새 사용자 획득도 많이 발생하고 있습니다. analytics.gogole.com에서 6.1천 명, mall.googleplex.com에서 6천 명의 새 사용자 발생했습니다. 레퍼러는 사용자의 성향이나 사용자의 니즈(needs)를 파악하는 데 유용하게 사용될 가능성이 있습니다. 예를 들어, 20대 여성 신발을 다루는 블로그에서 새 사용자 획득이 발생하고 있다면 우리 서비스는 '20대, 여성, 신발'과 관련이 높을 수 있습니다. 이때 만약 우리 서비스가 30대 여성의 패션을 타겟으로 하고 있다면 타겟 설정이 잘못된 것은 아닌가 점검해봐야 할 것입니다.

none 방식의 새 사용자 수 획득이 2만이라는 사실을 알 수 있습니다. none은 주소를 직접 입력하는 등 직접 접속하는 경우이므로 소스가 direct로 표시되는 것을 확인할 수 있습니다.

Keyword 3 **세션 소스/매체별 참여 세션수**

세션 소스/매체 ▼ 별 참여 세션수 ▼	
세션 소스/매체	참여 세션수
google / organic	14만
(direct) / (none)	8.1만
mall.google... / referral	1.5만
analytics.g... / referral	1.1만
creatoraca.../ referral	5.2천
baidu / organic	4.6천
google / cpc	2.2천
트래픽 획득 보기 →	

세션 매체별 세션수를 세션 소스/매체별 참여 세션수로 변경하여 데이터를 살펴보겠습니다. 여기서는 해당 영역이 '세션수/참여 세션수'를 다루고 있다는 것에 주의해야 합니다. 앞에서 다룬 사용자 소스/매체별 새 사용자 수 영역에서는 '사용자'를 다루고 있었음을 떠올려봅시

다. 새 사용자 수를 분석할 때와 세션수를 분석할 때 사용하는 영역, 보고서 자체가 다른 것입니다.

우선 구글 검색(google/organic)에 의한 참여 세션수는 14만입니다. analytics.gogole.com 레퍼럴에 의한 참여 세션수는 1.1만, mall.googleflex.com에 의한 참여 세션수는 1.5만입니다. 이 수치 자체로는 해당 데이터가 긍정적인지 부정적인지 해석하기 어렵습니다. 앞에서 다룬 사용자 소스/매체별 새 사용자 수와 병행하여 살펴봐야 의미가 드러나기 시작합니다.

google/organic으로 획득한 새 사용자는 10만이고, 참여 세션수는 14만입니다. 참여 세션수를 새 사용자로 나누면(14만/10만) 1.4라는 수치를 이끌어낼 수 있습니다. 이를 서비스 참여 지수라고 부르겠습니다. 이를 바탕으로 사용자 서비스 참여율의 '대략적인' 정보를 확인할 수 있을 것입니다. 서비스 참여 지수는 구글 애널리틱스에서 사용하는 용어는 아닙니다. 다만 데이터 분석이 필요할 때 나름의 의미를 파악하기 위해 개인적으로 이러한 방식으로 활용할 수 있다는 점만 참고하시기 바랍니다.

mall.googleflex.com 레퍼럴로 획득한 새 사용자는 6천이고, 참여 세션수는 1.5만입니다. 서비스 참여 지수는 2.5가 됩니다.

이를 바탕으로 우리는 사용자 획득이 높게 발생하는 소스/매체와 서비스 참여가 높게 발생하는 소스/매체가 일치하지 않을 수 있다는 사실을 알 수 있습니다. 만약 자신이 마케팅을 담당하고 있다면 마케팅의 목적(사용자 획득인지 서비스 참여 증대인지)에 맞는 적절한 채널을 발굴하여 공략해야 할 것입니다.

Keyword 4 사용자 획득 분석과 세션 분석

지금까지 새 사용자 획득과 세션 획득에 대해 살펴봤습니다. 이 둘은 어떤 차이가 있는 것일까요? 사용자 획득과 세션 획득의 차이에 대해 살펴보겠습니다.

표 8-1 사용자 A의 서비스 사용

일시	행동	소스/매체	이벤트
오전 9시	구글 검색을 통해 서비스에 접속	google/organic	first_visit session_start page_view
오전 9시 1분	상품 페이지 접속 서비스를 즐겨찾기에 추가		page_view
오후 1시	즐겨찾기를 통해 서비스 접속	(direct)/(none)	session_start
	상품 페이지 접속		page_view

[표 8-1]과 같은 사용자 A의 서비스 사용 내역이 있다고 가정하겠습니다. 해당 데이터를 바탕으로 사용자 획득과 세션 획득을 구분하면 다음과 같습니다.

사용자 소스/매체	새 사용자 수
google/organic	1

사용자 획득은 first_visit(첫 방문) 이벤트가 발생할 때 측정됩니다. 첫 방문한 사용자는 새 사용자와 동일한 의미인 것을 생각해보면 당연한 일입니다. 이를 바탕으로 우리는 사용자 A가 google/organic으로 획득된 새 사용자라는 것을 알 수 있습니다.

사용자 소스/매체	새 사용자 수
google/organic	1

사용자 획득은 first_visit 이벤트를 기준으로 하며 사용자가 서비스에 처음 방문했을 때만 발생합니다. 사용자가 서비스에 최초 방문할 때 어떤 방식으로 접속했는지를 측정하는 것이 사용자 획득이라고 할 수 있습니다.

first_visit 이벤트는 사용자마다 한 번씩 발생하는 이벤트입니다.

세션 소스/매체	세션수
google/organic	1
(direct)/(none)	1

세션 획득은 session_start(세션 시작) 이벤트를 기준으로 하며 세션이 시작될 때마다 발생합니다. 세션이 시작될 때 어떤 방식으로 시작되었는가를 측정하는 것이 세션 획득이라고 할 수 있습니다.

사용자 A는 오전 9시에 구글 검색을 통해 서비스에 첫 방문(first_visit)했으며 세션을 시작(session_start)했습니다. 따라서 사용자 A의 오전 9시 사용 기록은 각각 사용자 획득과 세션 획득으로 기록됩니다. 이후 사용자 A는 오후 1시에 다시 서비스에 접속하여 세션을 시작했습니다. 사용자 A의 오후 1시 사용 기록은 세션 획득으로 기록됩니다.

여기서는 서비스 수명 주기(서비스 라이프 사이클)를 생각해보면 도움이 됩니다. 서비스를 도입, 성장, 성숙, 쇠퇴라는 4단계로 구분해봅시다. 각 단계마다 서비스의 목표, 목표의 달성 방법이 다를 수 있습니다.

일반적으로 도입, 성장기에는 신규 사용자를 빠르게 확보하는 것이 목표가 됩니다. 따라서 이때에는 사용자 획득의 분석이 중요해집니다. 언제 어디에서 어떤 방식으로 사용자가 획득되었는가, 어떤 소스/매체가 사용자 획득에 유리한가를 분석하여 더 빠른 사용자 획득을 목표로 하는 것입니다.

서비스가 도입, 성장기를 지나 성숙, 쇠퇴기에 도달하면 신규 사용자 획득이 더뎌집니다. 이때는 기존 사용자들이 서비스에 더 자주 방문, 더 자주 참여하도록 하는 것이 목표가 됩니다. 따라서 이 경우 세션 분석이 중요해집니다.

자신이 운영/관리하고 있는 서비스가 있다면 현재 서비스가 도입, 성장, 성숙, 쇠퇴 중 어떤 단계에 있는지 생각해보고 사용자 획득 분석과 세션 획득 분석 중 어떤 분석이 필요한지 살펴보시기 바랍니다.

Keyword 5 세션 캠페인별 세션수

캠페인(광고의 이름 혹은 획득을 위한 여러 가지 행동들의 이름)으로 획득한 세션을 파악하는 영역입니다. 캠페인에 대해서는 9장 '캠페인 링크 분석 따라 배우기'에서 다루겠습니다.

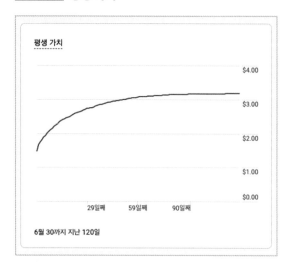

평생 가치(Lifetime Value) 영역은 사용자가 서비스를 첫 방문하고 서비스를 영영 떠날 때까지 어느 정도의 수익을 기대할 수 있는지를 나타냅니다. 여기서는 사용자 1명에게서 3달러의 가치를 기대할 수 있음을 알 수 있습니다.

일반적으로 해당 영역은 마케팅 비용을 책정하는 데 사용됩니다. 사용자 1명에게 3달러를 기대할 수 있다고 할 때, 사용자 1명에게 얼마의 마케팅 비용을 사용할 수 있을까요? 분명 3달러보다 적은 금액일 것입니다. 사용자의 평생 가치가 3달러인데 3달러의 마케팅 비용을 사용하면 적자가 발생할 것이기 때문입니다. 만약 자신이 마케팅을 담당하고 있다면 평생 가치에 대해 별도의 학습을 진행해보시기 바랍니다.

8.3 사용자 획득 분석하기

● Demo Account	▦ 획득 > 사용자 획득
⌂ GA4 – Google Merchandise Store	⏱ 2021년 4월 1일 ~ 2021년 6월 30일

소스, 매체, 캠페인이라는 용어를 이해하면 사용자 획득을 쉽게 분석할 수 있습니다. 여기서
는 사용자 획득 보고서를 탐색 보고서로 전환하여 데이터 분석을 진행해보겠습니다.

STEP 1 사용자 획득 보고서를 탐색 보고서로 전환하기

Q 검색...						페이지
사용자 매체 ▾	＋	새 사용자 수	참여 세션수	참여율	사용자당 참여 세션수	평균 참여 시간
총계		**195,276** 총계 대비 100%	**271,343** 총계 대비 100%	**90.58%** 평균과 동일	**1.30** 평균과 동일	**1분 51초** 평균과 동일
1	organic	105,520	133,833	92.35%	1.27	1분 31초
2	(none)	61,636	80,521	89.36%	1.15	1분 30초
3	referral	24,530	36,485	89.4%	1.46	3분 12초
4	cpc	2,085	2,232	98.59%	1.05	0분 16초
5	affiliate	753	987	83.22%	1.29	0분 36초
6	email	498	715	88.93%	1.39	3분 23초
7	(not set)	220	376	93.07%	1.30	0분 55초
8	(data deleted)	34	16,194	84.99%	2.63	6분 23초

그림 8-2 사용자 획득 보고서

[그림 8-2]는 사용자 획득 보고서의 모습입니다. 해당 보고서를 탐색 보고서로 전환하여 데이
터를 살펴보겠습니다. 사용자 획득 보고서를 사용해서도 간단한 데이터를 확인할 수 있지만,
일반적으로 실제 업무 수준의 데이터 분석을 진행할 때는 측정기준, 측정항목이 꼭 하나씩은
필요해집니다. 정말 간단한 데이터를 확인하는 것이 아니라면 탐색 보고서를 사용하는 습관
을 들이는 것이 좋습니다.

비교 수정에서 [탐색]을 클릭하면 사용자 획득 보고서가 탐색 보고서로 전환됩니다.

STEP 2 측정기준, 측정항목 설정하기

첫 사용자 매체		↓새 사용자 수	참여 세션수	참여율	사용자당 참여 세션수
	총계	**328,883** 총계 대비 100%	**456,765** 총계 대비 100%	**90.87%** 평균과 동일	**2.16** 평균과 동일
1	organic	211,040	267,666	92.35%	2.52
2	(none)	61,636	80,521	89.36%	1.14
3	referral	49,060	72,970	89.4%	2.93
4	cpc	4,163	4,359	98.91%	2.05
5	affiliate	1,506	1,974	83.22%	2.57
6	email	996	1,430	88.93%	2.78
7	(not set)	425	701	92.85%	2.43
8	(data deleted)	57	27,144	85.01%	4.38

사용자 획득 보고서가 탐색 보고서로 전환되었습니다. 여러분의 화면에는 측정항목으로 이벤트 수, 전환, 총 수익 등이 표시되어 있을 것입니다만, 여기서는 확인하지 않습니다. 확인하지 않는 측정항목들은 변수 영역과 탭 설정 영역에서 제거하시기 바랍니다.

또한 현재 탐색 보고서에는 사용자 획득 보고서에 표시되던 '평균 참여 시간' 항목이 누락되었습니다. 표준 보고서를 탐색 보고서로 전환할 때 일부 항목은 누락될 가능성이 있으므로 누락된 항목이 있는지를 찾아보는 것이 좋습니다. 여기서는 '평균 참여 시간'이 빠졌기 때문에 이와 유사한 측정항목을 추가하겠습니다.

측정항목 추가를 선택한 뒤 측정항목 선택기에서 '참여'를 검색합니다. '세션당 평균 참여 시간'이 '평균 참여 시간'과 유사한 항목으로 보입니다. '세션당 평균 참여 시간'을 추가로 선택하고 [적용]을 클릭합니다. 일반적으로 표준 보고서에서 확인 가능한 데이터는 탐색 분석기의 측정항목으로 대부분 존재합니다. 평소에 표준 보고서에 표시되어 있는 용어들, 확인 가능한 측정기준과 측정항목들을 유심히 관찰해두면 탐색 보고서를 쉽게 사용할 수 있습니다.

위와 같은 변수 영역의 측정항목, 탭 설정 영역의 값이 설정되면 완료된 것입니다.

첫 사용자 매체	↓새 사용자 수	참여 세션수	참여율	사용자당 참여 세션수	세션당 평균 참여 시간
총계	**328,883** 총계 대비 100%	**456,765** 총계 대비 100%	**90.87%** 평균과 동일	**2.16** 평균과 동일	**1분 18초** 평균과 동일
1 organic	211,040	267,666	92.35%	2.52	1분 06초
2 (none)	61,636	80,521	89.36%	1.14	1분 10초
3 referral	49,060	72,970	89.4%	2.93	1분 58초
4 cpc	4,163	4,359	98.91%	2.05	0분 12초
5 affiliate	1,506	1,974	83.22%	2.57	0분 23초
6 email	996	1,430	88.93%	2.78	2분 10초
7 (not set)	425	701	92.85%	2.43	0분 39초
8 (data deleted)	57	27,144	85.01%	4.38	2분 07초

설정이 완료되면 위와 같은 데이터를 확인할 수 있습니다.

STEP 3 새 사용자 수 획득에 유리하는 매체는 무엇인가?

첫 사용자 매체	↓새 사용자 수
총계	**328,883** 총계 대비 100%
1 organic	211,040
2 (none)	61,636
3 referral	49,060
4 cpc	4,163
5 affiliate	1,506
6 email	996
7 (not set)	425
8 (data deleted)	57

사용자 획득에서 가장 자주 이루어지는 분석은 어떤 매체가 새 사용자 획득이 많이 발생하는
가를 파악하는 것입니다. 여기서는 organic, (none), referral 순서로 새 사용자 획득이 많이
발생한다는 사실을 알 수 있습니다.

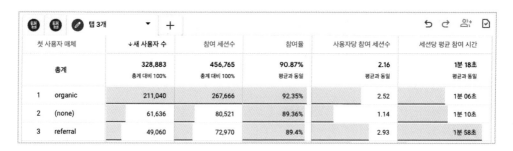

첫 사용자 매체	↓새 사용자 수	참여 세션수	참여율	사용자당 참여 세션수	세션당 평균 참여 시간
총계	328,883 총계 대비 100%	456,765 총계 대비 100%	90.87% 평균과 동일	2.16 평균과 동일	1분 18초 평균과 동일
1 organic	211,040	267,666	92.35%	2.52	1분 06초
2 (none)	61,636	80,521	89.36%	1.14	1분 10초
3 referral	49,060	72,970	89.4%	2.93	1분 58초

새 사용자 수 획득에 유리한 매체가 명확히 판명되면 이후에 참여 세션수, 참여율, 사용자당 참여 세션수, 세션당 평균 참여 시간을 보조로 확인합니다. 새 사용자 수, 사용자당 참여 세션수, 세션당 평균 참여 시간이 조화롭게 높은 사용자 매체는 무엇인지를 판단하게 되는 것입니다.

STEP 4 organic 자세히 파악하기

organic 매체에서 새 사용자 획득이 많이 발생한다는 것을 파악한 뒤에는 organic의 정확히 어떤 소스에서 새 사용자 획득이 많이 발생하는지를 파악합니다.

현재 보고서는 '첫 사용자 매체의 새 사용자 수 등'을 표시하고 있으므로 소스를 파악하기 위해서는 변수 영역의 측정기준에 '첫 사용자 소스'를 추가해야 합니다.

측정기준 추가를 선택하고 '소스'를 검색한 뒤 '첫 사용자 소스'를 클릭하고 적용합니다. 여기서는 '소스'라는 용어를 알고 검색하는 것만으로도 소스와 관련된 여러 가지 측정기준을 추

가할 수 있다는 사실을 알 수 있습니다. 구글 애널리틱스에서 기본 용어가 얼마나 중요한지를 파악할 수 있는 모습입니다.

측정기준 추가가 완료되면 탭 설정의 행을 위와 같이 설정합니다.

첫 사용자 매체		첫 사용자 소스	↓새 사용자 수
	총계		328,883
			총계 대비 100%
1	organic	google	200,206
2	(none)	(direct)	61,636
3	referral	analytics.google.com	12,172
4	referral	mall.googleplex.com	12,056
5	referral	creatoracademy.youtub…	9,530
6	organic	baidu	8,948
7	cpc	google	4,163
8	referral	coursera.org	2,036
9	referral	sites.google.com	1,680
10	affiliate	Partners	1,506

이제 '첫 사용자 매체의 첫 사용자 소스별 새 사용자 수 등'을 확인할 수 있습니다. 여기서 우리는 organic에 대해서만 데이터를 파악하고 싶으므로 첫 사용자 매체가 organic인 데이터만 표시되도록 필터를 설정합니다.

필터

첫 사용자 매체

필터

다음과 정확하게 일치 ▾

organic

취소   적용

첫 사용자 매체가 'organic'과 정확하게 일치하는 필터를 만들고 [적용]을 클릭합니다.

	첫 사용자 매체	첫 사용자 소스	↓새 사용자 수	참여 세션수	참여율	사용자당 참여 세션수	세션당 평균 참여 시간
	총계		211,040 총계 대비 100%	267,666 총계 대비 100%	92.35% 평균과 동일	2.52 평균과 동일	1분 06초 평균과 동일
1	organic	google	200,206	255,782	92.22%	2.53	1분 07초
2	organic	baidu	8,948	9,118	98%	2.04	0분 12초
3	organic	bing	1,466	2,194	88.04%	2.98	1분 48초
4	organic	yahoo	208	246	84.83%	2.32	1분 57초
5	organic	ecosia.org	204	314	81.35%	2.99	1분 16초
6	organic	Partners	8	8	100%	2	1분 02초
7	organic	partners	0	4	66.67%	2	0분 01초

그림 8-3 organic 데이터

필터가 적용되면 [그림 8-3]과 같은 데이터를 확인할 수 있습니다. 여기서는 첫 번째로 많은
새 사용자 획득이 이루어지는 검색 엔진은 구글이며, 두 번째로 많은 새 사용자 획득이 이루
어지는 검색 엔진은 중국 검색 엔진 바이두(baidu)임을 알 수 있습니다. 해당 데이터를 근거
로 하여 구글 검색 엔진과 바이두 검색 엔진에 사용자 획득을 위한 모든 노력을 기울이면 될
까요? 그렇지 않습니다. 새 사용자 수 외의 측정항목을 보조 지표로 사용하여 구글과 바이두
가 실제로 새 사용자 획득에 유리한지를 파악해봐야 합니다.

여기서는 바이두의 세션당 평균 참여 시간이 0분 12초라는 것이 큰 문제입니다. 어떤 서비스
를 12초 동안 사용한다는 것은 사실상 해당 서비스를 사용하지 않는다는 것을 의미합니다.
바이두 검색 엔진을 통한 새 사용자 수 획득이 8,948이고 바이두 검색 엔진 사용자의 참여 세
션수가 2.04이지만 애석하게도 세션당 평균 참여 시간이 0분 12초입니다. 세션당 평균 참여
시간으로 인해 바이두 검색 엔진은 사실상 새 사용자 획득을 위한 노력을 기울여서는 안 되
는 것으로 판명되는 것입니다.

사용자 획득 보고서를 탐색 보고서로 전환하여 새 사용자 획득에 유리한 매체가 무엇인지 살펴봤습니다. 새 사용자 획득을 확인할 때 '새 사용자 수'만을 지표로 데이터를 확인해서는 안 됩니다. 1차로 '새 사용자 수'를 확인하여 새 사용자 획득에 유리한 매체를 구분하고 2차, 3차로 '참여 세션수', '세션당 평균 참여 시간'을 확인하여 실제로 해당 매체가 새 사용자 획득에 유리한 매체인지를 검증해야만 믿을 수 있는 매체를 판별할 수가 있습니다.

NOTE **유니버설 애널리틱스의 이탈**

구글 애널리틱스4에서는 '참여'를 중심으로 무의미한 세션을 구분합니다. 낮은 참여 세션수, 낮은 세션당 평균 참여 시간을 바탕으로 무의미한 세션을 구분하는 것입니다.

반면 구글 애널리틱스4 이전 버전인 유니버설 애널리틱스에서는 '이탈률'이라는 측정항목을 기준으로 무의미한 세션을 구분했습니다. 만약 유니버설 애널리틱스의 '이탈'과 동일한 측정항목을 사용하고 싶다면 탐색 보고서에서 직접 '이탈' 측정항목을 추가해 사용할 수 있습니다.

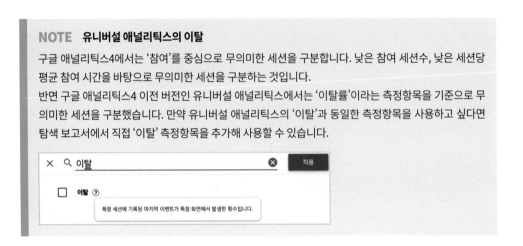

8.4 사용자 전체 기간 보고서 살펴보기

Demo Account

GA4 – Google Merchandise Store

탐색 > 사용자 전체 기간

2021년 4월 1일 ~ (어제 날짜로 자동 선택됨)

소스/매체 분석은 일반적으로 마케팅 분석에 활용됩니다. 어떤 매체가 사용자 획득에 유리한가, 어떤 소스가 참여에 유리한가를 분석하여 이를 바탕으로 효율적인 마케팅 매체를 선택하는 것입니다. 효율적인 마케팅 매체를 선택한 뒤에는 마케팅 비용의 산정을 위한 여러 가지 분석이 진행됩니다. 그중 하나가 평생 가치(LTV) 분석입니다. 사용자에게 기대할 수 있는 수익을 추정하여 사용자 1명에게 사용 가능한 마케팅 비용을 계산하는 것입니다. 이번 절에서는 사용자 평생 가치를 분석하는 데 최적화되어 있는 '사용자 전체 기간 보고서'를 살펴보겠습니다.

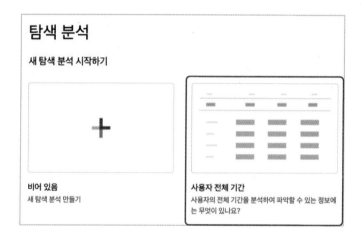

탐색 분석 페이지에서 '사용자 전체 기간' 보고서를 선택합니다.

첫 사용자 매체		↓총 사용자	평생 가치(LTV): 평균	전체 기간 참여 시간: 평균	전체 기간 거래: 평균
	총계	73,179 총계 대비 100%	$10.19 총계 대비 100%	5분 49초 총계 대비 100%	0.144 총계 대비 100%
1	organic	29,387	$6.77	4분 46초	0.086
2	(none)	23,886	$3.69	2분 46초	0.054
3	referral	16,851	$12.96	8분 42초	0.186

사용자 전체 기간 보고서에서는 사용자의 평생(lifetime), 좀 더 쉽게 말해 서비스를 첫 방문하고 서비스를 영영 떠날 때까지 어떤 사용 패턴을 보이는지 확인할 수 있습니다.

organic 매체로 획득한 사용자 29,387명에게서 약 6.77달러의 수익을 기대할 수 있습니다. 또한 이들은 전체 생애 동안 평균 4분 46초를 사용하고, 평균 0.086번 거래를 진행한다는 것을 알 수 있습니다.

표 8-2 사용자들의 구매 금액, 참여 시간, 거래 횟수

	구매 금액	참여 시간	거래 횟수
사용자 A	8달러	7분	3회
사용자 B	6달러	4분	1회
사용자 C	-	6분	-

사용자 전체 기간 보고서에서는 '평균'을 유용하게 사용할 수 있습니다. 왜냐하면 '평균'이 사용자와 사용자를 구분해주는 기준점이 되어주기 때문입니다. [표 8-2]를 확인해봅시다. 여기서 사용자 B는 사용자 전체 기간에서 확인할 수 있었던 평균과 일치하는 사용자, 즉 평균 사용자인 것입니다. 평균 사용자와 나머지 사용자를 비교하면 의미 있는 사용자 그룹을 구분할 수 있습니다.

사용자 A는 평균 사용자들보다 구매 금액, 참여 시간, 거래 횟수가 높습니다. 해당 사용자는 VIP 고객이라고 할 수 있을 것입니다. VIP 고객에게 평균 사용자보다 더 많은 혜택을 제공하는 등 고객 관리를 수행하여 이들을 단골 고객으로 만들 수 있다면 서비스 수익 증대에 도움이 될 것입니다.

사용자 C는 아직 거래를 진행하지 않았습니다. 하지만 참여 시간이 평균 사용자보다 높습니다. 평균 사용자의 참여 시간이 4분인데 사용자 C는 6분이나 참여한 상태입니다. VIP 고객인 사용자 A와 근접한 참여 시간을 나타내고 있는 것입니다. 이럴 때 사용자 C는 구매 확률이 높은 고객이라고 할 수 있습니다. 사용자 C에게 쿠폰을 제공하는 방식으로 구매를 유도할 수 있다면 서비스 수익 증대에 도움이 될 것입니다.

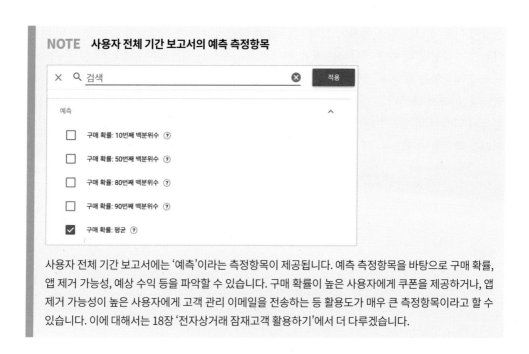

사용자 전체 기간 보고서에는 '예측'이라는 측정항목이 제공됩니다. 예측 측정항목을 바탕으로 구매 확률, 앱 제거 가능성, 예상 수익 등을 파악할 수 있습니다. 구매 확률이 높은 사용자에게 쿠폰을 제공하거나, 앱 제거 가능성이 높은 사용자에게 고객 관리 이메일을 전송하는 등 활용도가 매우 큰 측정항목이라고 할 수 있습니다. 이에 대해서는 18장 '전자상거래 잠재고객 활용하기'에서 더 다루겠습니다.

사용자 전체 기간 보고서를 살펴보면 자유 형식 보고서와 크게 다르지 않은 것 같습니다. 그냥 자유 형식 보고서를 선택했어도 되지 않을까요? 그렇지 않습니다. 눈에 띄지 않지만 사용자 전체 기간 보고서를 사용하는 이유가 있습니다.

사용자 전체 기간 보고서에서 측정기준 추가 혹은 측정항목을 추가해봅시다. 데이터 선택기가 표시되면 '사용자 전체 기간'이라는 영역을 확인할 수 있습니다. 여기에는 사용자의 첫 방문일이 어떻게 되는지, 사용자의 전체 기간 동안 각각의 수치가 어떠한지 확인할 수 있는 데이터가 제공됩니다. 해당 데이터는 자유 형식 보고서에서는 제공되지 않습니다. 구글 애널리틱스가 제공하는 탐색 보고서에는 해당 보고서에서만 확인할 수 있는 고유의 데이터가 존재합니다. 따라서 데이터 분석의 용도에 맞는 탐색 보고서를 선택할 줄 아는 것 자체가 데이터 분석의 역량이 되기도 합니다. 이 점을 참고하여 앞으로 탐색 보고서를 확인할 때는 어떤 데이터를 확인할 수 있는지 꼭 확인해보시기 바랍니다.

Chapter

09

캠페인 링크 분석
따라 배우기

유튜브와 페이스북에 광고를 진행한다고 가정해봅시다. 다행히 사용자의 반응이 좋아서 광고를 통해 접속하는 사용자의 수가 늘어났습니다. 이때 우리는 광고를 통한 사용자의 접속을 분석할 줄 알아야 합니다. 사용자가 유튜브 광고 링크로 들어왔는지, 페이스북 광고 링크로 들어왔는지 혹은 A 유형의 광고를 클릭했는지 B 유형의 광고를 클릭했는지 분석할 수 있어야 하는 것입니다. 이번 장에서는 캠페인 링크 분석 방법을 배워보겠습니다.

9.1 캠페인 링크 살펴보기

신규 서비스 개발이 완료되면 사용자 획득을 위한 여러 가지 마케팅이 진행됩니다. 구글 검색 광고, 페이스북 게시물 등을 예로 들 수 있습니다. 이때 우리는 어떤 구글 검색 광고, 어떤 페이스북 게시물에서 사용자가 획득, 유입되는지 확인할 필요가 있습니다.

캠페인 링크는 페이지 주소에 구글 애널리틱스가 인식할 수 있는 특수한 매개변수를 추가하여 외부에서 유입된 사용자를 분석할 수 있도록 도와주는 기능입니다. 이번 절에서는 캠페인 링크가 무엇인지 살펴보겠습니다.

실습 페이지(https://www.turtlebooks.co.kr/ga4/fb)는 페이스북 피드를 흉내 낸 페이지입니다. 사용자는 딸기 광고 문구를 확인하고 [구경하기]를 클릭하여 링크로 이동할 수 있습니다. 링크는 딸기 판매 페이지로 연결됩니다. 딸기 판매 페이지가 표시되면 브라우저에 표시되어 있는 주소를 확인합니다.

https://www.turtlebooks.co.kr/ga4/event/summer_sale?**utm_campaign**=summer_sale&**utm_source**=facebook&**utm_medium**=cpc

주소를 자세히 살펴보면 익숙한 단어가 몇 개 보일 것입니다. 바로 campaign, source, medium입니다. 8장 '획득 보고서 따라 배우기'에서 소스/매체, 캠페인이라는 용어를 배울 때 영문 용어도 외우는 것이 좋다고 언급한 이유가 바로 여기에 있습니다. 캠페인 링크는 링크에 삽입되어 있는 utm_campaign, utm_source, utm_medium을 기반으로 동작하기 때문입니다.

디버그 페이지에서 해당 페이지 조회를 확인해보면 매개변수로 campaign이 표시되어 있음을 확인할 수 있습니다. 이때 campaign에는 summer_sale이 담겨 있습니다. 이는 우리가 앞에서 살펴본 브라우저의 주소에 포함되어 있는 utm_campaign의 값과 동일합니다. 디버그 페이지의 매개변수 medium, source에도 브라우저 주소에 포함되어 있는 utm_medium, utm_source와 동일한 값이 포함되어 있을 것입니다.

캠페인 링크는 온라인 마케팅 분석의 기본이 되는 테크닉입니다. 다음 학습을 진행하면서 캠페인 링크를 더 자세히 알아보겠습니다.

> **NOTE 캠페인 링크와 광고 플랫폼의 광고 분석 도구**
>
> 페이스북 등의 광고 플랫폼에서도 광고 분석 도구를 제공합니다. 이를 활용해 페이스북 광고 성과를 자세히 분석할 수 있습니다. 각 광고 서비스에서 광고 분석 도구를 제공한다면 왜 굳이 캠페인 링크를 사용하는 걸까요? 캠페인 링크를 통해 들어온 사용자를 '정의'하고 '분석'하고 '활용'하기 위함입니다.
>
> 여기서 예로 든 딸기 여름 세일 페이지의 캠페인 링크로 사용자 접속이 발생하는 순간 우리는 사용자에 대한 여러 가지 정보를 파악할 수 있습니다. 사용자는 딸기에 관심이 있고, 세일에 반응합니다. 이를 바탕으로 사용자가 다시 접속했을 때 과일을 추천하거나 세일 상품을 안내할 수 있습니다. 또한 해당 사용자가 발생시키는 이벤트를 분석하여 가입을 완료했는지, 물건을 장바구니에 담았는지, 물건을 구매했는지와 같은 행동 정보도 수집하여 활용할 수 있습니다.

9.2 캠페인 링크 구성 이해하기

구글 애널리틱스는 사용자가 페이지에 접속하면 page_view 이벤트를 수집합니다. 이때 페이지의 주소가 캠페인 링크로 구성되어 있다면 구글 애널리틱스는 주소에 기록해둔 매체/소스/캠페인 정보를 같이 수집합니다. 앞선 실습에서 디버그 페이지에서 확인한 정보가 바로 이런 방식으로 수집된 정보입니다. 이번 절에서는 캠페인 링크의 구성을 살펴보며 획득의 상세한 정보가 어떻게 수집되는지 살펴보겠습니다.

9.2.1 매개변수란?

캠페인 링크를 이해하기 위해서는 매개변수(파라미터)가 무엇인지 알아야 합니다. 여기서는 네이버에서 '날씨'를 검색했을 때의 주소를 바탕으로 매개변수가 무엇인지 알아보겠습니다.

그림 9-1 검색어가 입력되지 않은 네이버 검색 결과 페이지

브라우저에 'https://search.naver.com/search.naver'라고 입력합니다. [그림 9-1]과 같이 검색어가 입력되지 않은 네이버 검색 페이지로 접속됩니다.

그림 9-2 검색어로 '날씨'가 입력된 네이버 검색 결과 페이지

이번에는 브라우저에 'https://search.naver.com/search.naver?query=날씨'라고 입력합니다. [그림 9-2]와 같이 '날씨' 검색 결과가 표시될 것입니다.

처음 접속한 주소(https://search.naver.com/search.naver)는 네이버 검색 페이지 주소입니다. 그런데 왜 검색 결과가 표시되지 않는 것일까요? 왜냐하면 검색어에 대한 정보를 제공하지 않았기 때문입니다.

다음으로 접속한 주소(https://search.naver.com/search.naver?query=날씨) 역시 네이버 검색 페이지 주소입니다. 다만 앞에서와 다르게 '?query=날씨'라는 검색어에 대한 정보를 제공하고 있습니다. 네이버 검색 페이지는 해당 검색어 정보를 분석하여 날씨 검색 결과를 제공합니다.

웹페이지의 주소는 주소 자체(https://search.naver.com/search.naver)와 부가 정보(?query=날씨)로 구성됩니다. 여기서 부가 정보를 매개변수 혹은 파라미터라고 부릅니다. 이벤트가 이벤트 이름과 이벤트 매개변수로 구성된 것과 비슷한 것이라고 생각할 수 있습니다. 날씨 검색 주소를 살펴보면 검색어를 뜻하는 매개변수인 query 앞에 물음표(?)가 붙어 있는 것을 확인할 수 있습니다. 웹페이지의 주소에 표시된 물음표는 '이 부분부터 매개변수가 시작됨'을 알리는 역할을 합니다. 그런데 때로는 웹페이지 주소에 여러 개의 부가 정보를 담아야 할 때도 있습니다. 이때는 매개변수와 매개변수 사이에 앰퍼샌드(&, 그리고)를 입력하여 연결합니다. 만약 검색 주소에 검색어와 날짜를 담고 싶다면 'https://search.naver.com/search.naver?query=날씨&date=01-01'이라고 작성할 수 있는 것입니다.

9.2.2 캠페인 매개변수(UTM 매개변수)의 구성

```
https://www.turtlebooks.co.kr/ga4/event/summer_sale?utm_campaign=summer_sale&utm_source=
facebook&utm_medium=cpc
```

실습 페이지에서 살펴본 캠페인 링크는 물음표(?)와 앰퍼샌드(&)를 기준으로 나누어 [표 9-1]과 같이 정리할 수 있습니다.

표 9-1 캠페인 매개변수

UTM 매개변수	의미	값
utm_campaign	캠페인 이름 혹은 광고 이름	summer_sale
utm_source	소스, 획득의 상세한 위치	facebook
utm_medium	매체, 획득의 방식	cpc

매개변수를 자세히 살펴보면 모두 utm_로 시작된다는 것을 알 수 있습니다. 구글 애널리틱스는 utm_로 시작하는 매개변수를 캠페인 매개변수로 인식하고 데이터를 수집합니다. 그래서 캠페인 매개변수를 utm 매개변수라고 부르기도 합니다.

[표 9-1]의 캠페인 매개변수를 바탕으로 우리는 실습 캠페인 링크를 다음과 같이 읽을 수 있습니다.

> "이 링크는 페이스북(source, 획득의 상세한 위치)에서 cpc 광고(medium, 획득의 방식)를 통한 사용자 유입을 추적하는 여름 세일 캠페인(campaign, 광고의 이름 혹은 행동들의 이름)의 캠페인 링크입니다."

페이스북이나 인스타그램을 사용하다 보면 여러 가지 광고 게시물을 접하게 됩니다. 간혹 광고 게시물에 캠페인 매개변수가 포함되어 있는 경우가 있습니다. 만약 캠페인 매개변수가 포함된 링크를 발견할 경우 어떤 방식으로 캠페인 링크를 구성했는지, 어떻게 읽을 수 있는지 각자 확인해봅시다.

9.3 트래픽 획득 분석하기

	Demo Account		탐색 > 비어 있음
	GA4 – Google Merchandise Store		2021년 4월 1일 ~ 2021년 6월 30일

트래픽 획득 분석은 앞에서 살펴본 사용자 획득 분석과 크게 다르지 않습니다. 소스, 매체, 캠페인을 중심으로 세션 획득을 분석합니다. 이번 절에서는 빈 탐색 보고서에서 '소스, 매체, 캠페인'이라는 용어를 바탕으로 트래픽 획득을 분석해보겠습니다.

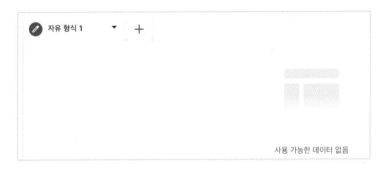

먼저 비어 있는 탐색 보고서를 준비합니다. 여기서는 '캠페인 링크를 통해 발생한 세션수 확인'을 분석 목표로 하겠습니다.

9.3.1 보고서 설정하기

분석 목표인 '캠페인 링크를 통해 발생한 세션수 확인'에 맞춰 측정기준과 측정항목을 생각해봅시다. '**캠페인 링크**의 세션수'임을 쉽게 알 수 있습니다.

측정기준 추가를 진행합니다. 데이터 선택기에서 '캠페인'을 검색하면 캠페인, 세션 캠페인, 첫 사용자 캠페인 등이 표시됩니다. 여기서는 '세션 캠페인'을 선택하겠습니다.

표 9-2 사용자 A의 접속 내역

일시		페이지 주소 및 수집 내역
1시 1분	페이지 주소	?utm_campaign=summer_sale&source=facebook&medium=cpc
	수집 내역	frist_visit session_start page_view
1시 11분	페이지 주소	?utm_campaign=strawberry_sale&source=instagram&medium=cpc
	수집 내역	page_view

[표 9-2]는 사용자 A의 페이지 접속 내용을 정리한 표입니다. 사용자 A는 1시 1분에 페이스북에서 cpc 광고로 서비스에 처음 방문(first_visit)했고 세션을 시작(session_start)했습니다. 따라서 이때 캠페인 summer_sale은 '첫 사용자 캠페인'이자 '세션 캠페인'이자 '캠페인'으로 측정됩니다. 하지만 여름 세일에 그다지 관심이 없던 사용자는 다시 페이스북을 이용하러 돌아갔습니다.

10분 뒤 사용자 A는 인스타그램에서 딸기 세일 cpc 광고로 다시 서비스에 접속했습니다. 이때는 사용자가 첫 방문이 아니고, 1시 1분의 세션이 유지되고 있으므로 first_visit, session_start 이벤트가 발생하지 않습니다. 따라서 이때 캠페인은 '캠페인'으로만 측정됩니다.

이를 바탕으로 캠페인 측정기준을 정리해보겠습니다. '첫 사용자 캠페인'은 첫 방문 당시의 캠페인을 의미합니다. 따라서 사용자 획득을 기준으로 데이터를 분석할 때 유용합니다. '세션 캠페인'은 세션을 시작할 당시의 캠페인을 의미합니다. 따라서 세션 획득(트래픽, 접속)을 기준으로 데이터를 분석할 때 유용합니다. '캠페인' 첫 사용자 캠페인과 세션 캠페인 정보가 모두 담겨 있기 때문에 범용적인 분석을 할 때 유용합니다. 분석의 용도에 맞춰 캠페인 측정기준을 적절히 선택하면 될 것입니다.

측정기준으로 '세션 캠페인', 측정항목으로 '세션수'를 선택합니다. 이를 바탕으로 **캠페인 링크의** 세션수'를 알 수 있을 것입니다.

탭 설정에서 행으로 '세션 캠페인', 값으로 '세션수'를 구성합니다.

자유 형식 1 ▼ +	
세션 캠페인	↓세션수
총계	**299,555** 총계 대비 100%
1 (organic)	157,541
2 (direct)	89,742
3 (referral)	47,114
4 Data Share Promo	1,108
5 (not set)	613
6 1009693 | Google Analytics Demo | DR | joelf | NA | US | en | Hybrid | SEM | SKWS - MIX | Txt ~ AW - T-shirts (set 1)	596
7 Pride2021_V2	500
8 Earth2021_V2	486
9 1009693 | Google Analytics Demo | DR | joelf | NA | US | en | Hybrid | SEM | SKWS - MIX | Txt ~ AW - T-shirts (set 0)	414
10 1009693 | Google Analytics Demo | DR | joelf | NA | US | en | Hybrid | SEM | SKWS - MIX | Txt ~ AW - T-shirts (set 3)	372

그림 9-3 세션 데이터

이제 [그림 9-3]과 같이 세션을 시작한 캠페인의 수를 확인할 수 있습니다. (organic), (direct), (referral)을 제외한 값들이 페이지 주소의 캠페인 매개변수에 해당합니다. 여기서는 Data Share Promo의 세션수가 1,108로 가장 많음을 알 수 있습니다.

이제 '캠페인 링크의 세션수'를 확인한다는 목표는 달성했습니다. 그런데 캠페인 링크를 확인할 때는 한 가지 더 확인해야 하는 것이 있습니다. 캠페인 링크는 마케팅과 관련이 깊기 때문에 해당 캠페인 링크로 어느 정도의 수익이 발생했는지를 확인하는 것이 좋습니다. 이를 통해 세션수와 수익을 비교하여 세션당 어느 정도의 수익을 발생시켰는지를 알 수 있을 것입니다.

측정항목으로 '수익'을 검색하면 위와 같이 다양한 수익 관련 측정항목이 표시됩니다. 여기서는 '총 수익'을 선택하겠습니다. 만약 각종 수익이 어떤 차이인지 궁금하다면 물음표 버튼에 마우스를 올려 설명을 확인해보시기 바랍니다. 구글 애널리틱스는 수많은 측정기준과 측정항목을 제공합니다. 이에 대해 처음부터 모든 것을 파악하고 데이터 분석을 시작하는 것은 사실상 불가능합니다. 분석 상황에 따라 처음 보는 측정기준, 측정항목을 발견하여 해당 용어가 무엇을 나타내는 데이터인지 반드시 확인하는 습관을 들인다면 데이터 분석 능력 향상에 도움이 될 것입니다.

자유 형식 1 ▼ +		
세션 캠페인	↓세션수	총 수익
총계	**299,555** 총계 대비 100%	**$827,692.71** 총계 대비 100%
1 (organic)	157,541	$346,936.77
2 (direct)	89,742	$175,248.78
3 (referral)	47,114	$280,342.16
4 Data Share Promo	1,108	$26.88
5 (not set)	613	$11,022.66
6 1009693 | Google Analytics Demo | DR | joelf | NA | US | en | Hybrid | SEM | SKWS - MIX | Txt ~ AW - T-shirts (set 1)	596	$0.00
7 Pride2021_V2	500	$3,218.76
8 Earth2021_V2	486	$8,833.88

그림 9-4 세션과 수익 데이터

총 수익이 적용되면 [그림 9-4]와 같은 데이터를 확인할 수 있습니다. 여기서는 Earth2021_V2라는 캠페인이 세션수는 486으로 적지만 총 수익이 8,833.88달러로 매우 높은 것을 확인할 수 있습니다. 사용자의 반응(수익)이 좋은 캠페인이므로 해당 테마로 세 번째(V3) 캠페인을 진행하는 것도 좋을 것 같습니다.

9.4 [실전] 캠페인 링크 만들기

실습 계정

구글 애널리틱스 실습 – GA4

오늘은 맛있는 딸기를 드셔보세요

과일

맛있는 딸기입니다!
284명의 사용자가 구매했습니다.

6,590원 (100g당 659원)

장바구니 담기 ⑦

구매하기 ⑦

Photo by Allec Gomes **on** Unsplash

캠페인 매개변수에 대한 이해를 마치면 누구나 쉽게 캠페인 링크를 만들 수 있습니다. 이번 절에서는 딸기 판매 페이지(https://www.turtlebooks.co.kr/ga4/item/strawberry)를 바탕으로 '겨울 세일' 캠페인 링크를 만들어보겠습니다.

STEP 1 소스, 매체, 캠페인 설정하기

표 9-3 겨울 세일 페이스북 cpc 캠페인

UTM 매개변수	의미	값
utm_campaign	캠페인 이름 혹은 광고 이름	winter_sale
utm_source	소스, 획득의 상세한 위치	facebook
utm_medium	매체, 획득의 방식	cpc

캠페인 링크를 만들 때 가장 먼저 진행하는 것은 광고를 '소스, 매체, 캠페인'으로 정의하는 것입니다. 해당 광고를 무엇으로 부를지(utm_campaign), 해당 광고를 어디에 올릴 것인지(utm_source), 해당 광고를 어떤 방식으로 운영할지(utm_medium)를 생각하고 정리하는 것입니다.

[표 9-3]은 겨울 세일 캠페인(캠페인 이름)을 페이스북(소스)에 cpc(매체) 방식으로 올릴 때를 가정한 UTM 매개변수입니다. 어떤 이름으로, 어디에, 어떤 방식으로 올릴지를 생각하면 쉽게 정리할 수 있음을 알 수 있습니다.

그러면 이번에는 '겨울 세일 캠페인을 블로그에 외부 링크'로 올린다고 하고 각자 어떤 방식으로 UTM 매개변수를 만들 수 있을지 생각해봅시다.

표 9-4 겨울 세일 블로그 외부 링크 캠페인

UTM 매개변수	의미	값
utm_campaign	캠페인 이름 혹은 광고 이름	winter_sale
utm_source	소스, 획득의 상세한 위치	blog
utm_medium	매체, 획득의 방식	referral

아마 캠페인 링크와 소스는 쉽게 떠올렸고 매체는 고민을 조금 했을 것입니다. 블로그에 외부 링크로 올리는 것이니 매체는 referral로 설정하면 될 것입니다.

STEP 2 캠페인 링크 직접 만들기

UTM 매개변수 정리가 완료되면 페이지 주소에 해당 매개변수들을 연결하기만 하면 됩니다. 매개변수는 물음표(?)로 시작하고 앰퍼샌드(&)로 덧붙인다는 것을 떠올리면서 캠페인 링크를 만들어봅시다.

```
https://www.turtlebooks.co.kr/ga4/item/strawberry?utm_campaign=winter_sale&utm_source=facebook
&utm_medium=cpc
```

위와 같이 쉽게 캠페인 링크가 만들어집니다. 만들어진 캠페인 링크는 다음과 같이 읽을 수 있습니다.

"페이스북(utm_source)에 cpc 광고(utm_medium)로 올린 겨울 세일 캠페인"

STEP 3 **캠페인 URL 작성 도구로 캠페인 링크 만들기**

그림 9-5 캠페인 URL 작성 도구

직접 캠페인 링크를 작성하는 방법도 좋습니다만 혹시 실수가 있을지도 모릅니다. 캠페인 URL 작성 도구를 활용하면 좀 더 안전하게 캠페인 링크를 만들 수 있습니다.

캠페인 URL 작성 도구 페이지(https://ga-dev-tools.web.app/ga4/campaign-url-builder/)에 접속합니다. 이때 [그림 9-5]와 같이 'Demos & Tools' 아랫부분을 살펴보면 'GA4'가 선택되어 있어야 합니다.

Enter the website URL and campaign information

Fill out all fields marked with an asterisk (*), and the campaign URL will be generated for you.

website URL *
https://www.turtlebooks.co.kr/ga4/item/strawberry

The full website URL (e.g. **https://www.example.com**)

campaign ID

The ads campaign id.

campaign source *
winter_sale

The referrer (e.g. **google**, **newsletter**)

campaign medium *
cpc

Marketing medium (e.g. **cpc**, **banner**, **email**)

campaign name
winter_sale

Product, promo code, or slogan (e.g. **spring_sale**) One of campaign name or campaign id are required.

campaign term

Identify the paid keywords

campaign content

Use to differentiate ads

캠페인 URL 작성 도구 페이지에서 제공하고 있는 입력 양식에 맞춰 website URL(페이지 주소)을 입력하고 미리 정의한 UTM 매개변수를 campaign source, campaign medium, campaign name에 맞춰 입력합니다.

UTM 매개변수	필수/선택	의미	예
utm_campaign		캠페인 이름 혹은 광고 이름	winter_sale
utm_source	필수	소스, 획득의 상세한 위치	blog
utm_medium	필수	매체, 획득의 방식	referral
utm_id		캠페인 고유 ID	c1234
utm_term		캠페인 광고 키워드	winter_sale_strawberry
utm_content		캠페인의 콘텐츠 내용	strawberry

이때 캠페인 URL 작성 도구의 입력 양식을 살펴보면 utm_campaign, utm_source, utm_medium 외에도 몇 가지 UTM 매개변수를 더 확인할 수 있습니다. 이를 정리하면 위와 같습니다. 소스, 매체의 경우 필수로 입력해야 하는 값이며 나머지는 필요할 경우에만 입력하는 값입니다. 일반적으로 캠페인을 구분하기 위해 캠페인 이름(utm_campaign)은 소스, 매체와 함께 필수적으로 입력하는 편입니다. 나머지는 캠페인을 좀 더 상세하게 정의하고 싶을 때 각자 선택적으로 입력하시기 바랍니다.

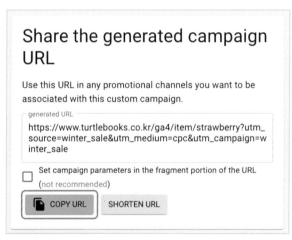

그림 9-6 캠페인 링크 생성 완료

값을 입력하면 [그림 9-6]과 같이 캠페인 링크가 생성됩니다. 우리가 직접 작성한 캠페인 링크와 매개변수의 순서만 다르고 나머지는 같습니다. 매개변수의 순서는 구글 애널리틱스가 캠페인 링크를 인식하는 것과 관계가 없으니 안심하시기 바랍니다. [COPY URL] 버튼을 누르면 캠페인 링크를 복사할 수 있습니다.

STEP 4 **캠페인 링크 공유 내용 확인하기**

캠페인 링크 작성이 완료되면 해당 링크를 공유했을 때 어떤 식으로 공유 내용이 표시되는지 확인해야 합니다. 이를 확인하지 않고 캠페인 링크를 게시할 경우 공유 이미지, 공유 텍스트 등이 바르게 표시되지 않아 문제가 발생할 수 있습니다. 자신의 페이스북, 카카오톡 등에 캠페인 링크를 올려 어떻게 표시되는지 확인해봅시다.

위와 같이 표시되면 실습 페이지에 설정된 공유 내용이 제대로 나오는 것입니다.

서비스를 공유했을 때 이미지가 제대로 표시되지 않는다거나, 모든 페이지의 공유 내용이 동일하다면 OG 태그가 제대로 설정되지 않은 상태일 수 있습니다. 개발자와 논의하여 적절한 OG 태그가 설정되어 있는 지 확인하시기 바랍니다.

STEP 5 캠페인 링크 게시하기

실제 업무에서는 9.4.4절 '캠페인 링크 공유 내용 확인하기'까지만 진행하고 캠페인 링크를 게시하면 됩니다. 다만 우리는 실습 페이지를 사용하고 있기 때문에 위에서 만든 캠페인 링크를 바로 사용할 수 없습니다.

실습 페이지(https://www.turtlebooks.co.kr/ga4/item/strawberry)에 접속해서 오른쪽의 공유 버튼을 클릭합니다.

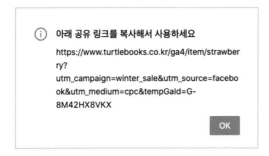

공유 버튼을 클릭하면 이와 같이 공유 링크가 표시됩니다. 해당 링크는 외부 사용자의 데이터를 여러분의 구글 애널리틱스 계정으로 전달하도록 설정되어 있습니다. 표시된 링크를 복사하여 페이스북이나 카카오톡 등에 게시합니다. 이때 해당 페이지에 접속해서 장바구니, 구매하기 버튼을 한 번씩 눌러달라는 언급도 남겨주세요.

STEP 6 **캠페인 링크 정리하기**

캠페인 링크	게시 시작	게시 완료	구매 전환율
https://www.turtlebooks.co.kr/ga4/item/strawberry?utm_campaign=winter_sale&utm_source=facebook&utm_medium=cpc	1월 1일	1월 4일	4%
https://www.turtlebooks.co.kr/ga4/item/strawberry?utm_campaign=winter_sale&utm_source=blog&utm_medium=referral	1월 1일	1월 2일	2%

캠페인 링크 게시가 완료되면 사용한 캠페인 링크를 엑셀 시트 등에 정리합니다. 위와 같이 간단하게 정리하여 캠페인 링크의 효율을 측정할 수 있습니다. 실제 업무에서 사용하는 캠페인 링크 정리 시트는 이보다 고도화되어 있습니다. 주소, 캠페인, 소스, 매체를 입력하면 자동으로 캠페인 링크가 생성된다든가 게시된 링크를 추가한다든가 하는 방식일 것입니다. 만약 어떤 방식으로 캠페인 링크를 관리하는지 궁금하다면 바로 인터넷에 '캠페인 URL 엑셀 템플릿'을 검색해보시기 바랍니다.

이번 절에서는 캠페인 링그를 처음부터 끝까지 만들어봤습니다. 캠페인 링크는 진행할 캠페인에 맞춰 UTM 매개변수를 정리하고, 해당 매개변수로 링크를 만들고, 공유 내용을 확인하고, 단축 URL을 만드는 방식으로 진행됩니다. 여기까지의 흐름을 이해하고 있다면 여러분 모두 캠페인 링크를 쉽게 만들 수 있을 것입니다.

9.5 [실전] 캠페인 링크 분석하기

	실습 계정		빈 탐색 보고서
	구글 애널리틱스 실습 – GA4		지난 28일

9.4절 '[실전] 캠페인 링크 만들기'에서 만든 캠페인 링크를 어딘가에 게시하고 사용자가 접속했다면 데이터가 수집될 것입니다. 이번 절에서는 캠페인 링크를 통해 사용자가 상품을 얼마나 장바구니에 담았는지, 상품을 얼마나 구매했는지를 알아보겠습니다.

이제 탐색 보고서를 설정하는 것에도 많이 익숙해졌을 것입니다. 이제부터는 탐색 보고서를 설정할 때의 절차를 단축해서 설명하겠습니다. 탐색 보고서는 설정을 조금씩 설정하면서 확인하는 편이 안전하기 때문에 앞으로는 '탐색 보고서 설정 N회차'와 같은 방식으로 설명을 진행하겠습니다.

STEP 1 탐색 보고서 설정 1회차

우리가 확인하고 싶은 것은 '캠페인 링크를 통해 접속한 사용자가 상품을 얼마나 장바구니에 담았는지, 상품을 얼마나 구매했는지' 확인하는 것입니다. 이는 기본적으로 '이벤트 이름의 이벤트 수'를 파악하는 일임을 이제는 파악할 수 있을 것입니다.

표 9-5 탐색 보고서 설정하기 1회차

변수	측정기준	이벤트 이름
	측정항목	이벤트 수
탭 설정	행	이벤트 이름
	값	이벤트 수

[표 9-5]와 같이 탐색 보고서를 설정합니다.

자유 형식 1 ▼	+
이벤트 이름	↓이벤트 수
총계	297 총계 대비 100%
1 add_to_cart	12
2 first_visit	21
3 page_view	81
4 purchase	7
5 scroll	68
6 select_fruit	7
7 session_start	35
8 sign_up	5
9 test	2
10 try_sign_up	26

이벤트 이름의 이벤트 수를 확인할 수 있게 되었습니다. 이제 사용자가 상품을 장바구니에 담은 횟수, 상품을 구매한 횟수를 파악할 수 있습니다.

STEP 2 탐색 보고서 설정 2회차

사용자가 상품을 '얼마나' 장바구니에 담았는지, 사용자가 상품을 '얼마나' 구매했는지를 파악하기 위해서는 각각 장바구니에 담은 상품의 가격과 총합, 구매한 상품의 가격과 총합을 알아야 합니다. 이를 이해하기 위해서는 전자상거래 이벤트에 대해 알아야 합니다만, 여기서는 우선 진행을 해보겠습니다. 결과적으로 상품의 가격과 총합은 '이벤트 값'이라는 항목으로 파악할 수 있습니다.

표 9-6 탐색 보고서 설정하기 2회차

변수	측정기준	이벤트 이름
	측정항목	이벤트 수
		이벤트 값
탭 설정	행	이벤트 이름
	값	이벤트 수
		이벤트 값

측정항목으로 '이벤트 값'을 추가하고 탭 설정의 값에 적용합니다.

이벤트 이름	이벤트 수	↓ 이벤트 값
총계	**297** 총계 대비 100%	**125,210** 총계 대비 100%
1 add_to_cart	12	79,080
2 purchase	7	46,130
3 first_visit	21	0
4 page_view	81	0
5 scroll	68	0
6 select_fruit	7	0
7 session_start	35	0
8 sign_up	5	0
9 test	2	0
10 try_sign_up	26	0

이제 이벤트 이름의 이벤트 수와 이벤트 값을 확인할 수 있게 되었습니다. 장바구니 담기 (add_to_cart) 이벤트가 12회 발생했고 장바구니에 담긴 상품의 값이 79,080원임을 알 수 있습니다. 상품 구매(purchase) 이벤트는 7회 발생했고 총 구매 금액은 46,130원임을 알 수 있습니다.

이때 장바구니 금액과 구매 금액은 실습 페이지(https://www.turtlebooks.co.kr/ga4/item/strawberry)의 딸기 1개 가격을 바탕으로 측정된 것입니다. [장바구니 담기] 버튼 오른쪽의 물음표 버튼을 클릭해봅시다.

```
ⓘ 코드를 확인해보세요

gtag('event', 'add_to_cart', {
  currency: 'KRW',
  value: 6590,
  items: [
    {
      item_id: "ITEM_2",
      item_name: "맛있는 딸기입니다!",
      item_category: "과일",
      price: 6590,
      quantity: 1
    }
  ]
})
                                    OK
```

잠시 장바구니 담기의 이벤트 코드를 살펴보겠습니다. 사용자는 장바구니(add_to_cart)에 6590원(value)의 물건을 담았습니다. 이때 사용자가 장바구니에 담은 물건(items)은 이름이 '맛있는 딸기입니다!'(item_name)인 상품이며 가격이 6590원(price)인 상품 1개(quantity)입니다. 앞에서 확인한 이벤트 값이 바로 장바구니 담기 이벤트의 총 가격인 것입니다.

NOTE 총 수익 확인하기

이벤트 이름	이벤트 수	↓이벤트 값	총 수익
총계	297 총계 대비 100%	125,210 총계 대비 100%	₩46,130 총계 대비 100%
1 add_to_cart	12	79,080	₩0
2 purchase	7	46,130	₩46,130
3 first_visit	21	0	₩0
4 page_view	81	0	₩0
5 scroll	68	0	₩0
6 select_fruit	7	0	₩0
7 session_start	35	0	₩0
8 sign_up	5	0	₩0
9 test	2	0	₩0
10 try_sign_up	26	0	₩0

측정항목으로 총 수익을 적용하여 데이터를 확인하는 것도 좋은 방법입니다. 이와 같이 구매(purchase) 금액을 확인할 수 있습니다. 다만 총 수익으로는 장바구니 담기의 가격을 확인할 수 없습니다. 총 수익은 서비스의 최종 수익(구매 수익, 구독 수익, 광고 수익)만을 표시하기 때문입니다. 구글 애널리틱스 학습 단계에서는 최대한 많은 측정기준과 측정항목을 적용해보면서 서로 어떤 차이가 있는지를 살펴보시기 바랍니다.

표 9-7 탐색 보고서 설정하기 3회차

변수	측정기준	이벤트 이름
		첫 사용자 캠페인
	측정항목	이벤트 수
		이벤트 값
탭 설정	행	첫 사용자 캠페인
		이벤트 이름
	값	이벤트 수
		이벤트 값

이제 사용자가 어떤 캠페인으로 접속했는지를 파악합니다. 측정기준으로 첫 사용자 캠페인을 추가하고 탭 설정의 행에 적용합니다. 이때 탭 설정의 행은 '첫 사용자 캠페인', '이벤트 이름' 순서로 설정합니다. winter_sale의 add_to_cart의 이벤트 수와 같은 방식으로 데이터를 확인하기 위해 순서를 설정한 것입니다.

첫 사용자 캠페인	이벤트 이름	이벤트 수	↓이벤트 값
		297	125,210
총계		총계 대비 100%	총계 대비 100%
1	winter_sale	add_to_cart	12	79,080
2	winter_sale	purchase	7	46,130
3	(direct)	first_visit	2	0
4	(direct)	page_view	51	0
5	(direct)	scroll	47	0
6	(direct)	select_fruit	7	0
7	(direct)	session_start	16	0
8	(direct)	sign_up	5	0
9	(direct)	test	2	0
10	(direct)	try_sign_up	26	0

이제 위와 같은 데이터를 확인할 수 있습니다. winter_sale 캠페인의 장바구니, 구매 이벤트 수와 값, 즉 '캠페인 링크를 통해 사용자가 상품을 얼마나 장바구니 담았는지, 상품을 얼마나

구매했는지' 확인할 수 있게 된 것입니다.

여기까지 설정해도 우리가 원하는 데이터는 충분히 확인할 수 있습니다. 하지만 어쩐지 보고서가 깔끔하지 않습니다. winter_sale, (direct)가 뒤섞여 있어 데이터를 직관적으로 파악할 수 없습니다.

STEP 4 **탐색 보고서 설정 4회차**

첫 사용자 캠페인을 탭 설정의 '열'로 옮겨보겠습니다.

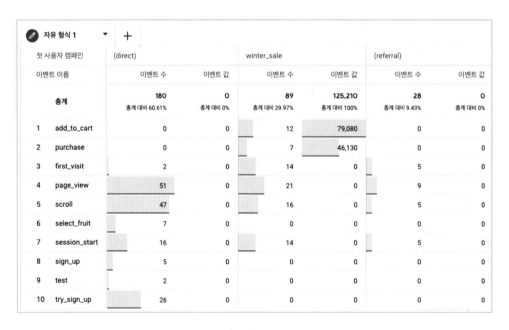

이제 보고서의 열이 (direct), winter_sale, (referral)로 깔끔하게 나뉩니다. winter_sale 캠페인에서 발생한 모든 이벤트를 좀 더 쉽게 파악할 수 있습니다. 서비스를 운영하면 캠페인의 개수가 점차 많아질 것입니다. 오른쪽으로 쭉 나열된 캠페인에서 자신이 확인하고자 하는 데이터를 확인하면 될 것입니다.

STEP 5 탐색 보고서 저장하기

이번 절에서 만든 탐색 보고서는 충분히 실제 업무에서 활용 가능한 보고서입니다. '첫 사용자 캠페인'이라는 이름으로 저장하고 필요할 때마다 일정을 조정해서 사용하면 될 것입니다.

STEP 6 필터 적용하기

이후 보고서를 사용할 때는 확인하려는 캠페인의 이름을 활용한 필터를 적용해 더 깔끔한 데이터를 확인할 수 있습니다. 여기서는 첫 사용자 캠페인이 winter_sale과 정확하게 일치하는 필터를 적용하겠습니다.

첫 사용자 캠페인으로 winter_sale 데이터만 표시되는 것을 확인할 수 있습니다.

STEP 7 정규식 필터 적용하기

만약 데이터를 분석하던 중 첫 사용자 캠페인이 winter_sale인 사용자와 첫 사용자 캠페인이 (direct)인 사용자를 비교하고 싶다면 어떻게 해야 할까요?

아마 여러분 대부분이 앞에서 만든 '첫 사용자 캠페인이 winter_sale과 정확하게 일치하는 필터' 다음에 '첫 사용자 캠페인이 (direct)와 정확하게 일치하는 필터'를 추가하려고 할 것입니다.

> 이 세그먼트, 값, 필터 및 기간의 조합에 대한 데이터가 없습니다. 변수 또는 설정을 수정하거나 삭제해 보세요.

하지만 이 경우 데이터가 표시되지 않습니다.

필터는 적용한 순서대로 데이터를 제외시켜나갑니다. 최초에 보고서에는 전체 데이터가 있습니다. 여기에 'winter_sale'을 적용하면 winter_sale 데이터만 남습니다. 애초에 '(direct)' 데이터는 존재하지 않는 상태인 것입니다. 따라서 우리에게는 winter_sale과 (direct) 필터를 동시에 적용할 수 있는 방법이 필요합니다.

기존에 있던 필터를 모두 제거하고 다음과 같이 필터를 적용합니다. '다음 정규 표현식과 일치함'을 선택하고 'winter_sale|(direct)'를 입력합니다. 정규 표현식은 문자 그 자체가 일종의 검색어로 동작해 우리가 원하는 데이터를 확인하게 해주는 역할을 합니다. 정규 표현식에서 |는 '혹은'을 의미하는 코드이며, Shift 를 누른 상태에서 Enter 위의 키를 눌러서 입력할 수 있습니다.

따라서 첫 사용자 캠페인이 정규 표현식 winter_sale|(direct)와 일치한다는 것은 winter_sale 혹은 (direct)에 해당하는 사용자의 데이터를 확인하겠다는 의미가 됩니다.

필터가 적용되고 보고서를 확인해봅시다. 보고서에는 여전히 (direct) 관련 데이터가 표시되지 않습니다. 왜냐하면 정규 표현식에서는 '(' 등의 특수문자를 제대로 인식하지 못하기 때문이다. 약간의 처리가 더 필요합니다.

정규 표현식을 위와 같이 수정합니다. (와) 앞에 \를 덧붙여 \(direct\)라고 입력합니다. 이렇게 하면 정규 표현식이 특수문자를 인식하게 됩니다. 최종 정규 표현식은 winter_sale\\(direct\)가 됩니다.

자유 형식 1	(direct)		winter_sale	
첫 사용자 캠페인				
이벤트 이름	이벤트 수	이벤트 값	이벤트 수	이벤트 값
총계	198 총계 대비 60.7%	4,100 총계 대비 2.5%	128 총계 대비 39.3%	158,108.721 총계 대비 97.5%
1 add_to_cart	1	4,100	15	98,850
2 purchase	0	0	9	59,258.721
3 first_visit	2	0	21	0
4 page_view	59	0	30	0
5 scroll	51	0	26	0
6 select_fruit	8	0	0	0
7 session_start	18	0	21	0
8 sign_up	5	0	0	0
9 test	2	0	0	0
10 try_sign_up	26	0	0	0

정규 표현식 필터가 적용되면 보고서에 (direct)와 winter_sale 데이터가 표시되는 것을 확인할 수 있습니다.

사용 예	의미	포착되는 데이터
winter.*	winter로 시작하는 어떤 것이든	winter_sale
.*sale	sale로 끝나는 어떤 것이든	winter_sale
.*ter.*	중간에 ter이 들어간 어떤 것이든	winter_sale

구글 애널리틱스4의 정규식은 사용하기 꽤 까다롭습니다. 여기서는 알아두면 좋은 정규 표현식 필터인 '.*'를 알아보겠습니다. '.*'는 '어떤 것이든 일치한다'는 정규식을 의미합니다. 이를 활용하면 특정 텍스트의 시작, 끝, 중간을 쉽게 구분할 수 있습니다. 위의 표에서 '.*'를 시작, 끝에 위치시켜 winter_sale을 찾아내는 여러 가지 방법을 참고해보시기 바랍니다.

이번 절에서 살펴본 내용에 따르면 정규 표현식은 .*ter.*|\(direct\)로도 표현할 수 있습니다. 각자 보고서에 적용해보고 어떤 데이터가 표시되는지 살펴보시기 바랍니다.

9.6 [필수] 맞춤 등록 가능한 매개변수 파악하고 등록하기

🔵 실습 계정

⛰ 구글 애널리틱스 실습 – GA4

STEP 1 **디버그 페이지에서 매개변수 살펴보기**

실습 페이지(https://www.turtlebooks.co.kr/ga4/parameter)에 접속합니다. [페이지 이동하기] 버튼을 누르면 다음 주소로 이동합니다.

https://www.turtlebooks.co.kr/ga4/item/apple?utm_source=instagram&utm_medium=referral&utm_
campaign=spring_sale&utm_term=apple&utm_content=apple

그림 9-7 매개변수 일부

디버그 페이지에서 page_view를 살펴봅시다. '매개변수'에서 campaign, content, source, medium, term을 확인할 수 있을 것입니다. 각각을 살펴보면 링크에 기록되어 있는 UTM 매개변수의 값이 담겨 있는 것을 확인할 수 있습니다.

6.8절 '[실전] 회원 가입 이벤트 분석하기'를 다시 떠올려봅시다. 우리는 가입(sign_up) 이벤트의 가입 방법(method) 매개변수와 가입 시도(try_sign_up) 이벤트의 단계(step) 매개변수를 데이터로 확인하기 위해 맞춤 측정기준으로 등록했습니다.

이를 다시 생각해봅시다. 디버그 페이지에는 구글 애널리틱스가 수집하는 이벤트의 상세 정보가 표시됩니다. 하지만 우리가 이 모든 정보에 접근할 수 있는 것은 아닙니다. 우리는 구글 애널리틱스가 제공하는 기본 정보만을 확인할 수 있을 뿐입니다. 이때 더 상세한 정보를 확인하기 위해 우리는 맞춤 측정기준(항목)을 등록합니다. 이에 따라 구글 애널리틱스는 해당 정보를 데이터 분석용으로 제공하게 되고 우리는 좀 더 심도 깊은 데이터 분석을 할 수 있게 되는 것입니다.

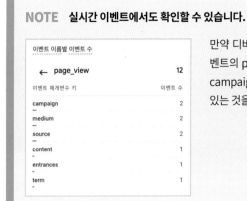

만약 디버그 페이지를 확인할 수 없는 환경이라면 실시간 이벤트의 page_view 혹은 user_engagement를 확인합니다. campaign, medium, source, content, term이 표시되어 있는 것을 확인할 수 있습니다.

STEP 2 맞춤 측정기준 추가하기

그림 9-8 campaign 맞춤 측정기준

디버그 페이지에 표시되는 매개변수들은 맞춤 측정기준으로 등록할 수 있습니다. 왼쪽 메뉴의 [구성]에서 [맞춤 정의]를 선택한 뒤 새 맞춤 측정기준을 추가합니다. [표 9-8]을 참고하여 나머지 맞춤 측정기준을 모두 추가합시다.

표 9-8 맞춤 측정기준 추가하기

측정기준 이름, 설명, 이벤트 매개변수	범위
campaign	이벤트
source	이벤트
medium	이벤트
term	이벤트
content	이벤트

[표 9-8]을 참고하여 나머지 맞춤 측정기준을 모두 추가합시다.

STEP 3 데이터 확인하기

	세션 소스/매체 ▾	campaign ▾ ✕	사용자
	총계		**2** 총계 대비 100%
1	**facebook / cpc**	(not set)	2
2	**facebook / cpc**	spring_sale	1
3	**facebook / cpc**	summer_sale	1
4	**facebook / cpc**	winter_sale	1

이후에 각종 보고서에서 맞춤 측정기준으로 campaign, source 등을 적용해 데이터를 좀 더 상세하게 확인할 수 있습니다.

구글 애널리틱스는 우리에게 실제 수집하고 있는 데이터의 일부만을 보여줍니다. 더 많은 데이터를 확인하기 위해서는 우리가 직접 구글 애널리틱스에게 데이터를 요청해야 합니다. 디버그 페이지에서 확인 가능한 매개변수는 맞춤 측정기준(항목)으로 등록하여 데이터를 확인할 수 있다는 점을 반드시 기억해두시기 바랍니다.

Chapter 10 기술과 인구통계 따라 배우기

우리 서비스를 사용하는 사용자들은 데스크톱과 모바일 중 어느 것을 사용할까요? 안드로이드와 아이폰 중 어느 것을 사용할까요? 우리 서비스를 사용하는 사용자들의 성별, 연령대, 관심사는 어떨까요? 이번 장에서는 기술과 인구통계를 분석하는 방법을 배워보겠습니다.

10.1 기술 보고서 용어 배우기

⬤ Demo Account   📑 기술 > 기술 개요

⌂ GA4 – Flood-It!   ⏱ 2021년 4월 1일 ~ 2021년 6월 30일

기술 보고서에서는 사용자의 기술 기반과 관련된 네이터를 확인할 수 있습니다. 사용자가 데스크톱을 사용하는지 모바일 기기(스마트폰, 태블릿)를 사용하는지 혹은 사용자가 안드로이드를 사용하는지 아이폰을 사용하는지를 확인할 수 있습니다. 사용자의 기술 기반은 서비스의 개발, 개선의 기준이 되므로 정기적으로 파악하는 것이 좋습니다.

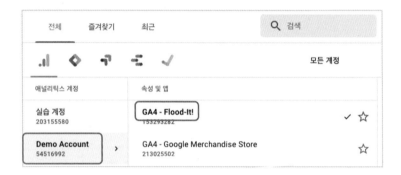

이번 절에서는 실습 계정의 'GA4 – Flood-It!' 속성을 사용합니다. 구글 머천다이즈 스토어가 웹 데이터만을 수집하는 데 반해 플루드잇은 웹과 앱 데이터를 모두 수집하기 때문에 기술 보고서를 배울 때 더 많은 정보를 확인할 수 있습니다.

Keyword 1 **플랫폼**

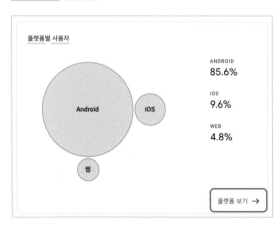

사용자가 어떤 기기 플랫폼을 사용하는지 확인할 수 있습니다. 여기서는 안드로이드(ANDROID) 사용자가 85.6%, iOS 사용자가 9.6%, 웹(WEB) 사용자가 4.8%임을 알 수 있습니다.

해당 데이터만을 살펴봤을 때 안드로이드 사용자가 많으므로 안드로이드를 집중 개발하자는 전략을 생각해볼 수 있습니다. 이런 방식의 접근은 조심할 필요가 있습니다. 안드로이드 사용자가 많은 것과 서비스의 수익이 발생하는 것은 관계가 없을 수 있기 때문입니다. 중요한 결정을 내릴 때는 여러 가지 데이터를 종합적으로 판단해야 합니다. [플랫폼 보기]를 클릭합니다.

플랫폼 ▾	+	사용자당 참여 세션수	평균 참여 시간	이벤트 수 모든 이벤트 ▾	전환 in_app_pu... ▾	총 수익
총계		2.84 평균과 동일	13분 03초 평균과 동일	13,278,911 총계 대비 100%	32 총계 대비 <0.01%	$221.37 총계 대비 100%
1 Android		2.14	7분 16초	7,087,821	20	$207.86
2 iOS		10.03	1시간 11분	6,177,547	12	$13.51
3 web		1.04	0분 00초	13,543	0	$0.00

(검색, 페이지당 행 수: 10 ▾, 1~3/3)

[플랫폼 보기]를 클릭하면 플랫폼을 측정기준으로 한 기술 세부정보 보고서로 이동합니다. 여기서 '총 수익'을 확인해보면 안드로이드에서 207.86달러, iOS에서 13.51달러의 수익이 발생한 것을 확인할 수 있습니다. 또한 전환 이벤트를 인 앱 구매(in_app_purchase)로 설정하면 앱 내에서 발생한 구매(게임 다이아 구매 같은)를 확인할 수 있습니다. 안드로이드에서 20회의 구매, 아이폰에서 12회의 구매가 발생했음을 알 수 있습니다.

사용자의 85.6%가 안드로이드를 사용하는 상태에서 안드로이드 사용자에게서 20회의 인앱 구매가 발생했고, 총 수익이 207.86달러라는 것은 수익이 많은 것일까요, 적은 것일까요? 해당 기간의 안드로이드 사용자는 78,278명이고 iOS 사용자는 8,780명인 점을 참고하여 사용자당 인 앱 구매가 많은 플랫폼이 어디이며, 사용자당 수익이 많은 플랫폼이 어디인지 직접 계산해봅시다. 계산 결과를 바탕으로 안드로이드에 집중하는 전략을 설정해야 할지, 아이폰에 집중하는 전략을 설정해야 할지 결정할 수 있을 것입니다. 이러한 방식으로 우리는 데이터를 바탕으로 의사결정을 내리는 방식을 훈련할 수 있습니다.

Keyword 2 **운영체제**

운영체제별 사용자 ▾	
운영체제	사용자
Android	7.9만
iOS	8.9천
Windows	2.6천
Macintosh	864
Linux	212
Chrome OS	60
	운영체제 보기 →

사용자가 어떤 운영체제를 사용하는지 파악할 수 있습니다. 모바일 운영체제로 안드로이드 (Android)와 iOS, 데스크톱 운영체제로 윈도우(Windows)와 맥(Macintosh)을 확인할 수 있습니다.

데스크톱 운영체제의 경우 신경 써야 하는 사항이 하나 있습니다. 한국은 맥의 결제 경험이 매끄럽지 않습니다. 맥 사용자도 쇼핑만큼은 윈도우에서 한다는 농담이 있기도 합니다. 만약 서비스에 맥 운영체제 사용자가 낳다면 서비스의 결제 경험이 매끄러운지 직접 살펴봐야 할 것입니다.

Keyword 3 **기기 카테고리별 사용자**

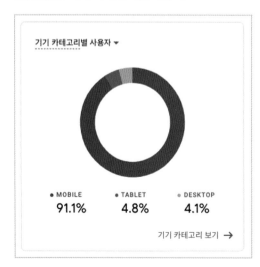

기기 카테고리별 사용자 ▾

● MOBILE **91.1%**　● TABLET **4.8%**　● DESKTOP **4.1%**

기기 카테고리 보기 →

사용자가 어떤 기기를 사용하는지, 스마트폰(MOBILE), 태블릿(TABLET), 데스크톱(DESKTOP)의 사용 비율을 쉽게 확인할 수 있습니다. 일반적으로 서비스가 앱일 경우 모바일 사용자의 비율이 높습니다. 서비스가 성장함에 따라 태블릿, 데스크톱의 사용자 비율이 증가할 것입니다. 해당 수치가 일정 비율에 도착한다면 태블릿 서비스, 웹 서비스도 고려해봐야 할 것입니다.

Keyword 4 **플랫폼/기기 카테고리별 사용자**

플랫폼 / 기기 카테고리별 사용자 ▾	
플랫폼 / 기기 카테고리	사용자
Android / mobile	7.6만
iOS / mobile	6.5천
web / desktop	3.8천
iOS / tablet	2.3천
Android / tablet	2.1천
web / mobile	621
web / tablet	22
	플랫폼 기기 보기 →

사용자의 플랫폼/기기를 파악할 수 있습니다. 여기서는 우리가 실제 기기를 부르는 방식과 데이터의 표시가 다르다는 점을 알아두어야 합니다. 우리가 '아이폰', '아이패드'라고 부르는 기기는 데이터상으로 iOS/mobile, iOS/tablet으로 표시됩니다. 이후에 각종 보고서에서 아이패드의 데이터를 확인하고 싶다면 플랫폼 혹은 운영체제로 iOS를 선택하고 기기로 tablet을 선택하면 된다는 점을 참고하시기 바랍니다.

Keyword 5 **브라우저별 사용자**

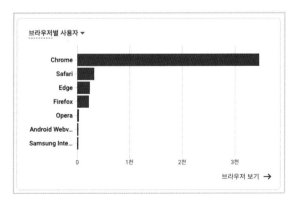

사용자가 사용하는 브라우저를 파악할 수 있습니다. 주로 확인하는 브라우저는 크롬(Chrome), 사파리(Safari), 엣지(Edge), 인터넷 익스플로러(Internet Explorer)입니다. 인터넷 익스플로러는 개발이 중단된 구형 브라우저입니다. 따라서 서비스 기획, 디자인 단계의 구상이 인터넷 익스플로러에는 적용되기 어려운 경우가 있습니다. 만약 인터넷 익스플로러 사용자가 많을 경우 최신 브라우저와 구형 브라우저 간에 제공하는 기능을 달리하는 등의 추가적인 기획 혹은 우회책이 필요할 수 있습니다.

Keyword 6 화면 해상도별 사용자

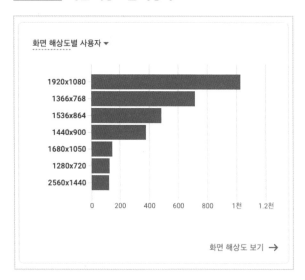

사용자의 모니터, 액정 해상도를 파악할 수 있습니다. 서비스 디자인의 해상도 기준을 결정하기 위해 사용합니다. 이때 가장 큰 해상도를 기준으로 서비스를 디자인하면 안 됩니다. 사용자가 많이 사용하는 해상도를 기준으로 서비스를 디자인해야 대부분의 사용자가 만족스럽게 사용할 수 있습니다. 1920×1080 해상도의 모니터를 사용하는 사용자는 1440×900 기준의 서비스를 쉽게 이용할 수 있지만, 반대로 1440×900 사용자는 1920×1080 기준의 서비스를 쉽게 이용할 수 없을 것이기 때문입니다.

Keyword 7 **앱 버전별 사용자**

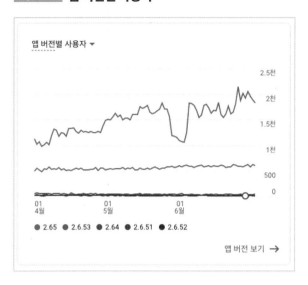

앱 버전별 사용자를 파악할 수 있습니다. 앱은 신규 버전을 배포해도 사용자가 업데이트를 하지 않는 경우가 있습니다. 정기적으로 앱 버전을 확인하여 구 버전 사용자가 줄어들고 신규 버전 사용자가 늘어나도록 관리할 필요가 있습니다. 간혹 일부 애플리케이션은 신규 버전 업데이트를 강제하는 경우도 있습니다. 이러한 결정을 하기 위해서는 구 버전 사용자가 많이 줄었거나, 더 이상 줄어들지 않는 허수 설치 앱이라는 판단을 세울 수 있어야 할 것입니다.

Keyword 8 **최신 앱 버전 개요, 앱 안정성 개요**

최신 앱 버전에 대한 정보와 안정성에 대해 확인할 수 있습니다. [조사 필요] 버튼이 표시될 경우 앱 개발자에게 이를 알리고 대응할 필요가 있습니다.

기기 모델별 사용자

기기 모델별 사용자 ▾

기기 모델	사용자
iPhone	2.9천
Chrome	2.3천
Safari	864
1820	772
1906	679
SM-G570M	639
iPhone XR	630

기기 모델 보기 →

사용자의 기기 모델을 파악할 수 있습니다. 폴더블 스마트폰, 롤러블 스마트폰과 같이 기존과 전혀 다른 형태의 기기가 출시될 경우 서비스를 이에 맞춰 대응할 것인가의 기준을 잡기 위해 해당 기기 사용자가 많은지 여부를 확인하는 데 사용합니다.

지금까지 기술 개요 보고서를 살펴봤습니다. 일반적으로 기술 영역의 보고서는 한 달에 한 번, 혹은 분기에 한 번과 같이 정기적으로 살펴보므로 자주 확인하는 보고서는 아닙니다. 여기서는 '플랫폼', '운영체제', '기기 카테고리'라는 용어를 다른 보고서에서 측정기준이나 측정항목으로 활용할 수 있다는 정도만 참고하시기 바랍니다.

10.2 인구통계와 구글 신호 데이터

- ◕ Demo Account
- ⌒ GA4 – Flood-It!

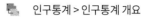 인구통계 > 인구통계 개요
⧗ 2021년 4월 1일 ~ 2021년 6월 30일

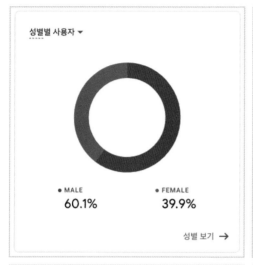

성별별 사용자 ▾

● MALE ● FEMALE
60.1% 39.9%

성별 보기 →

관심분야별 사용자 ▾

관심분야	사용자
Media & Enter...nimation Fans	6만
Shoppers	5.8만
Technology/Mobile Enthusiasts	5.6만
Sports & Fitne... Fitness Buffs	3.6만
Lifestyles & H...r Enthusiasts	3.3만
Lifestyles & H...ies/Pet Lovers	3.2만
Media & Entertainment/Gamers	3.2만

관심분야 보기 →

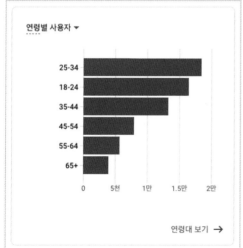

연령별 사용자 ▾

국가별 사용자 ▾

국가	사용자
India	2.2만
Brazil	1.9만
United States	9.9천
Indonesia	3.2천
Pakistan	3천
Bangladesh	2.1천
Philippines	1.7천

국가 보기 →

인구통계에서는 사용자의 성별, 관심 분야, 연령, 국가 등을 확인할 수 있습니다. 인구통계에 표시되는 각종 항목들에 대해서는 상세하게 설명하지 않더라도 쉽게 이해할 수 있을 것입니다. 인구통계 보고서는 서비스 타겟으로 설정한 페르소나(persona)와 실제 사용자의 차이를 파악하는 데 도움이 될 수 있습니다. 만약 우리 서비스의 주 페르소나를 30대 남성으로 설정했는데 인구통계 보고서에서 확인된 주 성별, 주 연령대가 20대 여성이라면 서비스의 페르소나와 실제 사용자가 일치하지 않는 것일 수 있습니다. 실제 사용자를 바탕으로 서비스의 페르소나를 수정하는 등의 후속 행동을 계획해야 할 것입니다.

자, 여기서 이런 질문을 해보겠습니다. 구글 애널리틱스는 어떻게 사용자의 성별, 관심사, 연령을 수집한 것일까요? 사용자가 회원 가입을 진행할 때 선택한 성별, 관심사, 연령을 수집한 것일까요? 그렇지 않습니다. 정답은 구글 신호 데이터(Google Signal)에 있습니다.

10.2.1 구글의 광고 개인 최적화

구글 생태계는 거대합니다. 세계 최대의 검색 엔진인 구글, 세계 최대의 동영상 플랫폼인 유튜브, 세계 최대의 기기 수를 자랑하는 안드로이드, 이 외에도 구글에는 우리가 모르는 여러 가지가 많습니다.

구글은 구글 생태계를 기반으로 온라인 마케팅 플랫폼인 '구글 애드'를 운영합니다. 구글에 검색 광고를 진행할 때, 유튜브에 비디오 광고를 진행할 때, 플레이 스토어에 광고를 진행할 때 등 웹과 앱 광고에 있어 구글 애드는 필수적인 도구나 마찬가지인 것입니다. 구글 애드는 타겟팅 가능한 플랫폼, 기기, 사용자의 규모도 거대하지만 '개인 맞춤 광고' 기능에 있어 다른 플랫폼보다 압도적인 효율을 제공합니다. 간혹 내게 표시된 온라인 광고를 살펴보면 '내가 이걸 필요로 하는 걸 대체 어떻게 안 거야?'라는 수준의 광고가 표시되기도 합니다. 이러한 개인 맞춤형 광고는 현재 우리가 구글에게 알게 모르게 개인 정보를 제공하고 있기 때문일 수도 있습니다.

광고 개인 최적화

Google 서비스(예: 검색, YouTube) 및 Google과 파트너 관계를 맺어 광고를 표시하는 웹사이트 및 앱에서 더 유용한 광고를 표시합니다. 광고가 표시되는 이유 알아보기

광고 개인 최적화 사용

고급 ∨

구글 광고 설정(https://adssettings.google.com)에 접속합니다. 아마 대부분 광고 개인 최적화가 '사용'으로 설정되어 있을 것입니다.

바로 아래 영역에서는 현재 구글이 추정하고 있는 나에 대한 정보를 확인할 수 있습니다. 구글은 저를 '연령 만 25~34세, 남자, 언어 한국어, 지역 서울'인 사용자로 추정하고 있습니다. 거주 지역이 서울이 아니라 해당 추정은 잘못되었습니다만, 연령을 추정해내는 것은 정말 대단한 일입니다. 또한 요즘에 삼성의 새로운 스마트폰을 관심 있게 찾아보고 있다는 사실도 구글이 알고 있는 상태군요.

이제 구글 생태계는 위와 같이 '추정된 나'에게 맞는 광고, 즉 '개인 맞춤 광고'가 표시될 것입니다. 그럼 '광고 개인 최적화를 사용하지 않으면 되는 것 아닌가?'라고 생각할 수도 있습니다. 하지만 광고 개인 최적화를 비활성화한다면 그때부터는 나랑 연관 없는 광고가 노출되기 시작합니다. 이를테면 개인 맞춤 광고 설정이란 "어쨌든 광고가 표시될 것이라면, 관심사에 맞는 광고를 보는 게 어때?"라고 묻는 설정인 것이나 마찬가지인 셈입니다.

이렇게 설정된 광고 개인 최적화 정보는 구글 생태계에 일부 공유됩니다. 우리가 인구통계에서 확인한 연령, 성별, 언어, 관심사가 바로 구글의 광고 개인 최적화 정보, 구글이 추정하고 있는 사용자들에 대한 정보인 것입니다.

10.3 구글 신호 데이터 활성화하기

 실습 계정
구글 애널리틱스 실습 – GA4

구글이 추정한 사용자 정보를 구글 애널리틱스에서 확인하기 위해서는 '구글 신호 데이디'를 활성화해야 합니다. 이번 절에서는 구글 신호 데이터 활성화 방법을 살펴보겠습니다.

왼쪽 메뉴 하단에서 [관리]를 클릭합니다.

[어시스턴트 설정]을 클릭합니다.

어시스턴트 설정의 속성 설정 영역에서 'Google 신호 데이터 활성화'를 확인할 수 있습니다. '광고 개인 최적화를 사용하는 Google 사용자로부터 수집한 집계 데이터를 포함합니다.'라는 설명을 통해 우리가 앞서 확인한 '추정된 나'에 대한 정보가 구글 애널리틱스에 표시된다는 사실을 알 수 있습니다. 클릭하여 설정을 진행합니다.

구글 신호 데이터가 무엇인지 자세히 읽어보고 [시작하기]를 클릭합니다.

구글 신호 데이터를 활성화하면 '새 교차 기기 기능', 'Google 데이터 활용으로 더 많은 유용한 정보 확보', '모든 기존 광고 기능' 등을 사용할 수 있다는 안내가 나옵니다. 각자 자세히 살펴보면서 구글 신호 데이터를 활성화합니다. 구글 신호 데이터 사용 설정이 완료되고 충분한 데이터가 수집되면 인구통계 정보에 사용자에 대한 정보가 표시되기 시작할 것입니다.

Chapter 11

사용자 속성 분석
따라 배우기

구글 신호 데이터를 활성화하면 우리는 사용자에 대한 정보를 더 많이 파악할 수 있게 됩니다. 사용자의 성별, 연령, 관심사 등을 파악할 수 있게 되는 것입니다. 이러한 정보는 사용자의 행동, 즉 이벤트와 관계가 없습니다. 사용자 자체에 대한 정보를 수집하고 분석할 때는 이벤트가 적합하지 않다는 뜻입니다. 그렇다면 무엇을 사용해야 할까요? 이번 장에서는 사용자 속성에 대해 알아보겠습니다.

11.1 사용자 속성이란?

[표 11-1]은 미국의 영화 배우인 브래드 피트의 연령, 키, 몸무게를 정리한 것입니다. 이런 방식으로 미국 유명 영화 배우 100인에 대한 정보를 정리했다고 가정해봅시다. 우리는 이를 바탕으로 연령이 만 25 ~ 34세인 영화 배우를 구분하거나 몸무게가 50 ~ 60kg인 영화 배우를 구분할 수 있습니다.

표 11-1 브래드 피트에 대하여

연령	만 55 ~ 64세
키	180 ~ 190cm
몸무게	80 ~ 90kg

미국 영화 배우에 대한 정보를 정리하면 우리는 미국 영화 배우를 좀 더 잘 분류하고 구분할 수 있습니다. 사용자에 대한 정보도 마찬가지입니다. 사용자에 대한 정보를 정리하면 사용자를 좀 더 잘 분류하고 구분할 수 있습니다. 이때 사용자에 대한 정보를 담는 것이 바로 사용자 속성입니다.

표 11-2 사용자 A의 속성

사용자 속성	값	구분
연령	만 25 ~ 34세	자동 수집 - 구글 신호 데이터
관심사	전자기기	자동 수집 - 구글 신호 데이터
국가	한국	자동 수집 – 인구통계
언어	한국어	자동 수집 – 인구통계
운영체제	안드로이드	자동 수집 – 기술
플랫폼	모바일	자동 수집 – 기술
광고 수신	**허용**	**직접 수집**

구글 애널리틱스는 여러 가지 데이터를 수집합니다. 이때 구글 애널리틱스는 수집된 데이터를 바탕으로 사용자를 [표 11-2]와 같은 형태로 정리합니다.

먼저 연령, 관심사를 살펴보겠습니다. 해당 정보는 구글 신호 데이터를 사용 설정한 경우에만 확인할 수 있는 정보입니다. 인구통계 보고서의 연령, 관심사에 대한 정보가 바로 구글 신호 데이터에 의해 수집되고 표시되는 정보인 것입니다.

국가, 언어, 운영체제, 플랫폼은 구글 신호 데이터의 활성과 상관없이 수집됩니다. 사용자가 서비스에 접속, 행동할 때마다 구글 애널리틱스로 전송되는 데이터에 사용자의 접속 위치(IP 정보), 브라우저의 언어 및 기기 정보가 담겨 있습니다. 구글 애널리틱스는 이를 바탕으로 사용자의 국가, 언어, 운영체제, 플랫폼을 정리하여 인구통계 보고서와 기술 보고서에 표시하는 것입니다.

여기서 집중해서 살펴봐야 하는 것은 '광고 수신'입니다. '광고 수신'은 직접 수집한 사용자 속성 정보입니다. 우리가 이벤트 분석을 위해 '직접 수집 이벤트'를 계획하고 적용하듯이 사용자 분석을 위해 '직접 수집 사용자 속성'을 계획하고 적용한 것이라고 할 수 있습니다. 이번 장에서는 사용자 속성을 수집하고 분석하는 방법을 배우게 될 것입니다.

NOTE **사전 정의된 사용자 측정기준**

사용자 속성	내용
연령 Age	18-24, 25-34, 35-44, 45-54, 55-64, 65+
국가 Country	사용자가 거주하는 국가
성별 Gender	남성, 여성
관심 분야 Interests	사용자의 관심 분야
언어 Language	기기 운영체제의 언어 설정(예: en-us)

자동 수집되는 대표적인 자동 수집 사용자 속성을 정리하면 위와 같습니다. 인구통계 보고서나 기술 보고서에서 확인할 수 있는 정보입니다. 좀 더 자세한 내용은 '[GA] 사전 정의된 사용자 측정기준'(https://support.google.com/analytics/answer/9268042) 도움말 페이지에서 확인할 수 있습니다.

11.2 사용자 속성 수집 계획하기

실습 페이지(https://www.turtlebooks.co.kr/ga4/my)에 접속합니다. 여기에는 사용자가 광고 수신에 동의하는지, 광고 수신에 동의한다면 어떤 유형의 광고 수신에 동의하는지를 수집하는 사용자 속성 수집 코드가 적용되어 있습니다. 각자 원하는 방식으로 설정하고 [설정 저장]을 클릭합니다.

디버그 페이지를 확인해보면 오렌지색으로 표시된 사용자 속성 수집 데이터를 확인할 수 있습니다. 이를 클릭해보면 수집된 사용자 속성을 확인할 수 있습니다. 여기서는 광고 수신 동의(receive_ad)가 true임을 확인할 수 있습니다.

현재 적용된 사용자 속성	
receive_ad	true
receive_ad_apple	true
receive_ad_strawberry	true

또한 디버그 페이지의 오른쪽 아래 영역에서는 현재 디버그 사용자의 속성을 확인할 수 있습니다.

바로 이것이 우리가 이번 절에서 수집할 사용자 속성입니다. 이번 절에서는 '광고 수신 동의'를 바탕으로 사용자 속성 수집을 계획하고 적용하는 방법을 배워보겠습니다.

11.2.1 이벤트와 사용자 속성은 무엇이 다른가?

앞에서 살펴본 실습 페이지에서 이런 생각을 할 수 있습니다. '대체 이벤트랑 다른 게 뭐야? 그냥 광고 수신 동의 버튼 클릭 이벤트를 만들어서 on, off 여부를 수집하고 분석하면 되는 것 아니야?' 여기까지 생각이 떠올랐다면 지금까지 학습을 정말 잘 진행한 것입니다.

실제로 현재까지 우리가 배운 구글 애널리틱스 지식으로는 해당 정보를 이벤트로 수집해도 데이터 분석을 진행하는 데 이상은 없습니다. 다만 앞으로 구글 애널리틱스를 고급 수준으로 활용하겠다는 생각이 있다면 이벤트와 사용자 속성을 구분하여 데이터를 수집할 필요가 있습니다. 이에 대해서는 앞으로 학습을 진행하면서 천천히 살펴보게 될 것입니다.

이벤트 수집과 사용자 속성 수집의 핵심적인 차이는 '행동에 대한 정보'를 수집하느냐 '사용자에 대한 정보'를 수집하느냐 입니다. 이벤트는 사용자의 '행동'을 정의하여 수집하고, 사용자 속성은 '사용자에 대해' 정의하여 수집합니다. 이벤트가 '사용자가 사과를 선택했다'는 정보에 집중한다면 사용자 속성은 '이 사용자는 사과에 관심이 있는 사용자다'라는 정보에 집중합니다.

쇼핑몰 상품 목록을 생각해봅시다. 상품 목록에는 여러 가지 상품이 있습니다. 여기서는 사용자가 '어떤 상품을 클릭하는가?'라는 행동(이벤트)을 수집합니다. 이를 바탕으로 클릭이 많이 발생하는 상품이 우선 표시되도록 상품 목록에 표시되어 있는 상품의 전시 순서를 변경할 수 있을 것입니다.

쇼핑몰의 마이 페이지를 생각해봅시다. 여기서는 사용자가 광고 수신 버튼 중 'ON을 많이 클릭하는가, OFF를 많이 클릭하는가?'라는 행동(이벤트) 데이터는 크게 의미가 없습니다. 여기서는 결국 해당 사용자가 '광고 수신에 동의한 사용자다', '광고 수신을 거부한 사용자다' 자체가 중요합니다.

이벤트로 수집하느냐, 사용자 속성으로 수집하느냐는 결국 데이터를 어떤 관점으로 생각하고 있느냐의 문제입니다. 행동에 집중할 것인지, 사용자에 집중할 것인지를 잘 생각해보시기 바랍니다.

> **NOTE 사용자 속성은 변경이 드뭅니다.**
>
> 이벤트와 사용자 속성을 구분하기가 어렵다면 해당 정보가 자주 변경되는지를 생각해보시기 바랍니다. 아마 대부분의 사용자는 가입 단계에서 설정한 광고 수신 여부를 다시는 변경하지 않을 것입니다. 반면 내가 클릭한 상품에 대한 정보는 어떨까요? 내 눈에 띄는 독특한 상품이 있을 때마다 변경될 것입니다.

11.2.2 사용자 속성 수집 계획하기

우리가 수집하려고 하는 것은 아주 명확합니다. 우리는 사용자가 [설정 저장] 버튼을 클릭했을 때 사용자가 선택한 광고 수신 여부와 수신 동의하고 있는 광고 유형을 수집할 것입니다. 잠시 이벤트 수집 계획을 세울 때의 절차를 생각해보겠습니다. 이벤트 수집 계획을 세울 때는 목표를 설정하고 사전 정의된 이벤트가 있는지 살펴봅니다. 만약 사전 정의 이벤트가 없다면 사용자 정의 이벤트를 만들어서 사용했습니다.

사용자 속성 수집에는 이러한 절차가 없습니다. 우리가 필요로 하는 사용자 속성을 정의하여 바로 수집할 수 있습니다. 다만 한 가지 조심해야 할 사항이 있습니다. age, country, gender, interests, os 같은 일반적인 명칭은 구글 애널리틱스가 수집하는 데이터 명칭과 중복이 발생할 수 있으므로 사용하지 않는 것이 좋습니다.

사용자 속성	내용	값
광고 수신 여부	receive_ad	true | false
광고 수신 유형 – 사과	receive_ad_apple	true | false
광고 수신 유형 – 딸기	receive_ad_strawberry	true | false

우리는 사용자의 광고 수신 여부에 대한 설정을 위와 같이 수집하겠습니다. 사용자의 광고 수신 여부는 receive_ad라는 사용자 속성으로 저장합니다. 이때 광고 수신을 허용할 경우 true, 수신을 거부할 경우 false라는 값으로 저장합니다. 사용자가 광고 수신을 허용할 경우 어떠한 유형의 광고를 수신할지 결정할 수 있습니다. receive_ad_apple은 사과와 관련된 광고 수신, receive_ad_strawberry는 딸기와 관련된 광고 수신 여부입니다. 이제 이를 정리하여 개발자와 협업을 진행합니다.

NOTE 서비스에 적용된 사용자 속성 정리하기

적용 경로	사용자 속성	트리거	값
/my	receive_ad	광고 수신 여부	true | false
	receive_ad_apple	광고 수신 유형 – 사과	true | false
	receive_ad_strawberry	광고 수신 유형 – 딸기	true | false

이벤트와 마찬가지로 서비스의 어떤 부분에서 어떤 사용자 속성을 설정할 수 있는지 정리하는 것이 좋습니다.

11.3 사용자 속성 코드 살펴보고 적용하기

사용자 속성 수집 계획이 수립되면 개발자와 협업을 진행합니다. 개발자와의 협업 자체에 대한 내용은 6.2절 '이벤트 코드 살펴보고 적용하기'와 크게 다르지 않으므로 생략하겠습니다. 여기서는 개발자와의 협업이 완료되고 사용자 속성 코드의 작성이 완료되었다고 가정하고 학습을 진행하겠습니다.

ⓘ **사용자 속성 코드 살펴보기**

```
gtag('set', 'user_properties', {
  receive_ad: true,
  receive_ad_apple: true,
  receive_ad_strawberry: true,
})
```

OK

실습 페이지(https://www.turtlebooks.co.kr/ga4/my)에 접속해서 [설정 저장] 버튼 오른쪽의 물음표 버튼을 클릭하면 사용자 속성 수집 코드를 확인할 수 있습니다. 이벤트 코드와 마찬가지로 왼쪽에서 오른쪽으로 천천히 읽을 수 있습니다.

> 글로벌 태그(gtag, 구글 애널리틱스)야! 설정(set)해줘. 사용자 속성(user_properties)을! receive_ad(광고 수신 여부)를 true(허용), receive_ad_apple(광고 수신 유형 – 사과), receive_ad_strawberry(광고 수신 유형 - 딸기)를 true(허용)로!

이후 사용자가 광고 관련 설정을 변경할 경우 해당 코드에 의해 사용자 속성이 수집될 것입니다.

> **NOTE** **디버그 페이지에 사용자 속성 수집 정보가 표시되지 않아요.**
> 구글 애널리틱스는 사용자 속성 정보를 바로 수집하지 않습니다. 다른 이벤트 정보를 수집할 때 사용자 속성 정보를 같이 수집합니다. 따라서 서비스에서 사용자 속성을 구현한 버튼을 클릭해도 디버그 페이지에 사용자 속성 수집이 바로 표시되지 않을 수 있습니다. 이때는 다른 페이지로 이동하거나 다른 이벤트가 적용된 버튼 클릭 혹은 특정 행동을 합니다. 해당 이벤트 정보와 함께 사용자 속성 정보가 수집될 것입니다. 또한 사용자 속성은 변경이 발생할 때만 수집됩니다. 광고 수신이 허용에서 거부로, 거부에서 허용으로 변

경될 때에만 수집됩니다. 사용자 속성 수집 정보가 제대로 이루어지고 있는지 확인할 때는 위 두 가지를 참고하시기 바랍니다.

11.4 사용자 맞춤 측정기준 추가하기

수집한 사용자 속성을 분석하기 위해서는 구글 애널리틱스에서 해당 데이터를 확인하겠다는 설정을 해야 합니다. 맞춤 측정기준을 추가해야 하는 것입니다.

이번 장에서는 사용자 속성 수집 계획, 사용자 속성 코드 적용, 현재 맞춤 측정기준 추가의 순서를 거치고 있습니다. 실제 업무에서는 사용자 속성 수집 계획이 완료되고 개발자와 논의하여 구현이 시작될 때 맞춤 측정기준으로 등록해야 실제 수집 시점과 데이터 분석 시점이 일치될 것입니다. 이는 앞서 이벤트 수집을 계획/적용/분석할 때와 마찬가지입니다.

왼쪽 메뉴의 [구성]에서 [맞춤 정의]를 선택한 뒤 새 맞춤 측정기준을 추가합니다. 이때 범위를 반드시 '사용자'로 설정해야 합니다.

표 11-3 맞춤 측정기준 추가하기

측정기준 이름, 설명, 사용자 속성	범위
receive_ad	사용자
receive_ad_apple	사용자
receive_ad_strawberry	사용자

[표 11-3]을 참고하여 나머지 맞춤 측정기준을 모두 추가합시다.

맞춤 측정기준 추가가 완료되면 보고서의 측정기준, 측정항목 혹은 비교군, 잠재고객, 세그먼트 등에서 사용할 수 있습니다. 이에 대해서는 12장 '잠재고객 따라 배우기'와 15장 '잠재고객과 잠재고객 이벤트 트리거 따라 배우기'에서 더 살펴보겠습니다.

Chapter 12

잠재고객 따라 배우기

Step 2에서 지금까지 배운 내용을 다시 살펴보면, 획득 보고서의 캠페인/소스/매체, 기술 보고서의 사용자 기술 기반, 인구통계 보고서의 사용자 정보, 그리고 사용자 속성 수집과 분석 방법입니다. 여기서 배운 정보들은 데이터 분석을 진행하는 데도 유용하지만 우리가 원하는 고객을 구분하는 데도 유용합니다. 이번 장에서는 지금까지 배운 정보를 바탕으로 잠재고객을 만들어보겠습니다.

12.1 구글 머천다이즈 스토어 잠재고객 살펴보기

🔵 Demo Account
⌂ GA4 – Google Merchandise Store

우리는 4장 '데이터 더 상세하게 파악하기'에서 사용사의 국가를 바탕으로 한국 사용자(kr_users) 잠재고객을 만들어본 적이 있습니다. 당시에는 구글 애널리틱스의 기본기를 전반적으로 살펴보는 것이 목적이었기 때문에 잠재고객에 대해 자세히 다루지 못했습니다. 이번 절에서는 구글 머천다이즈 스토어의 잠재고객을 살펴보고 앞으로 우리가 어떠한 방식으로 잠재고객을 실습할 것인지 알아보겠습니다.

왼쪽 메뉴의 [구성]에서 [잠재고객]을 선택하면 잠재고객 목록을 확인할 수 있습니다.

잠재고객 이름	설명
Android Viewers	Those that have viewed Android products
Campus Collection Category Viewers	Those that have viewed the campus collection category page
Engaged Users	Users that have viewed > 5 pages
Added to cart & no purchase	Added an item to the cart but did not purchase
Purchasers	Users that have made a purchase
Users in San Francisco	Users in San Francisco
Recently active users	Users that have been active in the past 7 days
All Users	All users

그림 12-1 잠재고객 목록

[그림 12-1]과 같이 구글 머천다이즈 스토어에서 사용하고 있는 잠재고객 목록이 표시됩니다. 이를 통해 우리는 구글 머천다이즈 스토어가 사용자를 어떻게 나누어 관리하는지를 살펴볼 수 있습니다.

표 12-1 구글 머천다이즈 스토어의 잠재고객

잠재고객 이름	설명	생성 방식
Android Viewers	안드로이드 상품을 봄	페이지 기반
Campus Collection Category Viewers	캠퍼스 컬렉션 카테고리를 봄	페이지 기반
Engaged Users	페이지를 5회 이상 조회함	이벤트 기반
Added to cart & no purchase	상품을 장바구니에 담았지만 구매하지 않음	전자상거래 이벤트 기반
Purchasers	물건을 구매함	전자상거래 이벤트 기반
Users in San Francisco	샌프란시스코 사용자	인구통계 기반
Recently active users	지난 7일간 활성 사용자	이벤트 기반
All Users	모든 사용자	이벤트 기반

구글 머천다이즈 스토어의 잠재고객을 정리하면 [표 12-1]과 같습니다. 잠재고객 이름과 설명을 바탕으로 대략적으로 어떤 방식으로 활용 가능한지 상상할 수 있을 것입니다. 특히 여기서는 'Added to cart & no purchase' 잠재고객이 눈에 띕니다. 구글 머천다이즈는 상품을 장바구니에 담았지만 구매하지 않은 사용자를 어떻게 활용하는 것일까요? 상상해봅시다. 아마도 이런 사용자에게는 별도의 쿠폰을 제공해서 장바구니에 담은 상품을 구매하도록 유도하지 않을까요? 바로 이것이 우리가 잠재고객을 배워야 하는 이유입니다. 원하는 조건으로 사용자를 정확하게 구분할 수 있을 때, 우리는 해당 사용자에게 맞는 수익화 전략 등을 취할 수 있습니다. 사용자를 정확하게 구분하는 것이 곧 서비스 자체가 되는 것입니다.

우리는 12장 '잠재고객 따라 배우기'와 15장 '잠재고객과 잠재고객 이벤트 트리거 따라 배우기', 2개 장에 걸쳐 잠재고객 만드는 방법을 배울 것입니다. 이번 장에서는 페이지 기반, 인구통계 기반, 기술 기반, 사용자 속성 기반의 잠재고객 만드는 방법을 알아보겠습니다. 여기서 배우는 잠재고객 만들기는 이벤트 기반의 잠재고객을 만드는 기본기가 됩니다. 직접 실습해보면서 잠재고객을 만들어봅시다.

12.2 페이지 기반 잠재고객 만들기

🥧 실습 계정

⛰ 구글 애널리틱스 실습 – GA4

3.4절 '페이지 및 화면 보고서 따라 배우기'에서는 페이지 제목과 경로를 바탕으로 데이터를 분석했습니다. 데이터 분석에 사용하는 측정기준과 측정항목은 잠재고객을 만드는 데도 사용할 수 있습니다. 페이지 제목과 페이지 경로를 기반으로 잠재고객을 만들면 페이지 기반 잠재고객이 되는 것입니다.

실습을 진행할 때 주의해야 할 점이 하나 있습니다. 우리는 구글 머천다이즈 스토어의 잠재고객을 살펴보면서 잠재고객을 직접 만들어볼 것입니다. 하지만 우리에게는 구글 머천다이즈 스토어 계정에 잠재고객을 생성할 수 있는 권한이 없습니다. 따라서 잠재고객 만들기 실습은 '실습 계정'에서 이루어집니다. 이에 주의하여 실습 계정을 선택하시기 바랍니다.

STEP 1 구글 머천다이즈 스토어의 잠재고객 상세히 살펴보기

잠재고객 이름	설명	사용자 ⑦	변동률(%)	생성일 ↓		
Android Viewers	Those that have viewed Android products	1,211	↑14.6%	2020. 11	→	대시보드에 적용
Campus Collection Category V...	Those that have viewed the campus collection cat...	4,196	↓6.7%	2020. 11	◉	보기
Engaged Users	Users that have viewed > 5 pages	30,241	↑29.4%	2020. 10...		

실제 잠재고객을 만들기 전에 구글 머천다이즈 스토어의 잠재고객이 어떤 방식으로 생성되었는지 살펴볼 것입니다. 구글 머천다이즈 스토어 잠재고객 목록에서 각 잠재고객 목록 오른쪽의 더보기 버튼을 클릭하여 [보기]를 클릭하면 잠재고객이 어떻게 구성되어 있는지 확인할 수 있습니다.

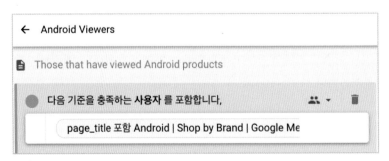

그림 12-2 Android Viewers 잠재고객

Android Viewers의 구성을 살펴보면 [그림 12-2]와 같습니다. page_title이 Android | Shop by Brand | Google Merchandise Store를 포함하는 경우 Android Viewers 잠재고객에 속하도록 설정된 것을 알 수 있습니다.

STEP 2 **페이지 제목 기반 잠재고객 만들기**

⚙ **살펴보기**

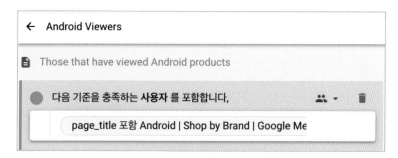

Android Viewers 잠재고객은 페이지 제목(page_title)을 기반으로 만들어진 잠재고객입니다.

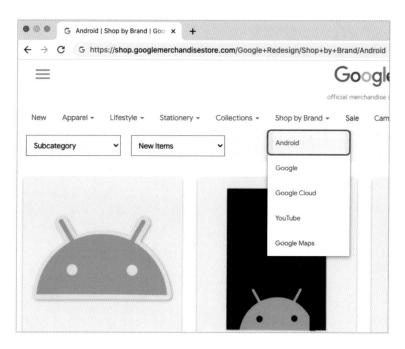

2021년 8월을 기준으로 구글 머천다이즈 스토어 [Shop by Brand] 메뉴의 [Android]를 클릭하면 페이지 제목이 'Android | Shop by Brand | Google Merchandise Store'인 페이지

에 접속할 수 있습니다. Android Viewers 잠재고객은 해당 페이지에 접속한 사용자를 구분하는 잠재고객인 것입니다.

⚙️ 만들기

실습 페이지(https://www.turtlebooks.co.kr/ga4/item/apple)에 접속합니다. 페이지 제목이 '상품: 맛있는 사과'임을 확인할 수 있습니다. 페이지 제목을 확인하면 잠재고객을 생성합니다.

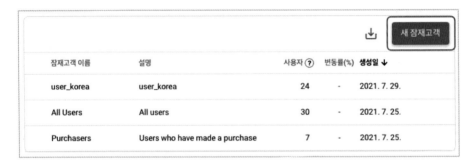

실습 계정의 잠재고객 목록에서 [새 잠재고객]을 클릭하면 잠재고객을 만들 수 있습니다.

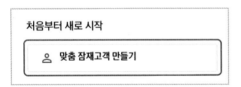

새 잠재고객 만들기 화면이 표시되면 [맞춤 잠재고객 만들기]를 클릭합니다.

맞춤 잠재고객 만들기 화면이 표시되면 '새 조건 추가'를 클릭합니다. 잠재고객은 기본적으로 해당 조건을 충족시키는 사용자를 '포함'시키는 방식으로 동작합니다. 특정 조건의 사용자를 제외시키는 방식도 있습니다만 이에 대해서는 학습을 진행하면서 알아보겠습니다.

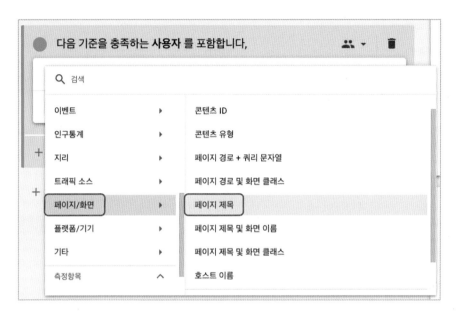

잠재고객 만들기의 측정기준과 측정항목에는 이벤트, 인구통계, 지리, 트래픽 소스, 페이지/화면, 플랫폼/기기와 같이 지금까지 우리가 살펴본 것들이 표시됩니다. 각각의 영역에 무엇이 있는지 살펴보고 선택하면 되는 것입니다. 현재 우리는 페이지 제목 기반의 잠재고객을 만들고 있으므로 '페이지/화면'에서 '페이지 제목'을 선택합니다.

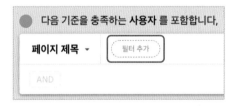

페이지 제목이 추가됩니다. [필터 추가]를 클릭해 상세 조건을 설정할 수 있습니다. [필터 추가]를 클릭합니다.

[필터 추가]를 클릭하면 지금까지 수집된 페이지 제목들이 나타납니다. 여기서 '상품: 맛있는 사과'를 클릭합니다. 만약 수집된 페이지 제목에 '상품: 맛있는 사과'가 표시되지 않는다면 직접 '상품: 맛있는 사과'를 입력합니다. [적용]을 클릭합니다.

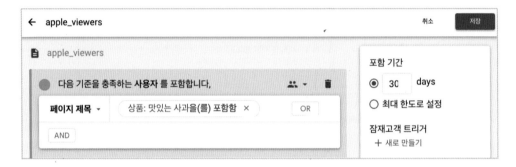

잠재고객 이름과 잠재고객 설명으로 'apple_viewers'를 입력하고 [저장]을 클릭합니다.
'apple_viewers' 잠재고객이 등록되었습니다. 이제 사용자가 '상품: 맛있는 사과' 페이지에 접속하면 해당 사용자는 'apple_viewers' 잠재고객에 추가될 것입니다.
사용자가 자신의 행동에 따라, 잠재고객의 조건에 따라 잠재고객으로 추가되는 것은 잠재고객 설정이 등록되고 난 뒤부터입니다. 게다가 잠재고객 데이터가 제대로 수집되는 데는 24~48시간 정도가 걸릴 수 있습니다. 따라서 잠재고객을 바탕으로 무엇인가 분석, 활용할 때는 가능한 한 빨리 잠재고객을 등록해야 합니다.

페이지 경로 기반 잠재고객 만들기

⚙ **살펴보기**

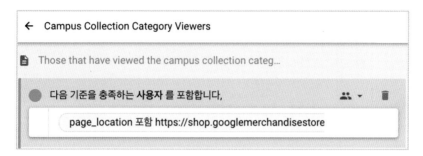

Campus Collection Category Viewers 잠재고객은 페이지 경로(page_location)를 기반으로 만들어진 잠재고객입니다. 다음 주소에 접속한 사용자를 구분하는 잠재고객입니다.

```
https://shop.googlemerchandisestore.com/Google+Redesign/Campus+Collection
```

⚙ **만들기**

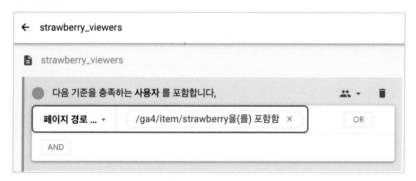

페이지 제목 기반으로 잠재고객을 만드는 것과 동일한 방식으로 잠재고객을 만들 수 있습니다. '페이지/화면' 측정기준에서 '페이지 경로 및 화면 클래스'를 선택하고 페이지 경로를 '/ga4/item/strawberry'로 설정합니다. 잠재고객 이름과 설명으로 'strawberry_viewers'를 입력하고 [저장]을 클릭해 잠재고객을 만듭니다.

이때 잠재고객 만들기 화면의 우측을 살펴보면 요약 영역에 '이 잠재고객과 일치하는 사용자 수'가 표시되는 경우가 있습니다. 이 영역은 지난 30일을 기준으로 해당 잠재고객 설정과 일치하는 사용자의 수를 예상하여 나타냅니다. 간혹 이 수치를 실제 잠재고객 수라고 오해하는 경우가 있습니다. 사용자가 잠재고객으로 수집되는 것은 잠재고객 설정이 완료된 이후부터입니다. 해당 영역은 잠재고객 설정이 제대로 이루어졌는지 확인하는 용도 정도로 이해하시기 바랍니다.

잠재고객 이름	설명	사용자 ⑦	변동률(%)
strawberry_viewers	strawberry_viewers	사용자 10명 미만	-
apple_viewers	apple_viewers	사용자 10명 미만	-

잠재고객 목록에 페이지 제목 기반 잠재고객 apple_viewers, 페이지 경로 기반 잠재고객 strawberry_viewers가 추가되면 이번 절의 학습이 완료된 것입니다.

하루 이틀 뒤 실습 페이지(https://www.turtlebooks.co.kr/ga4/item)에 접속해서 사과나 딸기를 선택하고 실시간 보고서를 확인해보면 우리가 만든 잠재고객이 측정되는 것을 확인할 수 있습니다.

> **NOTE** **페이지 제목과 페이지 경로**
>
> 페이지 제목과 페이지 경로 중 어떤 것을 바탕으로 잠재고객을 만드는 것이 좋을까요? 개인적으로는 페이지 경로를 사용하는 것을 선호합니다. 일반적으로 실제 업무에서 CMS(콘텐츠 매니지먼트 시스템)로 상품의 이름 혹은 포스팅의 제목을 변경하면 페이지 제목도 같이 변경됩니다. 따라서 일관된 데이터 분석을 진행할 수 없습니다. 반면 페이지 경로는 한 번 생성되면 상품이나 포스팅을 삭제하기 전까지는 유지되므로 좀 더 일관된 데이터 분석을 진행할 수 있습니다.

12.3 인구통계 기반 잠재고객 만들기

🥧 실습 계정

⌂ 구글 애널리틱스 실습 – GA4

페이지 기반 잠재고객을 잘 마무리했다면 나머지 잠재고객도 쉽게 만들 수 있습니다. 이번 절부터는 실제 업무에서 바로 활용 가능한 몇 가지 잠재고객을 만들어보겠습니다.

새 잠재고객 만들기 화면을 잘 살펴보면 '추천 잠재고객'이라는 영역이 있습니다. 여기에는 구글 애널리틱스가 추천하는 여러 가지 잠재고객이 표시됩니다. 일반 항목에는 최근에 활동한 사용자, 비구매자, 구매자 잠재고객이 표시됩니다만 아직 살펴볼 차례가 아닙니다. [템플릿]을 선택합시다. 템플릿을 선택하면 인구통계, 기술, 획득 기반의 잠재고객이 표시됩니다. 지금까지의 학습을 통해 각 잠재고객이 어떤 측정기준, 측정항목으로 구성되는지 추측할 수 있을 것입니다. [인구통계]를 클릭합니다.

[인구통계]를 클릭하면 12.2절 '페이지 기반 잠재고객 만들기'에서 다룬 잠재고객 만들기와는 다른 잠재고객 만들기 화면이 표시됩니다. 연령, 성별, 언어 코드, 관심 분야, 위치 등을 미리 제공하여 인구통계 기반 잠재고객을 좀 더 쉽게 만들 수 있습니다. 모습이 약간 다를 뿐이지 기능은 모두 동일합니다.

STEP 1 성별 잠재고객 만들기

인구통계 기반 잠재고객에서 가장 많이 사용하는 것은 성별 잠재고객입니다. 기본적으로 남성, 여성 잠재고객을 만들어서 사용합니다. 동일한 콘텐츠에 대해 남성과 여성의 반응이 다른 경우가 있을 수 있으므로 해당 잠재고객은 필수적으로 만드는 것이 좋습니다.

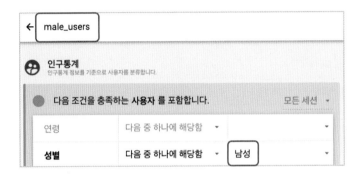

성별로 '남성'을 선택하고 잠재고객 이름으로 'male_users'를 입력하고 저장합니다.

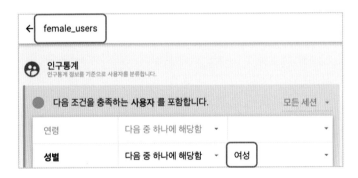

성별로 '여성'을 선택하고 잠재고객 이름으로 'female_users'를 입력하고 저장합니다.

STEP 2 연령 잠재고객 만들기

서비스의 사용 연령 폭이 넓을 경우 연령 잠재고객을 활용할 수 있습니다. 각 연령대의 반응을 확인하는 데 좋습니다.

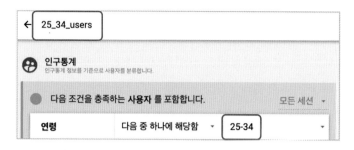

연령으로 '25-34'를 선택하고 잠재고객 이름으로 '25_34_users'를 입력하고 저장합니다.

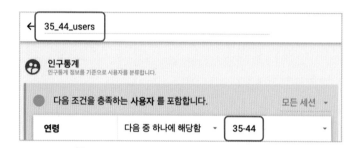

연령으로 '35-44'를 선택하고 잠재고객 이름으로 '35_44_users'를 입력하고 저장합니다.

STEP 3 복합 인구통계 잠재고객 만들기

만약 서비스의 사용자 타겟이 명확하다면 성별, 연령 등을 복합적으로 설정할 수 있습니다.
여성 쇼핑몰의 경우 '여성 25~34세' 잠재고객을 만들어 관리할 수 있을 것입니다.

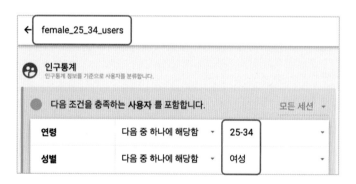

연령으로 '25-34', 성별로 '여성'을 선택합니다. 잠재고객 이름으로 'female_25_34_users'를
입력하고 저장합니다.

템플릿을 사용하지 않고 직접 만들기

잠재고객 이름	설명	사용자 ⓘ	변동률(%)
female_25_34_users		사용자 10명 미만	-
35_44_users		사용자 10명 미만	-
25_34_users		사용자 10명 미만	-
male_users		사용자 10명 미만	-
female_users		사용자 10명 미만	-

지금까지 만들어진 인구통계 기반 잠재고객은 위와 같습니다. 여기서 female_25_34_users 를 다시 살펴보겠습니다.

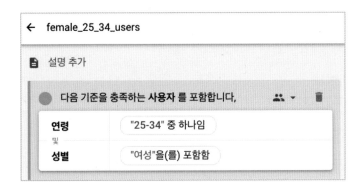

female_25_34_users의 상세 설정을 확인해보면 템플릿으로 잠재고객을 만들 때와 다른 화면이 표시됩니다. 템플릿 화면은 그저 편의를 위한 것일 뿐입니다. 그럼 바로 직접 맞춤 잠재고객을 활용해 '남성 25~35세 잠재고객'을 만들어보겠습니다.

새 맞춤 잠재고객을 성별 - 남성으로 설정했습니다. 여기서 [OR] 버튼 혹은 [AND] 버튼을 클릭해 잠재고객 조건을 추가할 수 있습니다. 여기서는 성별이 남성이면서(AND) 연령이 25~34세인 잠재고객을 만들 것이므로 [AND]를 클릭합니다.

성별 아래에 '및'이라는 설명이 표시되고 새 조건이 추가되었습니다.

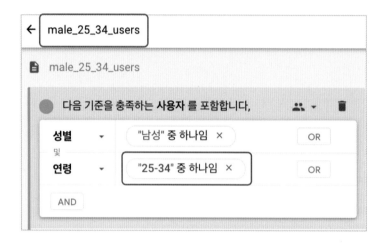

연령으로 '25-34'를 선택합니다. 잠재고객 이름과 설명으로 'male_25_34_users'를 입력하고 저장합니다.

> **NOTE 구글 신호 데이터와 인구통계 기반 잠재고객**
> 인구통계 기반 잠재고객을 사용하기 위해서는 구글 신호 데이터 사용이 활성화되어 있어야 합니다. 만약 구글 신호 데이터가 활성화되어 있지 않다면 10장 '기술과 인구통계 따라 배우기'를 참고하시기 바랍니다.

12.4 기술 기반 잠재고객 만들기

🥧 실습 계정

⌂ 구글 애널리틱스 실습 – GA4

STEP 1 **데스크톱/모바일 잠재고객 만들기**

사용자의 기술 기반으로 잠재고객을 만드는 것도 자주 사용됩니다. 잠재고객 템플릿에서 [기술]을 선택합니다.

기기 카테고리로 'desktop'을 선택합니다. 잠재고객 이름으로 'desktop_users'를 입력하고 저장합니다.

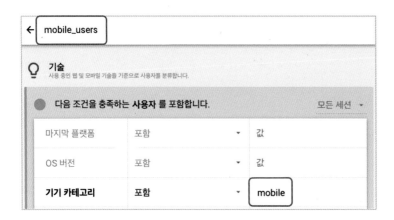

기기 카테고리로 'mobile'을 선택합니다. 잠재고객 이름으로 'mobile_users'를 입력하고 저장합니다.

STEP 2 **안드로이드/iOS 잠재고객 만들기**

만약 서비스가 모바일 웹페이지 혹은 앱 기반이라면 운영체제를 기준으로 안드로이드와 iOS 잠재고객을 만드는 것이 좋습니다.

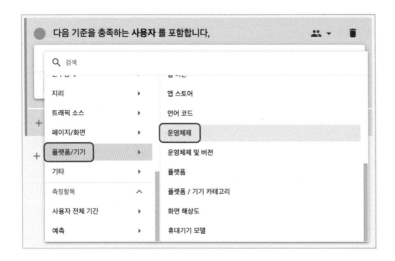

기술 템플릿에서는 운영체제를 선택할 수 없습니다. 직접 맞춤 잠재고객을 만들어야 합니다. '플랫폼/기기'에서 '운영체제'를 선택합니다.

운영체제의 값을 선택하면 Macintosh, iOS, Android, Windows, Linux가 표시됩니다. 여기서 iOS와 Android는 모바일 운영체제이고 나머지는 데스크톱 운영체제입니다.

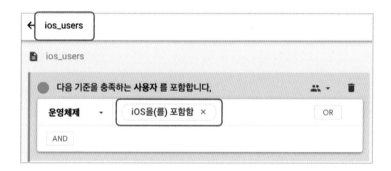

운영체제를 'iOS'로 선택하고 잠재고객 이름으로 'ios_users'를 입력하고 저장합니다.

운영체제로 'Android'를 선택하고 잠재고객 이름으로 'android_users'를 입력하고 저장합니다.

안드로이드와 iOS는 세부적인 조작법에 차이가 있습니다. 특히 페이지나 화면의 내비게이션 방법에 큰 차이가 있습니다. 따라서 안드로이드에서는 매끄러운 사용자 경험이 iOS에서는 매끄럽지 않다거나 iOS에서는 매끄러운 사용자 경험이 안드로이드에서는 매끄럽지 않은 경우가 있습니다. 안드로이드 잠재고객과 iOS 잠재고객을 만들어 중요 전환 시표를 정기적으로 살펴보시기 바랍니다.

12.5 획득 기반 잠재고객 만들기

🥧 실습 계정

🎯 구글 애널리틱스 실습 – GA4

사용자 획득 방법에 따라 행동 양식에 차이가 발생하기도 합니다. 여기서는 사용자의 획득 방법을 크게 두 가지로 나누어보겠습니다. 광고로 획득된 사용자는 'Paid' 잠재고객으로, 광고가 아닌 방식으로 획득된 사용자는 'Non-Paid' 잠재고객으로 만들어보겠습니다.

```
https://www.turtlebooks.co.kr/ga4/event/summer_sale?utm_campaign=summer_sale&utm_source=
facebook&utm_medium=cpc
```

잠시 캠페인 링크를 살펴보겠습니다. 위의 캠페인 링크는 9.1절 '캠페인 링크 살펴보기'에서 사용한 딸기 판매 페이지의 주소입니다. UTM 매개변수를 바탕으로 해당 링크가 페이스북(소스, source)에 게시되는 cpc 방식의 광고 링크(매체, medium)라는 사실을 알 수 있습니다.

여기서 우리는 매체(medium)를 어떻게 설정하느냐에 따라 유료 매체(Paid)인지 유료 매체가 아닌지(Non-Paid)가 결정된다는 것을 알 수 있습니다. cpc(cost-per-click)는 클릭당 광고 비용이 지불되므로 Paid 방식이라고 할 수 있습니다. 서비스마다 cpc 외에도 여러 가지 방식의 유료 매체가 혹은 유료 채널이 사용되고 있을 것입니다만, 여기서는 cpc만을 유료 매체로 다루어 실습을 진행하겠습니다.

무엇으로 사용되느냐에 따라 해당 캠페인이 Paid인지(돈을 지불했는지) Non-Paid인지(돈을 지불하지 않았는지)를 알 수 있습니다. 여기서는 cpc만을 Paid 매체로 여기고 실습을 진행하겠습니다.

STEP 1 Paid 잠재고객 만들기

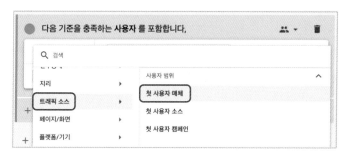

'트래픽 소스' 측정기준에서 '첫 사용자 매체'를 선택합니다.

첫 사용자 매체가 cpc와 '정확하게 일치'하도록 설정합니다.

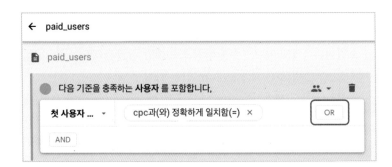

만약 서비스를 운영하면서 유료 매체(Paid Medium)로 affiliate(제휴)가 늘어났다고 가정해보겠습니다. 이때 paid_users 잠재고객에는 사용자 매체가 cpc 혹은 affiliate인 사용자가 포함되어야 합니다. [OR] 버튼을 클릭해 조건을 추가할 수 있습니다.

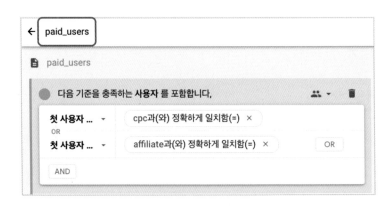

첫 사용자 매체가 affiliate와 '정확하게 일치'하는 설정을 추가합니다. 이제 paid_users 잠재고객은 첫 사용자 매체가 cpc와 정확하게 일치하거나 혹은(OR) 첫 사용자 매체가 affiliate와 정확하게 일치하는 사용자를 포함하게 됩니다. 잠재고객 이름과 설명으로 'paid_users'를 입력하고 저장합니다.

STEP 2 Non-Paid 잠재고객 만들기

Paid 잠재고객이 첫 사용자 매체가 cpc, affiliate인 사용자를 포함하는 잠재고객이라면 Non-Paid 잠재고객은 첫 사용자 매체가 cpc, affiliate인 사용자를 제외하면 될 것입니다. 이를 위해서는 사용자를 '제외'하는 방식의 잠재고객을 만들어야 합니다.

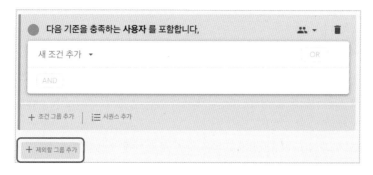

잠재고객 만들기 화면에서 쓰레기통 아이콘을 클릭해 포함 조건을 제거하고 [제외할 그룹 추가]를 클릭합니다.

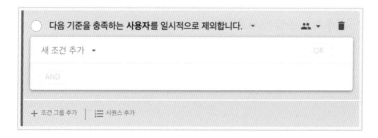

이제 잠재고객에서 사용자를 제외할 수 있는 조건을 설정할 수 있습니다.

첫 사용자 매체가 cpc와 정확하게 일치 혹은 첫 사용자 매체가 affiliate와 정확하게 일치하는 경우 잠재고객 사용자에서 제외되도록 설정합니다. 잠재고객 이름과 설명으로 'non_paid_users'를 입력하고 저장합니다.

이렇게 생성된 Paid 잠재고객과 Non-Paid 잠재고객을 각종 보고서에 적용해보면 수익, 참여 측면에서 다른 모습을 보일지 모릅니다. Paid 잠재고객의 수익이 높다면 왜 그런 것일까요? Non-Paid 잠재고객의 참여가 높다면 왜 그런 것일까요? Paid 잠재고객이 주로 구매한 상품을 Non-Paid 잠재고객은 살펴보기는 한 것일까요? Non-Paid 잠재고객이 자주 사용하는 기능을 Paid 잠재고객은 사용해봤을까요? 이를 고민하면서 각 잠재고객에게 어떤 상품을 보여주고, 어떤 기능을 체험시켜주면 좋을지 생각해봅시다.

12.6 사용자 속성 기반 잠재고객 만들기

실습 계정

구글 애널리틱스 실습 – GA4

11장 '사용자 속성 분석 따라 배우기'에서는 사용자의 광고 수신 여부를 사용자 속성으로 수집하는 방법을 배웠습니다. 사용자 속성 또한 잠재고객으로 활용할 수 있습니다.

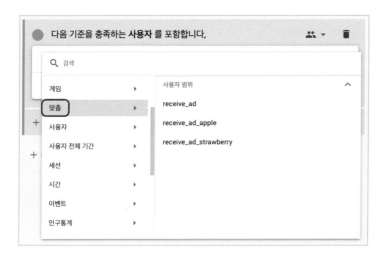

잠재고객 만들기에서 측정기준으로 '맞춤'을 선택합니다. 앞서 우리가 사용자 속성으로 수집한 receive_ad(광고 수신 여부), receive_ad_apple, receive_ad_strawberry가 표시되는 것을 확인할 수 있습니다.

이때 측정기준 '맞춤'에서 사용자 속성을 확인할 수 있다는 것에 집중해야 합니다. 만약 사용자 속성을 수집만 하고 사용자 맞춤 측정기준으로 등록하지 않는다면, 애써 수집한 사용자 속성을 활용할 수 없습니다. 사용자 속성을 수집하고 활용할 계획이 있다면 반드시 맞춤 사용자 측정기준으로 등록해야 합니다.

receive_ad(광고 수신 여부)를 true(허용)로 선택합니다. 잠재고객 이름과 설명으로 'receive_ad_true_users'를 입력하고 저장합니다.

사용자 속성은 사용자가 선택한 사용자에 대한 정보로 이루어집니다. 페이지, 기술, 인구통계가 사용자에 대한 간접 정보라면 사용자 속성은 사용자에 대한 직접 정보인 셈입니다. 사용자 속성을 어떻게 설계하느냐에 따라 서비스에 직접적인 도움을 주는 데이터 및 측정기준으로 동작할 수 있습니다. 각자 어떤 사용자 속성이 서비스에 의미 있는지 찾아보시기 바랍니다.

구글 머천다이즈 스토어에는 'Added to cart & no purchase'라는 잠재고객이 있습니다. 상품을 장바구니에 담았지만 구매하지 않은 사용자를 나타내는 잠재고객입니다. 해당 잠재고객에게 쿠폰을 제공한다면 서비스 수익을 증대시킬 수 있을지도 모릅니다. 이러한 방식은 실제로 쇼핑몰에서 자주 사용하는 마케팅 방식입니다. 이를 '장바구니 리마인드'라고 부릅니다.

장바구니 리마인드 잠재고객과 지금까지 우리가 만든 잠재고객을 비교해봅시다. 장바구니 리마인드 잠재고객은 서비스의 수익을 증대시키기 위해 사용자를 구분한다는 느낌입니다. 반면에 우리가 만든 잠재고객은 서비스의 데이터를 분석하기 위해 사용자를 구분한다는 느낌입니다. 맞습니다. 실제로 지금까지 우리가 만든 잠재고객은 데이터를 분석하기 위한 용도 그리고 기본기를 익히기 위한 용도로 구성되어 있습니다. 서비스에 의미 있는 잠재고객을 만들기 위해서는 좀 더 상세한 조건들을 적절하게 조합해야 합니다. 이에 대한 학습은 15장 '잠재고객과 잠재고객 이벤트 트리거 따라 배우기'에서 계속하겠습니다.

STEP 03

구글 애널리틱스 활용하기

드디어 구글 애널리틱스 Step 3입니다! 이제 여러분이 상상하는 데이터 분석과 활용에 대해 배울 것입니다. 구글 애널리틱스의 재미에 눈뜨는 기회가 될 것입니다.

Step 3의 목표는 데이터를 활용하는 방법을 배우는 것입니다. 먼저 실제 '사용자'를 구분하는 방법을 배우고 한 번 더 이벤트와 잠재고객을 배웁니다. 이번에 배우는 이벤트와 잠재고객은 '활용'을 염두에 두고 있으므로 잘 살펴봐야 합니다. 그리고 '전자상거래' 이벤트 수집에 대해 살펴봅니다. 사용자의 '거래'를 분석하는 방법은 물론 구글 애널리틱스의 이벤트를 실제 업무에서 어떻게 활용하는지 배울 수 있을 것입니다. 여기까지 배우고 나서는 데이터를 활용하는 방법을 배웁니다. 장바구니에 상품을 담고 구매하지 않은 사용자에게 쿠폰을 전달하는 마케팅 시스템이 어떻게 구성되어 있는지 알아볼 수 있을 것입니다.

구글 애널리틱스 Step 3을 마치면 데이터를 어떻게 '활용'할 수 있을지에 대한 아이디어가 샘솟을 것입니다. 데이터가 어떻게 서비스를 발전시킬 수 있는지 알게 될 것입니다. 데이터를 왜 수집하고 분석하는지 알게 될 것입니다. Step 3, 바로 시작하겠습니다!

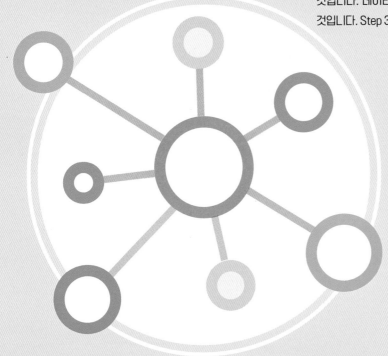

0-01010

10101-0

Chapter

13 사용자 ID 설정하기

지금까지 우리가 살펴본 데이터는 '사용자들'에 대한 데이터입니다. 지금까지 우리는 사용자들이 어떤 페이지를 많이 봤는지, 사용자들이 어떤 이벤트를 많이 발생시켰는지 확인하고 있었던 것입니다. 여기에서 한 단계 더 나아갈 수 있을까요? 특정 사용자가 어떤 페이지를 봤는지, 특정 사용자가 어떤 이벤트를 발생시켰는지 확인할 수 있을까요? 이번 장에서는 사용자 ID를 살펴보겠습니다.

13.1 구글 애널리틱스는 어떻게 사용자를 구분할까?

🌑 실습 계정

🏛 구글 애널리틱스 실습 – GA4

구글 머천다이즈 스토어의 개요 보고서입니다. 사용자가 7.3만이라는 것을 확인할 수 있습니다. 우리는 해당 수치를 보고 '아, 7.3만 명이 서비스를 사용했구나'라고 쉽게 이해하고 넘어갑니다. 여기서 잠깐 생각해봐야 할 것이 있습니다. 구글 애널리틱스의 '사용자'가 우리가 생각하는 '사용자'와 동일한 것일까요?

그림 13-1 실시간 사용자 1명

실습 페이지(https://www.turtlebooks.co.kr/ga4/user)에 접속합니다. 실습 계정의 실시간 보고서를 확인하면 [그림 13-1]과 같이 사용자가 1명으로 표시됩니다.

다시 실습 페이지로 돌아가서 [사용자 확인 링크] 버튼을 클릭합니다.

그림 13-2 공유 링크

[그림 13-2]의 공유 링크를 복사(Ctrl+C)합니다.

복사한 링크를 크롬 브라우저(실습으로 사용하고 있던 브라우저)가 아닌 다른 브라우저에 입력하고 접속합니다.

그림 13-3 실시간 사용자 2명

다시 실시간 보고서에 접속하면 [그림 13-3]과 같이 사용자가 2명으로 표시되는 것을 확인할 수 있습니다. 지금 실습 페이지를 사용하는 사람은 나 1명뿐입니다. 그런데 실시간 보고서에서는 사용자가 2명으로 표시되고 있습니다. 혹시 지금 우리가 구글 애널리틱스의 심각한 버그를 발견한 것일까요?

Name	Value
_ga	GA1.3.39767308.1628510575
_ga_PZVJCGLTH8	GS1.1.1628510575.1.1.162851...
_gat_gtag_UA_20...	1
_gid	GA1.3.788954074.1628510576

그림 13-4 브라우저 쿠키 영역에 저장된 구글 애널리틱스 정보

구글 애널리틱스의 '사용자'란 실제 사람을 의미하는 것이 아니라 '브라우저'를 의미합니다. 좀 더 정확히 말하자면 브라우저의 쿠키라는 영역에 저장된 '구글 애널리틱스 아이디'를 의미합니다. 브라우저 2개로 실습을 진행했기 때문에 사용자가 2명으로 표시된 것입니다.

사용자가 서비스에 접속하면 구글 애널리틱스는 브라우저의 쿠키 영역을 조사합니다. 만약 쿠키 영역에서 구글 애널리틱스 아이디를 찾지 못할 경우 쿠키 영역에 새로운 구글 애널리틱스 아이디를 생성합니다. 이 상황을 '새 사용자' 획득이라고 합니다. 이후 사용자가 서비스에 다시 접속하면 구글 애널리틱스는 쿠키 영역에서 구글 애널리틱스 아이디를 찾아서 이를 재사용합니다. 바로 이 상황이 '재방문'이며 해당 사용자는 '재사용자'가 되는 것입니다.

그렇다면 이러한 상황을 가정해봅시다. 사용자 A는 평소에 여러 가지 브라우저를 사용합니다. 사용자 A는 먼저 크롬 브라우저로 서비스에 처음 접속했고 로그인했습니다. 그다음 엣지

브라우저로 서비스에 처음 접속했고 로그인했습니다. 이때 사용자는 2명으로 측정됩니다. 왜일까요? 각각의 브라우저에 저장된 쿠키가 다르기 때문입니다.

실제 사람은 1명인데 측정되는 사용자는 2명이라니, 이것이 정말 맞는 걸까요? 브라우저 쿠키가 아니라 실제 사람을 사용자로 설정하는 방법은 없는 것일까요? 바로 이 시점에서 사용자 ID가 필요해지는 것입니다.

13.2 사용자 ID 설정 살펴보기

사용자 ID는 구글 애널리틱스의 기본 사용자 측정 방식(쿠키 기반 사용자 측정)을 보완하는 기능입니다. 사용자 ID를 활성화하면 구글 애널리틱스는 쿠키와 사용자의 로그인 아이디를 기반으로 데이터를 수집합니다.

13.2.1 사용자 ID 활성화하기

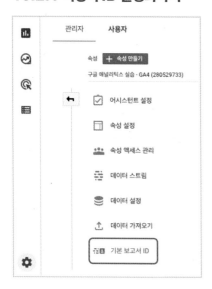

왼쪽 메뉴 하단에서 [관리]를 클릭하고 속성에서 [기본 보고서 ID]를 선택합니다.

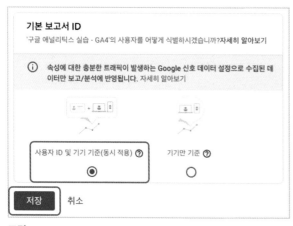

그림 13-5 기본 보고서 ID 설정하기

기본 보고서 ID에서는 구글 애널리틱스가 사용자를 식별하는 방법을 선택할 수 있습니다. [그림 13-5]와 같이 '사용자 ID 및 기기 기준(동시 적용)'을 선택하고 저장하면 구글 애널리틱스가 사용자 ID를 기준으로 데이터를 수집하게 됩니다.

13.2.2 사용자 ID란?

우리는 특정 서비스를 사용하기 위해 로그인합니다. 페이스북을 사용하기 위해 로그인하고, 유튜브를 사용하기 위해 로그인합니다. 이때 우리는 user1234 혹은 user1234@example. com 같은 아이디로 로그인합니다. 그렇습니다. 로그인 아이디 자체가 사용자를 식별하는 방식인 것입니다. 아! 그렇다면 사용자의 로그인 아이디와 구글 애널리틱스를 연결하기만 하면 되겠군요! 아니요. 그렇지 않습니다. 사용자 ID는 중요한 개인 정보입니다. 우리가 알아야 할 사항들이 몇 가지 더 있습니다.

13.2.3 사용자 ID와 PII

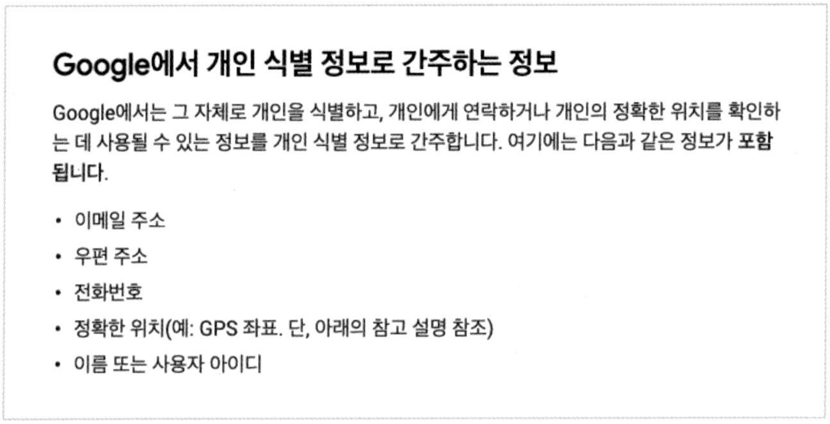

Google에서 개인 식별 정보로 간주하는 정보

Google에서는 그 자체로 개인을 식별하고, 개인에게 연락하거나 개인의 정확한 위치를 확인하는 데 사용될 수 있는 정보를 개인 식별 정보로 간주합니다. 여기에는 다음과 같은 정보가 **포함됩니다.**

- 이메일 주소
- 우편 주소
- 전화번호
- 정확한 위치(예: GPS 좌표. 단, 아래의 참고 설명 참조)
- 이름 또는 사용자 아이디

그림 13-6 구글에서 개인 식별 정보로 간주하는 정보

구글 애널리틱스는 사용자 ID를 개인 식별 정보(PII, Personally Identifiable Information)로 취급합니다. 쉽게 말해, 사용자 ID로 개인을 특정지을 수 있다는 것입니다. 이러한 정보는 유출되지 않도록 조심해야 합니다. 우리 실수로 전화번호가 유출되어 보이스 피싱이 진행된다면 정말 끔찍한 일일 것입니다. 이러한 위험성에 따라 구글 애널리틱스는 '사용자 ID에 개인 식별 정보로 간주될 수 있는 정보'를 포함하지 말라고 안내하고 있습니다. 각 항목을 자세히 살펴보면 '사용자 아이디'라는 항목을 확인할 수 있습니다. '로그인 아이디'를 사용자 ID로 설정하지 말라는 뜻입니다. 사용자의 로그인 아이디와 구글 애널리틱스를 연결할 생각이었는데, 일이 어렵게 되었습니다. 이제 어떻게 해야 할까요?

13.2.4 개발자와 협업하기

구글 애널리틱스와 연결하여 사용자를 식별하는 방법이 있는지 개발자와 논의해봅시다. 일반적으로 서비스에는 로그인 아이디 대신 사용자를 식별할 수 있는 방법이 꼭 1개(사용자 유니크 아이디) 이상이 있습니다. 이를 활용하는 것도 괜찮은 방법입니다만 개발자 역시 나름의 보안 문제를 걱정할 수 있습니다. 이러한 경우에는 사용자 ID를 나름의 방식으로 암호화해서 사용하는 방법도 고려할 수 있습니다. 구글 애널리틱스에서는 사용자 ID를 암호화(SHA256 방식으로 8자 이상의 솔트)해서 사용하는 것은 괜찮다고 안내하고 있습니다. 핵심은 개발자와 의논하여 로그인 아이디 외에 사용자를 식별할 수 있는 방안을 마련하고 적용하는 것입니다.

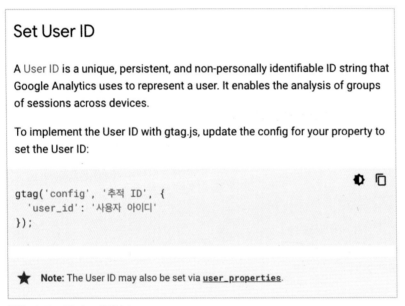

그림 13-7 사용자 ID 설정하기

PII를 고려한 사용자 식별 방식이 마련되면 구글 애널리틱스의 사용자 ID를 구현할 수 있습니다. 사용자가 로그인한 상태일 때 구글 애널리틱스에 'user_id'를 설정하면 되는 것입니다. 개발자의 도움이 반드시 필요한 부분이니 개발자에게 구글 애널리틱스 개발 문서(https://www.turtlebooks.co.kr/ga4/docs/user_id)를 전달하시기 바랍니다. 사용자 ID 설정이 완료되면 수집되는 데이터에 사용자 ID가 포함될 것입니다.

NOTE **서비스 운영 정책 확인하기**

실제 업무에서 무턱대고 사용자 ID를 적용해서는 안 됩니다. 서비스의 운영 정책에 따라 사용자 ID를 사용할 수 없는 경우가 있을 수 있습니다. 개인 정보 담당자와 사용자 ID 적용에 대해 충분히 논의하시기 바랍니다.

13.3 실습 계정 사용자 ID 설정하기

실습 환경 설정 페이지(https://www.turtlebooks.co.kr/ga4/manage)에서 사용할 사용자 ID를 설정할 수 있습니다. 각자 자신이 평소에 사용하는 아이디를 입력해봅시다.

윗부분에 사용자 ID를 입력하면 아랫부분에 암호화된 사용자 ID가 표시됩니다. 개인 정보 보호를 위해 사용자 ID를 암호화한 것입니다. 여기서는 간단한 방식의 암호화를 사용합니다. 실제 업무에서는 좀 더 복잡한 암호화 방식을 사용해야 한다는 점 참고하시기 바랍니다. [설정하기]를 클릭합니다.

사용자 ID 설정이 완료되면 [테스트]를 클릭합니다.

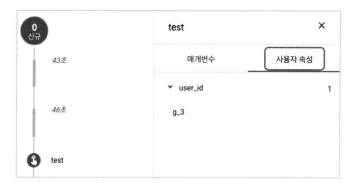

디버그 페이지에서 test 이벤트의 '사용자 속성'을 확인합니다. user_id에 암호화된 실습 설정 아이디 'g_3'가 담겨 있음을 확인할 수 있습니다.

한 번 더 살펴보겠습니다. 실습 페이지(https://www.turtlebooks.co.kr/ga4/item/apple)에 접속해서 사과를 구매합니다.

디버그 페이지에서 purchase 이벤트를 확인해보면 해당 구매가 g_3 사용자에 의해 발생한 것임을 알 수 있습니다.

사용자 ID 기능을 적용하면 구글 애널리틱스의 활용성이 크게 증대됩니다. 어떤 사용자가 사과를 장바구니에 담았을까? 어떤 사용자가 사과를 장바구니에 담고 구매하지 않았을까? 해당 사용자들을 파악하여 쿠폰을 제공한다면 수익이 얼마나 증가할까? 사용자 ID 하나만을 살펴봤을 뿐인데 벌써부터 구글 애널리틱스를 활용할 여러 가지 아이디어가 떠오르지는 않나요? 구글 애널리틱스 Step 3에서는 서비스의 수익을 증대시키는 여러 가지 방법들을 배우게 됩니다. 나머지 부분도 재미있게 학습해봅시다.

13.4 [필수] 사용자 ID 맞춤 측정기준 등록하기

11.4절 '사용자 맞춤 측정기준 추가하기'에서는 사용자 속성을 사용자 맞춤 측정기준으로 등록할 수 있음을 알아봤습니다. 사용자 ID를 설정하면 구글 애널리틱스 이벤트 데이터에 '사용자 속성'으로 'user_id'가 수집됩니다. 이 또한 사용자 맞춤 측정기준으로 등록할 수 있습니다.

사용자 ID가 맞춤 측정기준으로 설정된 뒤에는 각종 보고서에서 이벤트를 발생시킨 사용자를 파악할 수 있습니다. 구글 애널리틱스를 활용한 고급 분석의 시작점이 되는 부분이므로 반드시 실습하시기 바랍니다.

STEP 1 사용자 ID 맞춤 측정기준 등록하기

그림 13-8 사용자 ID 맞춤 측정기준 등록하기

사용자 맞춤 측정기준을 추가합니다. [그림 13-8]과 같이 범위를 '사용자'로 설정하고 측정기준 이름, 설명, 사용자 속성을 모두 'user_id'로 입력하고 저장합니다.

설정이 완료되면 데이터 확인을 위해 각자 실습 페이지(https://www.turtlebooks.co.kr/ga4/item)에서 과일을 선택하고, 장바구니에도 담아보고, 구매해보시기 바랍니다. 하루 이틀 뒤 데이터를 확인할 수 있습니다.

사용자 ID 맞춤 측정기준 활용하기

⚙ **표준 보고서에서 활용하기**

🔍 purchase	⊗			페이지당 행 수: 10 ▼	1~1/1
이벤트 이름 ▾	user_id ▾ ✕	↓이벤트 수	총 사용자	사용자당 이벤트 수	총 수익
총계		**3** 총계 대비 1.99%	**1** 총계 대비 9.09%	**3.00** 평균 대비 -96.03%	**₩14,867** 총계 대비 100%
1　purchase	g_3	3	1	3.00	₩14,867

그림 13-9 user_id를 적용한 이벤트 보고서

[그림 13-9]는 보조 측정기준으로 user_id를 적용한 이벤트 보고서에서 purchase 이벤트를 검색한 모습입니다. 구매 이벤트를 발생시킨 사용자 ID를 확인할 수 있습니다. 여기서는 사용자 ID가 'g_3'인 사용자의 구매 횟수가 3회이고 총 구매 금액이 14,867원임을 알 수 있습니다.

⚙ **탐색 보고서에서 활용하기**

이벤트 이름	user_id	↓이벤트 수
총계		**768** 총계 대비 100%
1　scroll	(not set)	203
2　page_view	(not set)	180
3　user_engagement	(not set)	96
4　session_start	(not set)	64
5　page_view	g_3	31
6　first_visit	(not set)	30
7　try_sign_up	(not set)	26
8　add_to_cart	(not set)	20
9　scroll	g_3	17

그림 13-10 user_id를 적용한 탐색 보고서

[그림 13-10]은 측정기준으로 이벤트 이름과 사용자 속성 user_id를 설정한 탐색 보고서입니다. 이벤트를 발생시킨 사용자 ID를 확인할 수 있습니다. 여기서는 사용자 ID가 'g_3'인 사용자의 page_view가 31회 발생했음을 알 수 있습니다.

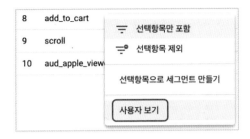

사용자 ID가 활성화된 상태일 경우 탐색 보고서는 재미있는 추가 기능을 제공합니다. 탐색
보고서의 항목을 마우스 오른쪽 버튼으로 클릭하면 나타나는 [사용자 보기]를 클릭합니다.

그림 13-11 사용자 개별화 분석

[사용자 보기]를 선택하면 [그림 13-11]과 같이 '사용자 개별화 분석' 기법이 적용된 보고서가
표시됩니다. 앱 인스턴스 ID에서 'g_3' 사용자 ID를 확인할 수 있습니다. 'g_3'를 클릭하여
좀 더 상세한 정보를 확인해보겠습니다.

> **NOTE g_3 사용자의 원래 사용자 ID 파악하기**
>
> 사용자 ID 'g_3'는 암호화가 적용되어 있는 상태입니다. 따라서 이를 원래 사용자 ID로 복원할 필요가 있
> 습니다. 개발자와 논의하여 암호화된 사용자 ID를 원래 사용자 ID로 복원하는 시스템을 마련해야 할 것입
> 니다. 이러한 시스템이 개발되었다면 서비스 수익에 직접적인 도움이 될 수 있습니다. 구글 애널리틱스로
> 장바구니에 물건을 담고 구매하지 않은 사용자들의 암호화된 ID를 추출한 뒤 이를 실제 사용자 ID로 변환
> 하여 해당 사용자들에게 쿠폰을 제공하는 등의 서비스 기능을 개발할 수 있을 것입니다.

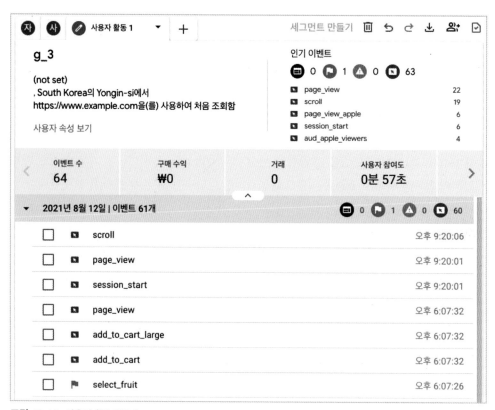

그림 13-12 사용자 활동 보고서

이제 [그림 13-12]와 같이 g_3 사용자의 상세한 행동을 파악할 수 있습니다. 언제, 어떤 행동을 파악하는지 확인할 수 있습니다. 사용자 개별화 분석 보고서는 자주 사용하는 편은 아닙니다. 가끔 특정 사용자의 행동을 파악해야 하는 경우에만 사용하므로 이런 보고서가 있다는 것만 참고하면 될 것입니다.

맞춤 이벤트 따라 배우기

'사전 정의 이벤트'와 '사용자 정의 이벤트'에 대해 생각해봅시다. 사전 정의 이벤트는 구글 애널리틱스에서 미리 정의한 이벤트를 말하고, 사용자 정의 이벤트는 사전 정의 이벤트가 없을 때 우리가 직접 정의하여 사용하는 이벤트를 말합니다.

사용자 정의 이벤트는 개발자와 협업하여 만들어집니다. 이벤트 수집 계획을 세우고, 이벤트 확인 계획을 세우고, 이벤트 수집 코드를 적용하면 서비스에서 사용자 정의 이벤트를 수집할 수 있습니다. 이런 상황을 가정해봅시다. 개발자가 너무 바빠서 사용자 정의 이벤트를 적용할 여유가 없는 것입니다. 개발자에게 여유가 생길 때까지 기다려야 할까요? 그렇지 않습니다. 구글 애널리틱스는 우리에게 기존 이벤트를 활용해 새로운 이벤트를 만드는 방법을 제공합니다. 이번 장에서는 맞춤 이벤트를 배워보겠습니다.

14.1 맞춤 이벤트란?

6.6절 '이벤트 분석 정리하기'에서 정리한 이벤트 분석의 흐름을 다시 살펴봅시다. 이벤트 수집이 필요할 경우 제일 먼저 해야 하는 일은 사전 정의 이벤트가 있는지 조사하는 것입니다. 만약 사전 정의 이벤트가 있다면 사전 정의 이벤트를 사용합니다.

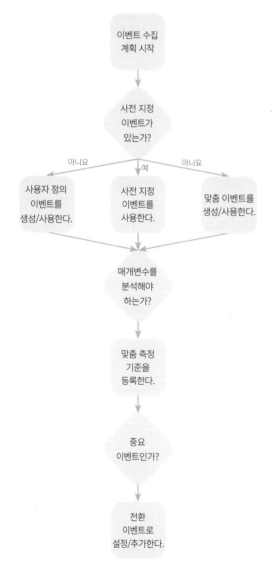

그림 14-1 이벤트 분석의 흐름

만약 사전 정의 이벤트가 없다면 어떻게 해야 할까요? 6장 '이벤트 분석 따라 배우기'에서는 사용자 정의 이벤트를 만들어서 사용했습니다. 이벤트를 정의하고 개발자와 논의하여 사용자 이벤트를 수집하는 프로그래밍 코드를 만들고 적용했습니다.

이번에는 살짝 다른 방향에서 생각해봅시다. 어떤 면에서 사용자 정의 이벤트 수집의 핵심은 개발자의 유무라고도 할 수 있습니다. 실제 서비스에 이벤트 수집 프로그래밍 코드를 만들고 적용해줄 개발자가 있느냐 없느냐에 따라 사용자 정의 이벤트를 사용할 수 있느냐 없느냐가 결정되는 것입니다.

이런 상황을 예로 들어봅시다. 현재 여러 가지 과일을 판매하고 있습니다. 요즘에는 사과가 정말 잘 팔리고 있습니다. 이에 따라 사과 페이지를 다른 페이지와 구분하여 관리하고 싶습니다. 만약 개발자가 있었다면 사용자가 사과 페이지에 접속했을 때 'page_view_apple'이라는 이벤트를 수집할 수 있었겠지만 우리 서비스에는 개발자가 없습니다. 어떻게 해야 할까요?

바로 이럴 때 '맞춤 이벤트'를 사용할 수 있습니다. 맞춤 이벤트를 사용하면 이벤트로 이벤트를 만들어낼 수 있습니다. 개발자가 없어도 page_view_apple 이벤트를 만들어낼 수 있는 것입니다. 바로 다음 절에서 살펴보겠습니다.

14.2 도착 이벤트 만들기

🔵 실습 계정

⛰️ 구글 애널리틱스 실습 – GA4

우리가 처음으로 만들어볼 맞춤 이벤트는 '도착 이벤트'입니다. 사용자가 특정 페이지에 도착했을 때 발생하는 이벤트이므로 '도착 이벤트'라고 부르겠습니다.

사용자가 사과 페이지(https://www.turtlebooks.co.kr/ga4/item/apple)에 접속할 경우 page_view 이벤트가 발생합니다. 지금까지의 학습을 통해 page_view 이벤트에는 page_location(페이지 경로), page_title(페이지 제목) 등의 매개변수가 담긴다는 사실을 알고 있을 것입니다. 이 정보를 활용하면 page_view_apple 맞춤 이벤트를 만들 수 있습니다.

STEP 1 활용 가능한 매개변수 찾기

맞춤 이벤트는 기존의 이벤트를 활용해 새로운 이벤트를 만들어내는 기능입니다. 따라서 기존 이벤트에서 활용할 수 있는 정보가 무엇인지 파악하는 것이 중요합니다. 사과 페이지에 접속하고 디버그 페이지를 살펴봅시다.

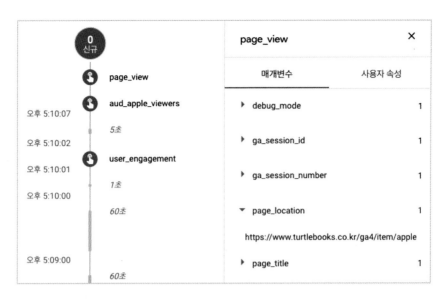

page_view 이벤트를 살펴보면 page_location 매개변수가 포함되어 있는 것을 확인할 수 있습니다. 이때 page_location에는 실습 페이지의 주소(https://www.turtlebooks.co.kr/ga4/item/apple)가 포함되어 있습니다.

이제 우리는 사용자가 페이지를 조회(page_view)했음을 알고 조회가 발생한 페이지의 주소(page_location)를 알게 되었습니다. 단 두 가지의 정보이지만 맞춤 이벤트를 만드는 데 충분합니다.

STEP 2 맞춤 이벤트 만들기

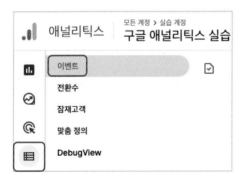

왼쪽 메뉴의 [구성]에서 [이벤트]를 선택합니다.

이벤트 목록이 표시됩니다.

이벤트 만들기가 표시되면 [만들기]를 클릭합니다.

이벤트 만들기 화면입니다. 여기서 이벤트 조건을 설정하는 방식으로 맞춤 이벤트를 만들 수 있습니다.

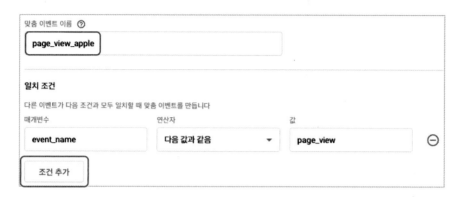

먼저 맞춤 이벤트 이름으로 'page_view_apple'을 입력합니다. 여기서 설정하는 맞춤 이벤트는 page_view_apple이라는 이름으로 발생한 것입니다. 다음 단계는 맞춤 이벤트의 조건을 설정하는 것입니다. event_name이 'page_view'와 같도록 설정합니다. page_view 이벤트를 바탕으로 맞춤 이벤트를 만들겠다는 것입니다. [조건 추가]를 클릭합니다.

조건을 추가하면 매개변수 입력 양식이 추가됩니다. 매개변수를 입력하고 조건을 설정할 수 있습니다. 제시되는 조건 연산자로 문자 혹은 숫자 매개변수 값을 다룰 수 있습니다. 문자의 경우 '같음, 같지 않음, 포함, 끝남, 시작' 등의 조건을 설정할 수 있고 숫자의 경우 '작음, 같음, 큼' 등의 조건을 설정할 수 있습니다. 여기서는 문자(페이지 주소) 조건을 설정할 것이므로 '포함(대소문자 무시)'를 선택합니다.

매개변수로 'page_location'을 입력하고, '/item/apple'을 대소문자를 무시하여 포함하는 경우를 조건으로 추가합니다.

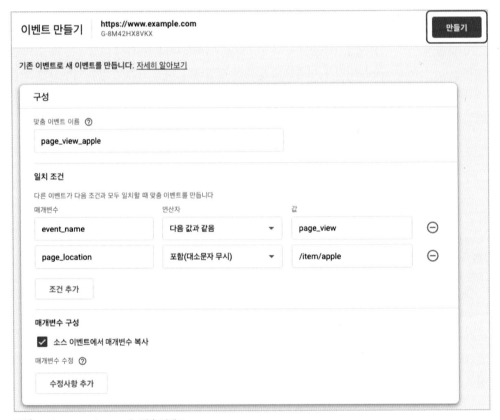

그림 14-2 page_view_apple 맞춤 이벤트

[그림 14-2]와 같이 설정이 완료되면 [만들기]를 클릭합니다. 이벤트 이름이 page_view이고 해당 이벤트의 매개변수 page_location에 /item/apple이 포함되어 있을 경우 page_view_apple 맞춤 이벤트가 발생할 것입니다.

맞춤 이벤트가 추가되면 '이벤트 만들기' 목록에서 page_view_apple 이벤트가 추가된 것을 확인할 수 있습니다.

STEP 3 **맞춤 이벤트 확인하기**

새로 만들어진 맞춤 이벤트가 실제로 수집되기 위해서는 5~10분가량이 필요합니다. 잠시 기다린 후 실습 페이지(https://www.turtlebooks.co.kr/ga4/item/)에 접속합니다. [사과]를 선택하면 사과 페이지로 이동합니다.

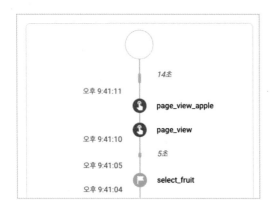

디버그 페이지에 page_view 이벤트와 함께 page_view_apple 이벤트가 발생하는 것을 확인할 수 있습니다.

도착 이벤트를 만들어봤습니다. 원본 이벤트를 선택한 뒤 활용 가능한 매개변수를 찾아서 조건을 설정하는 것만으로 쉽게 맞춤 이벤트를 만들 수 있었습니다. 다음으로 만들어볼 맞춤 이벤트는 '목표 이벤트'입니다. 활용도가 높은 맞춤 이벤트이므로 반드시 익혀두어야 합니다. 이번 절의 학습 내용이 머릿속에 정확하게 그려지지 않는다면 다음 절로 넘어가기 전에 복습을 진행합시다.

14.3 목표 이벤트 만들기

🔵 실습 계정

⛩ 구글 애널리틱스 실습 – GA4

과일

맛있는 사과입니다!

284명의 사용자가 구매했습니다.

4,100원(100g당 410원)

장바구니 담기 ⓘ

Photo by Elena Koycheva on Unsplash

실습 페이지(https://www.turtlebooks.co.kr/ga4/cart)는 쇼핑몰의 장바구니를 흉내 낸 페이지입니다. 사용자는 [장바구니 담기] 버튼을 눌러 상품을 장바구니에 담을 수 있습니다.

ⓘ 코드를 확인해보세요

```
gtag('event', 'add_to_cart', {
  currency: 'KRW',
  value: 4100,
  items: [
    {
      item_id: "ITEM_1",
      item_name: "맛있는 사과입니다!",
      item_category: "과일",
      price: 4100,
      quantity: 1
    }
  ]
})
```

OK

ⓘ 코드를 확인해보세요

```
gtag('event', 'add_to_cart', {
  currency: 'KRW',
  value: 6590,
  items: [
    {
      item_id: "ITEM_2",
      item_name: "맛있는 딸기입니다!",
      item_category: "과일",
      price: 6590,
      quantity: 1
    }
  ]
})
```

OK

[장바구니 담기] 버튼 옆의 물음표 버튼을 누르면 사과 혹은 딸기를 장바구니에 담을 때 발생하는 이벤트를 확인할 수 있습니다.

사과를 장바구니에 담을 때 발생하는 이벤트를 자세히 살펴봅시다. 살펴보면 4100(value)원(currency, 'KRW')의 상품이 장바구니에 담겼음(add_to_cart)을 알 수 있습니다. 담긴 상품은 ITEM_1(item_id)이라고 불리는 사과 1개(quantity)이며, 가격은 4100원(price)입니다. 딸기를 장바구니에 담을 때 발생하는 이벤트노 이와 같이 파악할 수 있습니다. 딸기를 장바구니에 담았을 때 발생하는 이벤트의 장바구니 가격은 6590원이고 딸기 1개가 담겨 있습니다.

이번에 우리가 만들게 될 맞춤 이벤트는 '목표 이벤트'입니다. 사용자가 특정 목표를 이루었을 때 발생하는 이벤트이므로 '목표 이벤트'라고 부르겠습니다. 이번 절에서는 사용자가 장바구니에 특정 가격 이상을 담았을 때 add_to_cart_large라는 맞춤 이벤트를 발생시켜보겠습니다.

STEP 1 활용 가능한 매개변수 찾기

사과를 장바구니에 담고 디버그 페이지를 살펴보면 장바구니 담기(add_to_cart)의 value 매개변수 값이 4100인 것을 확인할 수 있습니다. 딸기를 장바구니에 담으면 value 매개변수 값이 6590임을 확인할 수 있습니다. value 값을 활용하면 장바구니에 '특정 가격 이상' 담았을 때라는 조건을 파악할 수 있습니다.

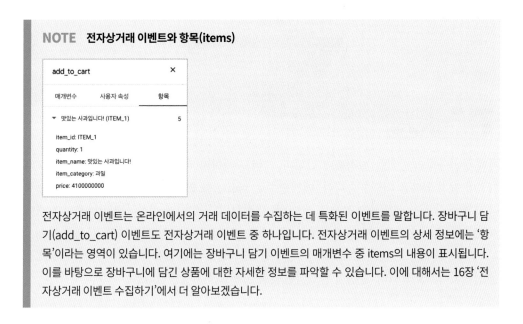

전자상거래 이벤트는 온라인에서의 거래 데이터를 수집하는 데 특화된 이벤트를 말합니다. 장바구니 담기(add_to_cart) 이벤트도 전자상거래 이벤트 중 하나입니다. 전자상거래 이벤트의 상세 정보에는 '항목'이라는 영역이 있습니다. 여기에는 장바구니 담기 이벤트의 매개변수 중 items의 내용이 표시됩니다. 이를 바탕으로 장바구니에 담긴 상품에 대한 자세한 정보를 파악할 수 있습니다. 이에 대해서는 16장 '전자상거래 이벤트 수집하기'에서 더 알아보겠습니다.

STEP 2 맞춤 이벤트 만들기

바로 맞춤 이벤트를 만들어보겠습니다. 맞춤 이벤트 이름으로 add_to_cart_large를 입력하고 이벤트 이름(event_name)이 add_to_cart와 일치하도록 설정합니다. [조건 추가]를 눌러 자세한 조건을 설정합니다.

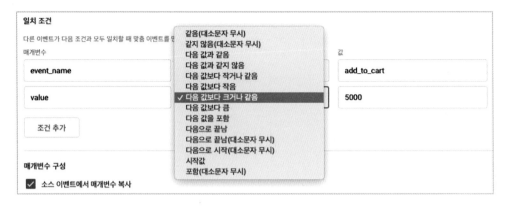

이제 장바구니의 가격을 설정해야 합니다. 디버그 페이지에서 value 매개변수에 장바구니 가격이 담겨 있음을 확인했습니다. 매개변수로 'value'를 입력합니다. 조건으로 '다음 값보다 크거나 같음'을 선택하고 값으로 '5000'을 입력합니다. 이렇게 설정하면 장바구니 가격이 5000보다 크거나 같을 때(5000 이상일 때) 맞춤 이벤트가 발생할 것입니다. 실제 업무에서는 자신의 상황에 맞게 '다음 값보다 크거나 같음'(이상), '다음 값보다 작거나 같음'(이하) 등을 선택하시기 바랍니다. 설정이 완료되면 맞춤 이벤트를 저장합니다.

STEP 3 맞춤 이벤트 확인하기

새로 만들어진 맞춤 이벤트가 실제로 수집되기 위해서는 5~10분가량이 필요합니다. 잠시 기다린 후 실습 페이지(https://www.turtlebooks.co.kr/ga4/cart)에 접속합니다. 딸기를 장바구니에 담습니다.

디버그 페이지에 add_to_cart 이벤트와 함께 add_to_cart_large 이벤트가 발생하는 것을 확인할 수 있습니다.

이번 장에서는 맞춤 이벤트로 도착 이벤트와 목표 이벤트를 만들었습니다. 이벤트로 이벤트를 만들어내는 재미있는 기능이었습니다. 어쩌면 여러분 중 누군가는 '이벤트 조건을 좀 더 상세하게 설정한다면, 혹은 이벤트 A와 이벤트 B를 활용하여 이벤트를 만들어낸다면 더 흥미로운 무엇인가가 가능하지 않을까?'라는 생각을 했을지도 모르겠습니다. 맞습니다. 실제로 이런 것도 가능합니다. 15장 '잠재고객과 잠재고객 이벤트 트리거 따라 배우기'에서 살펴보겠습니다.

Chapter 15
잠재고객과 잠재고객 이벤트 트리거 따라 배우기

이번 장의 목표는 두 가지입니다. 첫째, 12장 '잠재고객 따라 배우기'보다 고도화된 조건의 잠재고객을 만드는 것입니다. 둘째, 잠재고객 이벤트 트리거에 대해 배우는 것입니다. 이번 장의 학습을 통해 우리가 원하는 잠재고객을 묘사하는 방법을 배울 수 있을 것입니다. 여기서 배운 지식은 16장 '전자상거래 이벤트 수집하기'와 18장 '전자상거래 잠재고객 활용하기'까지 이어집니다. 16장 '전자상거래 이벤트 수집하기'에서는 잠재고객을 사용하는 이유를 알게 될 것이고, 18장 '전자상거래 잠재고객 활용하기'에서는 데이터 분석과 활용의 핵심이 잠재고객에 있음을 알게 될 것입니다. 이제 곧 기본기가 빛을 발하게 된다는 생각을 갖고 열심히 공부합시다.

15.1 잠재고객 트리거 살펴보기

🔵 실습 계정
🕸️ 구글 애널리틱스 실습 – GA4

잠재고객 트리거란 사용자가 잠재고객 조건을 만족할 때 특성 이벤트를 발생시키는 기능을 말합니다. 이번 절에서는 12.2절 '페이지 기반 잠재고객 만들기'에서 생성했던 사과 페이지 조회 잠재고객(apple_viewers)을 활용해서 aud_apple_viewers 이벤트가 발생하도록 설정해보겠습니다.

STEP 1 잠재고객 설정하기

apple_viewers 잠재고객은 사용자가 '상품: 맛있는 사과'(페이지 이름) 페이지에 접속할 경우 속하게 되는 잠재고객입니다. 잠재고객 트리거 영역에서 [새로 만들기]를 클릭합니다.

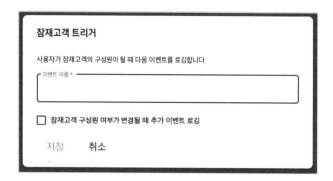

잠재고객 트리거 입력 창이 표시됩니다. '사용자가 잠재고객의 구성원이 될 때 다음 이벤트를 로깅합니다.'라는 설명을 확인할 수 있습니다. 쉽게 말해, 사용자가 apple_viewers 잠재고객에 속할 때 해당 이벤트가 발생한다는 이야기입니다.

잠재고객 트리거

사용자가 잠재고객의 구성원이 될 때 다음 이벤트를 로깅합니다.

이벤트 이름 *

aud_apple_viewers

☐ 잠재고객 구성원 여부가 변경될 때 추가 이벤트 로깅

저장   취소

이벤트 이름으로 aud_apple_viewers를 입력합니다. 해당 설정이 구글 애널리틱스에 적용되면 사용자가 apple_viewers 잠재고객에 속할 때 aud_apple_viewers 이벤트가 발생할 것입니다.

STEP 2 잠재고객 구성원 여부가 변경될 때 추가 이벤트 로깅

잠재고객 트리거는 기본 상태에서 1회만 발생합니다. 사용자가 잠재고객에 처음 속할 때만 잠재고객 이벤트가 발생합니다. 사용자 A가 1월 1일 처음으로 사과 페이지에 접속했다고 가정해봅시다. 이때 잠재고객 이벤트 aud_apple_viewers가 발생합니다. 다음 날인 1월 2일 사용자 A가 다시 사과 페이지에 접속했습니다. 이때는 잠재고객 이벤트 aud_apple_viewers가 발생하지 않습니다.

만약 1월 2일에도, 1월 3일에도 aud_apple_viewrs 이벤트가 발생하길 원한다면 '잠재고객 구성원 여부가 변경될 때 추가 이벤트 로깅'을 사용하는 것으로 설정하면 됩니다. 해당 설정을 사용하면 하루에 한 번씩 aud_apple_viewers 이벤트가 발생합니다.

표 15-1 1월 1일부터 1월 5일까지 사과 페이지에 접속한 사용자

1월 1일	사용자 A
1월 2일	사용자 A 사용자 B
1월 3일	사용자 A 사용자 B 사용자 C
1월 4일	사용자 A 사용자 B 사용자 C 사용자 D

'잠재고객 구성원 여부가 변경될 때 추가 이벤트 로깅'은 이벤트를 발생시킨 '잠재고객에 속한 사용자의 수'가 중요한가 '잠재고객 이벤트의 증가세'가 중요한가에 따라 결정할 수 있습니다.

[표 15-1]을 기준으로 1월 1일부터 1월 5일까지 사과 페이지에 접속한 사용자를 예로 들어 보겠습니다. 만약 우리에게 필요한 정보가 '잠재고객의 사용자 수가 넷'이라면 잠재고객 이벤트는 1회만 발생해야 할 것입니다. 따라서 '잠재고객 구성원 여부'를 사용하시 않는 것으로 설정해야 할 것입니다. 만약 사과 페이지에 대한 관심의 증가세, 매일 사과 페이지를 조회하는 사용자 수가 증가하고 있다는 정보가 필요한 것이라면 '잠재고객 구성원 여부가 변경될 때 추가 이벤트 로깅'을 사용하는 것으로 설정합니다. 매일 최대 1회 이벤트가 발생하므로 사과 페이지의 중요도를 쉽게 측정할 수 있습니다. 여기서는 매일의 이벤트 수가 1, 2, 3, 4로 증가하면서 사과 페이지에 대한 관심이 증가한다는 사실을 파악할 수 있을 것입니다.

여기서는 사과 페이지의 중요도가 어떻게 변하는지를 파악하고 싶다고 가정하겠습니다. '잠재고객 구성원 여부가 변경될 때 추가 이벤트 로깅'을 선택하고 [저장]을 클릭합니다.

STEP 3 잠재고객 설정 완료

잠재고객 트리거 설정이 완료되었습니다. 여기서는 해당 잠재고객의 설명을 'aud_apple_viewers'로 입력했습니다. 해당 잠재고객에 잠재고객 트리거에 의한 이벤트가 있음을 알리기 위해 잠재고객 트리거 이벤트 이름을 설명으로 입력한 것입니다. [저장]을 클릭해서 잠재고객 수정을 완료합니다.

> **NOTE 잠재고객 이벤트의 aud**
>
> 이번 절에서는 잠재고객 트리거의 이벤트를 입력할 때 잠재고객(audience)의 줄임말인 'aud'를 머리말로 사용했습니다. 사전 정의 이벤트 / 사용자 지정 이벤트 / 맞춤 지정 이벤트와 구분하기 위해, 해당 이벤트가 잠재고객 트리거에 의해 발생한 이벤트임을 알리기 위해 aud라는 머리말을 덧붙인 것입니다.

STEP 4 잠재고객 트리거 확인하기

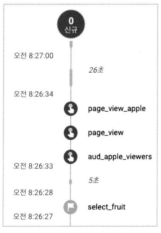

그림 15-1 aud_apple_viewers 이벤트가 발생한 모습

설정이 완료되고 하루 이틀 뒤 잠재고객 트리거 동작을 확인할 수 있습니다. 실습 페이지(https://www.turtlebooks.co.kr/ga4/item)에서 [사과]를 선택하면 사과 페이지로 이동합니다. 디버그 페이지를 살펴보면 [그림 15-1]과 같이 page_view(자동 수집 이벤트), page_view_apple(맞춤 이벤트), aud_apple_viewers(잠재고객 이벤트)가 발생한 것을 확인할 수 있습니다.

NOTE 맞춤 이벤트와 잠재고객 이벤트의 차이

page_view_apple 맞춤 이벤트와 aud_apple_viewers 잠재고객 이벤트는 모두 '사용자가 사과 페이지를 조회했음'을 의미합니다. 맞춤 이벤트와 잠재고객 이벤트가 동일한 기능을 한다면 왜 잠재고객 이벤트를 사용하는 것일까요?

맞춤 이벤트는 원본 이벤트를 바탕으로 새로운 이벤트를 만드는 기능입니다. 따라서 이벤트에 포함되지 않은 정보는 활용할 수 없습니다. 오직 원본 이벤트의 정보만을 활용할 수 있는 것입니다.

빈면에 잠새고객 이벤트는 잠재고객 설정에 의해 발생하는 이벤트입니다. 잠재고객은 인구통계, 지리 정보, 사용자 속성 그리고 구글 애널리틱스에서 발생한 모든 이벤트를 조합하여 생성할 수 있습니다. 따라서 맞춤 이벤트보다 풍부한 조건을 활용하여 이벤트를 발생시킬 수 있습니다.

15.2 이벤트 수를 활용한 잠재고객과 트리거

🍩 실습 계정

⌂ 구글 애널리틱스 실습 – GA4

잠재고객 트리거에 의한 이벤트는 잠재고객을 잘 설정하면 따라오는 결과물입니다. 계속해서 잠재고객 만드는 법을 살펴보겠습니다. 이번 절부터는 좀 더 고도화된 잠재고객을 만들어보겠습니다.

STEP 1 구글 머천다이즈 스토어의 Engaged Users 잠재고객

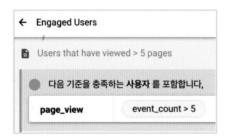

구글 머천다이즈 스토어에는 Engaged Users라는 잠재고객이 있습니다. 사용자가 페이지를 5회보다 많이(event_count > 5) 조회(page_view)한다면 해당 잠재고객에 속하게 됩니다.

또한 사용자가 해당 잠재고객에 속하게 될 때 잠재고객 이벤트로 new_engaged_user가 발생합니다. 잠재고객 구성원 여부가 변경될 때 추가 이벤트 로깅을 사용하지 않는 것으로 보아 구글 머천다이즈 스토어에서는 해당 잠재고객의 증가세보다 잠재고객의 순 사용자 수에 관심이 있는 것으로 판단할 수 있습니다.

STEP 2 이벤트 카운트를 활용한 잠재고객 만들기 첫 번째 시도

구글 머천다이즈 스토어가 페이지 조회 수(page_view의 event_count)를 바탕으로 사용자의 참여 혹은 관심을 측정한다는 것을 살펴봤습니다. 이번 절에서는 같은 방식을 활용하여 사과에 관심이 많은 사용자를 구분해보겠습니다.

사용자가 사과 페이지(https://www.turtlebooks.co.kr/ga4/item/apple)에 5회 넘게(6회 이상) 접속할 경우 해당 사용자를 '사과 관심 사용자'로 구분해봅시다. 지금까지 배운 내용을 생각해보면 'page_view의 경로가 /item/apple을 포함하면 사과 페이지이고, event_count를 5보다 크게 설정하면 되지 않을까?'라고 생각할 수 있습니다. 결과적으로 이렇게 설정할 경우 잠재고객이 제대로 동작하지 않습니다. 천천히 살펴보겠습니다.

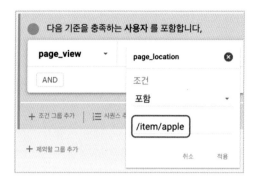

우선 사과 페이지의 조회를 설정하겠습니다. page_view 이벤트가 발생한 위치의 주소(page_location)가 /item/apple을 포함하도록 설정합니다.

이제 '[매개변수 추가]를 눌러서 event_count를 설정한다'라는 생각이 들 것입니다. 하지만 [매개변수 추가]를 진행해보면 event_count가 표시되지 않을 것입니다.[4] 이미 매개변수 조건(page_location)이 설정된 상태에서는 event_count 조건을 설정할 수 없습니다. [AND]를 클릭해서 조건을 추가합시다.

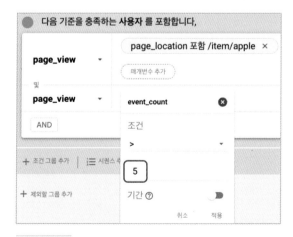

---

4 간혹 버그로 event_count가 표시되는 경우가 있습니다. 이 상태에서 잠재고객을 생성하면 '이벤트 필터는 이벤트 카운트 매개변수와 일반 이벤트 매개변수를 모두 포함할 수 없습니다.'라는 오류가 발생합니다.

조건 영역이 추가되면 page_view의 event_count가 5보다 크도록 설정합니다. 주소에 사과를 포함하고 페이지 조회 수가 5보다 클 경우 동작하는 잠재고객을 설정했습니다. 이제 사과에 관심 있는 사용자를 구분할 수 있을 것 같습니다.

하지만 실제로는 사용자가 제대로 구분되지 않습니다. 딸기 페이지를 5회 보고(페이지 조회 수가 5가 됨) 나서 사과 페이지를 1회 볼 경우(사과가 포함된 페이지 조회가 발생함, 페이지 조회 수가 6이 됨) 사용자는 '사과 관심 사용자' 잠재고객에 속하게 됩니다. 해당 사용자는 사과 페이지를 봤고, 페이지 조회 수가 6이 되므로 잠재고객 설정의 의도와는 다른 방식으로 조건을 충족한 것입니다.

복잡한 조건의 잠재고객을 만드는 것은 생각보다 어렵습니다. 만약 2개 이상의 조건을 설정해야 한다면 잠재고객 설정이 완료된 뒤에 잠재고객이 제대로 수집되는지 반드시 확인해야 합니다.

STEP 3 이벤트 카운트를 활용한 잠재고객 만들기 두 번째 시도

맞춤 이벤트				
맞춤 이벤트 이름 ↑		일치 조건		
page_view_apple		event_name 다음 값과 같음 page_view page_location 포함(대소문자 무시) /item/apple		>
add_to_cart_large		event_name 다음 값과 같음 add_to_cart value 다음 값보다 크거나 같음 5000		>

첫 번째 시도는 실패로 끝났습니다. 다른 방식으로 잠재고객을 만들어보겠습니다. '사과 관심 사용자'의 핵심은 '사과 페이지의 조회 수'를 정확히 측정하는 것입니다. 다행히 우리는 14.2절 '도착 이벤트 만들기'에서 page_view_apple 맞춤 이벤트를 만들었습니다. page_view의 page_location에 /item/apple이 포함되어 있을 경우에 생성되는 맞춤 이벤트이므로 이를 활용하면 '사과 페이지 조회 수'를 측정할 수 있을 것입니다.

다시 잠재고객을 추가해보겠습니다. 잠재고객 조건으로 'page_view'를 입력해보면 page_view_apple이 표시되는 것을 확인할 수 있습니다. 만약 표시되지 않는다면 직접 'page_view_apple'을 입력합니다.

event_count를 5보다 큼으로 설정합니다.

잠재고객 트리거 이름을 'aud_apple_engaged_users'로 설정합니다.

잠재고객 이름으로 'apple_engaged_users'를 입력하고 설명으로 'aud_apple_engaged_users'를 입력합니다. 잠재고객을 저장하고 설정을 마무리합니다.

> **NOTE 구글 애널리틱스는 이벤트 기반의 분석 도구입니다.**
> 잠재고객의 이벤트 조건을 설정할 때 사전 정의 이벤트만 활용 가능한 것은 아닙니다. 사전 정의 이벤트, 직접 수집 이벤트, 맞춤 이벤트 그리고 더 나아가서 잠재고객 트리거가 발생시킨 이벤트까지 활용할 수 있습니다. 이벤트가 이벤트를 만들고, 이벤트가 이벤트를 활용할 수 있으며, 구글 애널리틱스가 이벤트 기반의 분석 도구라는 사실을 깨닫게 되는 순간 데이터 분석과 활용의 폭이 넓어질 것입니다.

STEP 4 **잠재고객 트리거 확인하기**

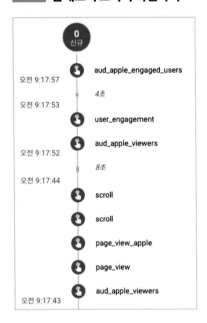

설정이 완료되고 하루 이틀 뒤 잠재고객 트리거 동작을 확인할 수 있습니다. 실습 페이지(https://www.turtlebooks.co.kr/ga4/item/apple)에 접속해 새로고침을 최소 6회 진행합니다. 디버그 페이지를 확인하면 잠재고객 이벤트 aud_apple_engaged_users가 발생한 것을 확인할 수 있습니다.

이번 절에서는 event_count를 활용해 사용자의 관심을 파악할 수 있는 잠재고객을 만들었습니다. 사용자의 관심을 파악한다는 것에 대해 더 생각해봅시다. 여기서는 사용자가 사과 페이지를 6회 이상 조회할 경우 사과 페이지에 관심이 있다고 가정했습니다. 이 방법 말고도 사용자가 사과 페이지에 관심 있다고 가정할 수 있는 방법은 많습니다.

핵심은 '사용자 관심'을 어떻게 측정 가능하게 정의하는가입니다. 서비스 A에서는 사용자 관심을 사용자가 사과 페이지를 80% 이상 스크롤해서 scroll 이벤트가 발생한 경우, 서비스 B에서는 사용자가 사과 페이지에서 사과를 장바구니에 담은 경우를 사용자 관심이라고 정의할 수 있습니다. 각자 분석하고 싶은 것이 있다면 그것을 어떤 방식으로 측정 가능하게 정의할 수 있을지 생각해봅시다. 데이터 수집 계획을 세우는 데 큰 도움이 될 것입니다.

15.3 조건 범위를 활용한 잠재고객과 트리거

앞에서 만든 '사과 관심 사용자'는 사용자가 페이지를 5번보다 많이 조회할 경우 속하게 되는 잠재고객입니다. 곰곰이 생각해봅시다. 사과 페이지를 5번보다 많이 봤다는 것이 정말로 사과에 관심이 많다는 뜻일까요?

표 15-2 사용자 A와 사용자 B의 사과 페이지 접속 현황

사용자 A				사용자 B	
세션 1	오전 9시	사과 페이지		오전 9시	사과 페이지
세션 2	오후 1시	사과 페이지		오전 9시 10분	사과 페이지
세션 3	오후 4시	사과 페이지	세션 1	오전 9시 20분	사과 페이지
세션 4	오후 7시	사과 페이지		오전 9시 30분	사과 페이지
세션 5	오후 10시	사과 페이지		오전 9시 40분	사과 페이지
세션 6	오후 11시	사과 페이지		오전 9시 50분	사과 페이지

[표 15-2]는 사용자 A와 사용자 B의 사과 페이지 접속 현황을 정리한 것입니다. 두 사용자 모두 사과 페이지를 5회 넘게 조회했습니다. 단순히 페이지 조회 수(event_count)만을 고려한다면 두 사용자 모두 사과에 관심이 있다고 할 수 있을 것입니다.

하지만 여기에 세션이라는 관점을 추가하면 이야기가 달라집니다. 사용자 A는 총 6세션에 거쳐 사과 페이지를 한 번씩 조회했고 사용자 B는 세션 1개에서 사과 페이지를 6회 조회했습니다. 사용자 A는 홈페이지에 접속(세션을 시작)할 때마다 메인에 전시되어 있는 사과를 습관적으로 눌렀을지도 모릅니다. 하지만 사용자 B는 세션이 유지되는 동안 사과를 6번이나 봤습니다. 사과를 구매할까 말까 고민하고 있을지도 모릅니다. 이를테면 사용자 A가 사과에 관심이 없는 듯한 상태라면 사용자 B는 사과에 무척 관심이 있는 듯한 모습인 것입니다. 이 둘을 구분할 수 있는 방법은 없을까요? 이번 절에서는 조건 범위를 활용하여 잠재고객을 만들어보겠습니다.

조건 범위를 활용한 잠재고객 만들기

잠재고객 이름	설명	사용자 ⑦	변동률(%)	생성일 ↓	
apple_engaged_users	aud_apple_engaged_users	2	-	202	→ 대시보드에 적용
non_paid_users	non_paid_users	4	-	202	✏ 수정
paid_users	paid_users	사용자 10 명 미만	-	202	▣ 복사
android_users		사용자 10 명 미만	-	202	▼ 보관처리
ios_users	ios_users	사용자 10 명 미만	-	202	

이번 절에서도 사과 페이지를 5회보다 많이 조회한다는 조건을 사용할 것입니다. 앞에서 만든 apple_engaged_users 잠재조건을 복사하면 동일한 설정의 잠재고객을 쉽게 만들 수 있습니다. 잠재고객 위에 마우스를 올려두면 더보기 버튼이 표시됩니다. 더보기 버튼을 눌러 [복사]를 클릭합니다.

apple_engaged_users(복사)라는 이름으로 잠재고객 설정화면이 표시됩니다. 여기서부터 조건 범위를 활용한 잠재고객을 설정해보겠습니다. 우측 상단의 제거(쓰레기통) 아이콘 왼쪽의 사람 아이콘을 클릭합니다.

사람 아이콘을 클릭하면 '조건 범위지정'이 표시됩니다. 조건 범위로는 '모든 세션', '동일 세션 내', '동일 이벤트 내' 항목이 제공됩니다. 해당 항목들을 활용해 [표 15-2]와 같은 경우의 상황을 다룰 수 있습니다.

'모든 세션'을 사용할 경우 사용자 A처럼 세션 1부터 세션 6까지 총 6세션에 나눠 발생한 페이지 조회의 수치를 바탕으로 잠재고객이 동작합니다. '동일 세션 내'를 사용할 경우 사용자 B처럼 1개의 세션에서 페이지를 6회 조회한 것만을 바탕으로 잠재고객이 동작합니다.

일반적으로 '모든 세션'과 '동일 세션 내'를 바탕으로 잠재고객을 설정합니다만, 간혹 '동일 이벤트 내'를 사용하기도 합니다. '동일 이벤트 내'를 사용하면 이벤트 1건을 바탕으로 잠재고객 조건이 계산됩니다. 장바구니 담기 이벤트의 값이 5,000 이상이다와 같은 방식으로 사용하게 됩니다만 '모든 세션'을 선택하거나 '동일 세션 내'를 선택해도 이벤트 1건이 자동으로 계산되므로 유의미한 활용 방법을 찾기는 어려울 것입니다.

여기서는 조건 범위로 '동일 세션 내'를 선택합니다. 잠재고객 이름으로 'apple_engaged_users_in_1_session', 설명으로 'aud_apple_engaged_users_in_1_session'을 입력합니다.

잠재고객 트리거 이름으로 'aud_apple_engaged_users_in_1_session'을 입력합니다. 잠재고객을 저장하고 설정을 마무리합니다.

STEP 2 잠재고객 트리거 확인하기

12	aud_apple_engaged_users	26
13	try_sign_up	26
14	select_fruit	23
15	sign_up	5
16	test	3
17	aud_apple_engaged_users_in_1_session	1

event_count는 구글 애널리틱스가 데이터를 처리하는 과정 혹은 데이터를 처리 완료한 과정에서 생성됩니다. 따라서 aud_apple_engaged_users_1_session 이벤트가 발생하는 것을 디버그 페이지에서 실시간으로 확인할 수는 없습니다. aud_apple_engaged_users_1_session 이벤트는 실제 데이터 분석을 진행하는 중에 확인할 수 있습니다.

빈 탐색 보고서에서 이벤트 이름과 이벤트 수를 확인해봅시다. aud_apple_engaged_users_in_1_session 이벤트가 발생한 것을 확인할 수 있습니다. 이 이벤트를 발생시킨 사용자는 누구일까요? 한 세션에서 사과 페이지를 5회보다 많이 조회했다는 것은 사과에 정말 관심이 많은 사용자라는 뜻일 것입니다.

이런 상황에서 사용자의 아이디를 파악할 수 있다면 우리는 서비스에 도움이 되는 많은 행동을 할 수 있을 것입니다. 해당 사용자에게 쿠폰을 제공하여 구매를 유도할 수 있고, 사과와 함께 딸기도 사도록 유도할 수 있을 것입니다. 바로 이것이 잠재고객을 활용하는 방법입니다. 이에 대해서는 16장 '전자상거래 이벤트 수집하기'에서 더 배워보겠습니다. 지금은 잠재고객을 만드는 방법에 더 집중해봅시다.

15.4 행동 순서를 활용한 잠재고객과 트리거

지금까지 사과 페이지를 바탕으로 다양한 잠재고객을 만들었습니다. 기본적인 수준에서 고도화된 수준까지 잠재고객의 여러 설정들을 확인해봤습니다. 이번 절에서는 마지막 잠재고객을 만들어보겠습니다. 사용자가 사과를 구매하는 행동 순서(시퀀스)를 활용한 잠재고객을 만들어보겠습니다.

STEP 1 사과 구매 순서 파악하기

사과 페이지(https://www.turtlebooks.co.kr/ga4/item/apple)에 접속합니다. [장바구니 담기]를 클릭합니다. '장바구니 페이지로 이동하겠습니까?'라는 메시지가 표시되면 [네]를 클릭합니다.

장바구니에 도착하면 [구매하기] 버튼을 클릭해서 사과를 구매합니다.

표 15-3 사과 구매 순서

순서	내용	이벤트	page_location
1	사과 페이지 접속	page_view	/item/apple
2	장바구니 담기	add_to_cart	
3	구매하기	purchase	

사용자가 사과를 구매하는 행동의 순서는 위와 같이 정리할 수 있습니다. 사용자는 사과 페이지에 접속(page_view)해서 사과를 장바구니에 담고(add_to_cart) 구매(purchase)할 수 있습니다. 이번 절에서는 사용자의 단계별 쇼핑 행동(시퀀스)을 잠재고객으로 옮겨보겠습니다.

STEP 2 **행동 순서를 활용한 잠재고객 만들기**

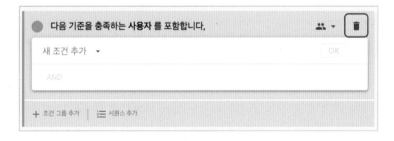

새 잠재고객 만들기 화면입니다. 오른쪽 상단의 제거(쓰레기통) 아이콘을 클릭합니다.

모든 조건이 제거되었습니다. [시퀀스 추가]를 클릭합니다.

[시퀀스 추가]를 클릭하면 위와 같이 '1단계'라는 조건이 추가됩니다. 이를 바탕으로 우리는 1단계, 2단계 등 각각의 단계에 설정한 조건이 만족될 경우 동작하는 잠재고객을 설정할 수 있습니다. 앞에서 정리한 사용자의 쇼핑 행동 단계를 바탕으로 잠재고객을 만들 수 있는 것입니다.

⚙ 1단계

쇼핑 행동의 1단계 '사과 페이지 접속'을 설정합니다. page_view 이벤트를 선택하고 매개변수 조건으로 page_location이 /item/apple을 포함하도록 설정합니다. [단계 추가]를 클릭해서 2단계를 추가합니다.

쇼핑 행동의 2단계는 '장바구니 담기'입니다. add_to_cart 이벤트를 선택합니다. 또한 여기서는 사과 페이지 조회 이후 5분 내에 장바구니에 담은 사용자만을 잠재고객으로 포함시키기 위해 시간 조건을 '5분 이내'로 설정했습니다. [단계 추가]를 클릭해서 3단계를 추가합니다.

여기까지 설정했다면 사용자의 구매 행동 순서를 잠재고객으로 모두 옮긴 것입니다.

잠재고객 이름으로 'apple_purchasers', 설명으로 'aud_apple_purchasers'를 입력합니다.

잠재고객 트리거 이름으로 'aud_apple_purchasers'를 입력합니다. 잠재고객을 저장하고
설정을 마무리합니다.

STEP 3 잠재고객 트리거 확인하기

구글 애널리틱스 왼쪽 메뉴의 [구성]에서 [이벤트]를 선택합니다.

이벤트 이름 ↑	수	변동률(%)	사용자	변동률(%)	전환으로 표시 ⑦
add_to_cart	3	-	1	-	◗
aud_apple_engaged_users	1	-	1	-	◗
aud_apple_engaged_users_in_1_session	1	-	1	-	◗
aud_apple_purchasers	1	-	1	-	◗
aud_apple_viewers	41	-	1	-	◗

잠재고객 트리거에 의해 발생한 이벤트도 '이벤트'입니다. 이벤트 목록에서 확인할 수 있
습니다. aud_apple_purchasers 이벤트가 발생한 것을 확인할 수 있습니다. apple_
purchasers 잠재고객이 제대로 동작하고 있음을 알 수 있습니다. 또한 여기서는 잠재고객
트리거에 의한 이벤트도 '전환'으로 사용할 수 있음을 알 수 있습니다. 데이터 분석의 목적에
따라 전환을 설정합시다.

서비스의 특정 기능들은 순차적인 행동으로 구성되어 있습니다. 회원 가입 단계는 아이디를
입력하고 비밀번호를 입력하고 개인 인증을 진행하는 과정으로 구성되어 있고, 구매 단계는
상품을 조회하고 장바구니에 담고 구매하는 과정으로 구성되어 있습니다. 이번 절에서는 '시
퀀스'를 바탕으로 서비스의 사용 흐름에 맞춰 잠재고객을 만드는 방법을 살펴봤습니다.

여기서 우리는 사용자가 구매를 완료한 경우를 잠재고객으로 만들었습니다. 이보다 활용
도가 높은 잠재고객을 만들고 싶다면 사용자가 '구매를 완료하지 않은 경우'를 활용하는 것
도 좋습니다. 사과를 보고 장바구니에 담았지만 '구매하지 않은' 사용자를 파악할 수 있다면
15.3절 '조건 범위를 활용한 잠재고객과 트리거'의 마지막에서 살펴봤던 것과 마찬가지로 쿠

폰을 제공하는 등으로 사용자의 구매를 유도할 수 있을 것입니다.

지금까지는 잠재고객을 만드는 방법에만 집중하면서 그 활용에 대해서는 가볍게 언급만 할 뿐이었습니다. 이제 본격적으로 잠재고객 활용 방법을 살펴볼 차례입니다. 16장 '전자상거래 이벤트 수집하기'에서 거래 이벤트 수집에 대해 더 살펴보고, 18장 '전자상거래 잠재고객 활용하기'에서 지금까지 우리가 배운 지식이 어떻게 활용되는지 알아보겠습니다.

Chapter 16 전자상거래 이벤트 수집하기

이번 장에서는 전자상거래 이벤트를 배웁니다. 온라인의 '거래'는 형태가 매우 다양합니다. 옷 같은 '실물'을 구매하는 것도 거래이고 웹툰 같은 '콘텐츠(비실물)'를 구매하는 것도 거래입니다. 거래의 형태는 서비스의 형태만큼 다양할 수 있지만 사용자가 거래에서 하는 행동은 단순합니다. 사용자는 상품을 조회하고, 상품을 장바구니에 담고, 상품을 구매합니다. 구글 애널리틱스는 사용자의 거래 행동을 단순화하여 우리에게 몇 가지 이벤트를 구현하기를 권장합니다. 바로 이것이 전자상거래 이벤트입니다. 여기에는 상품 조회, 장바구니 담기, 구매는 물론 프로모션 조회, 상품 목록 조회, 장바구니 제거 등 전자상거래에서 공통적으로 수행하는 행동이 대부분 포함되어 있습니다. 일반적인 전자상거래 서비스 분석을 공부하는 데 부족함이 없을 것입니다.

자신이 운영하는 서비스가 전자상거래가 아니더라도 이번 장은 꼭 학습해야 합니다. 여기서는 복잡한 이벤트의 매개변수를 다루는 방법을 배우고 구글 애널리틱스가 미리 지정한 이벤트의 한계를 보완하는 방법을 배웁니다. 또한 사용자 ID가 데이터 분석과 만나 어떻게 활용되는지도 처음으로 살펴볼 수 있을 것입니다. 이번 장은 앞으로 구글 애널리틱스를 활용하는 데 꼭 필요한 지식을 여러 가지 담고 있으므로, 구글 애널리틱스의 활용도를 '진짜' 체험할 수 있는 장이 될 것입니다. 그럼, 시작하겠습니다.

16.1 전자상거래 실습 페이지 살펴보기

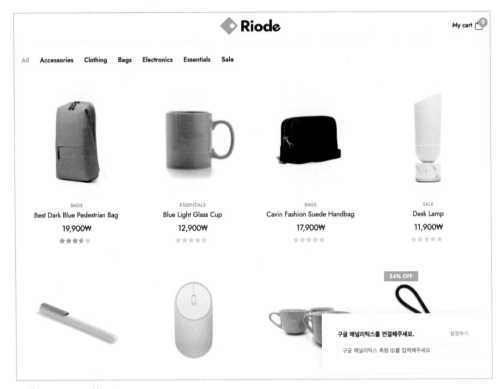

그림 16-1 https://ga4shop.com

실습 페이지(https://ga4shop.com)에 접속하면 [그림 16-1]과 같은 쇼핑몰을 확인할 수 있습니다. 전자상거래 이벤트를 실습하기 위해 제작한 가짜 쇼핑몰입니다. 상품을 조회할 수 있고, 상품을 장바구니에 담을 수 있고, 상품을 구매할 수 있습니다. 일반적인 쇼핑몰의 핵심 기능은 대부분 제공하고 있습니다. 실습 페이지 내부에는 구글 애널리틱스의 전자상거래 이벤트가 모두 적용되어 있습니다. 여기에 구글 애널리틱 측정 ID를 연결하면 쇼핑몰 내의 데이터가 여러분의 구글 애널리틱스로 전달됩니다. 이번 절에서는 실습 페이지 설정 방법을 알아보겠습니다.

STEP 1 구글 애널리틱스 측정 ID 연결하기

실습 페이지 오른쪽 하단에서 쇼핑몰과 연동할 구글 애널리틱스를 설정할 수 있습니다. 1장 '구글 애널리틱스 시작하기'에서 측정 ID를 확인하는 부분을 참고하여 자신의 측정 ID를 입력하고 [설정하기]를 클릭합니다.

STEP 2 사용자 ID 설정하기

구글 애널리틱스 측정 ID를 연결하면 나머지 설정이 표시됩니다. 사용자 ID를 입력하면 쇼핑몰에서 발생하는 전자상거래 이벤트에 사용자 ID가 추가됩니다. 각자 원하는 사용자 ID를 입력하고 [설정하기]를 클릭합니다.

여기서는 입력한 사용자 ID를 간단한 방식으로 암호화하여 사용합니다. 왜 사용자 ID를 암호화하는지 이해가 되지 않는다면 13장 '사용자 ID 설정하기'를 다시 살펴보시기 바랍니다.

그 외의 설정

'이벤트 발생 시 메시지를 표시할까요?'를 '네'로 설정합니다.

이제 전자상거래 이벤트가 발생할 때마다 이벤트가 발생했다는 메시지가 표시될 것입니다. 전자상거래 이벤트는 여러 가지 이벤트가 동시에 수집되기 때문에 학습을 진행하는 동안에 어떤 이벤트가 발생하는지 파악해야 할 필요가 있습니다.

'맞춤 이벤트 매개변수를 사용할까요?'는 16.5절 '[실전] 끌어올린 매개변수로 상품 조회 분석하기'에서 설정하겠습니다.

STEP 4 **디버그 페이지 확인하기**

그림 16-2 쇼핑몰 디버그 데이터

설정이 완료되면 디버그 페이지를 확인합니다. [그림 16-2]와 같이 쇼핑몰 이벤트 데이터가 수집되는 것을 확인할 수 있습니다. 여기서는 프로모션 조회(view_promotion) 이벤트가 발생했고, 해당 프로모션은 Mass Capacity Batter(대용량 배터리)에 관한 것임을 알 수 있습니다.

설정이 완료되었다면 전자상거래 이벤트를 실습할 수 있습니다. 이번 장의 학습은 실습 페이지를 직접 조작하면서 무엇인가 수행하는 행동은 별로 많지 않습니다. 어떤 전자상거래 이벤트가 있는지, 이벤트 계획/구현 단계에서는 무엇을 고려해야 하는지를 중점적으로 다룹니다. 이번 장의 학습 혹은 이 책의 학습을 마친 뒤에는 책에서 다룬 예제들을 쇼핑몰 위주로 다시 생각해보고 실습해봅시다. 실제 업무와 가장 비슷한 환경으로 데이터 분석을 진행해보는 좋은 경험이 될 것입니다.

16.2 전자상거래 이벤트 수집에 대하여

- 🌑 Demo Account
- ⛰ GA4 – Google Merchandise Store
- 📠 수익 창출 > 전자상거래 구매
- ⏱ 2021년 4월 1일 ~ 2021년 6월 30일

각자 머릿속으로 쇼핑몰을 생각해봅시다. 아마 제일 번저 '오늘의 세일' 같은 프로모션(이벤트)이 보일 것입니다. 그리고 상품 목록이 표시될 것입니다. 중간중간 작은 배너들이 보이고 다시 상품 목록이 표시될 것입니다. 대부분의 쇼핑몰 형태는 이와 비슷할 것입니다. 사용자의 행동도 마찬가지입니다. 프로모션을 보고, 상품을 선택합니다. 상품을 장바구니에 담고 구매합니다. 쇼핑몰의 형태, 사용자의 행동이 크게 다르지 않다는 것은 수집하고 분석하는 데이터도 크게 다르지 않다는 뜻입니다. 이를 바탕으로 구글 애널리틱스는 많이 사용되는 전자상거래 이벤트를 미리 정의했습니다. 우리는 이를 서비스에 적용하여 쉽게 전자상거래를 분석할 수 있습니다.

16.2.1 전자상거래 이벤트 분류와 상세

표 16-1 전자상거래 이벤트 분류

구분	이벤트	내용
필수 전자상거래	view_item	상품 조회
	add_to_cart	장바구니 담기
	purchase	구매(완료)
프로모션 관련	view_promotion	프로모션 조회
	select_promotion	프로모션 선택
목록 관련	view_item_list	상품 목록 조회
	select_item	상품 목록에서 상품 선택
장바구니 관련	add_to_wishlist	위시리스트(찜) 담기
	add_to_cart	장바구니 담기
	view_cart	장바구니 조회
	remove_from_cart	장바구니에서 제거
구매 단계	begin_checkout	구매 시작
	add_shipping_info	배송 정보 추가
	add_payment_info	결제 정보 추가
	purchase	구매
	refund	환불

구글 애널리틱스가 제공하는 전자상거래 가이드 문서(https://www.turtlebooks.co.kr/ga4/docs/ecommerce)를 이번 장의 학습 순서에 맞게 정리했습니다.

[표 16-1]을 자세히 살펴보면 온라인 쇼핑에서 발생하는 행동이 대부분 포함되어 있음을 알 수 있습니다. 상품을 장바구니에 담는 행동은 필수 전자상거래 이벤트와 장바구니 관련 이벤트에 속하고, 구매 단계에서 배송지 정보를 입력하는 것은 구매 단계의 배송 정보 추가 이벤트에 속합니다. 구글 애널리틱스가 사전 정의한 전자상거래 이벤트를 구현하여 쇼핑 행동의 대부분을 분석할 수 있는 것입니다.

16.2.2 전자상거래 보고서 살펴보기

항목 이름 ▾	+	↓상품 조회수	장바구니에 추가	조회 수 대비 장바구니 추가 비율	전자상거래 구매
총계		3,100,623 총계 대비 100%	958,445 총계 대비 100%	30.05% 평균과 동일	36,366 총계 대비 100%
1 Google Cloud Polo		59,584	18,645	33.56%	0
2 Google Women's Striped L/S		57,361	16,177	34.01%	0
3 Google Charcoal Unisex Badge Tee		55,980	17,307	34.82%	429
4 Google Campus Bike Eco Tee Navy		53,791	16,852	32.19%	417
5 Google Cloud Unisex Tee		51,740	16,104	34.17%	0

그림 16-3 구글 머천다이즈 스토어 전자상거래 구매 보고서

전자상거래 이벤트가 적용되고 데이터가 수집되면 '전자상거래 구매 보고서'에서 [그림 16-3]과 같은 데이터를 확인할 수 있습니다. 여기서는 Google Cloud Polo라는 상품이 59,584번 조회되었고 장바구니에 18,645번 담겼지만 아쉽게도 구매는 한 번도 발생하지 않았음을 알 수 있습니다. 우리는 이를 바탕으로 '사용자는 왜 해당 상품을 구매하지 않을까? 어떻게 하면 구매를 유도할 수 있을까?'와 같은 생각을 할 수 있습니다. 바로 이런 의문이 서비스를 성장시켜나가는 밑거름이 되는 것입니다.

지금까지 배운 구글 애널리틱스 데이터 수집을 되돌아봅시다. 구글 애널리틱스는 사용자의 여러 가지 행동을 자동으로 수집(페이지 조회 같은)합니다. 또한 구글 애널리틱스의 사전 정의 이벤트를 활용해 사용자의 로그인, 로그아웃 등을 수집합니다. 경우에 따라 사용자의 광고 수신 여부 등을 사용자 정의 이벤트로 수집합니다. 자동 수집 이벤트, 사전 정의 이벤트, 사용자 정의 이벤트를 바탕으로 수집되는 이벤트는 최종적으로 서비스의 수익과 맞물려 활용됩니다. 'A 페이지를 본 사용자의 수익이 높을까? B 페이지를 본 사용자의 수익이 높을까? 로그인한 사용자의 수익이 높을까? 혹은 광고 수신 허용자의 수익이 높을까?'와 같이 최종적

으로는 수익의 관점에서 분석되고 활용되는 것입니다. 그런 의미에서 이번 장은 구글 애널리틱스의 데이터 수집에 대한 공부를 마무리하는 매우 중요한 단계라고 할 수 있습니다. 다음 절부터는 전자상거래 이벤트의 구현 방식, 이를테면 개발 문서를 읽는 것과 비슷한 내용들이 이어집니다. 자칫 지루할 수 있습니다만, 끝까지 집중력을 잃지 말고 학습하시기 바랍니다.

16.3 필수 전자상거래 이벤트 수집하기

Demo Account

GA4 – Google Merchandise Store

수익 창출 > 전자상거래 구매

2021년 4월 1일 ~ 2021년 6월 30일

항목 이름 ▾	+	↓상품 조회수	장바구니에 추가	조회 수 대비 장바구니 추가 비율	전자상거래 구매
총계		3,100,623 총계 대비 100%	958,445 총계 대비 100%	30.05% 평균과 동일	36,366 총계 대비 100%
1 Google Cloud Polo		59,584	18,645	33.56%	0
2 Google Women's Striped L/S		57,361	16,177	34.01%	0
3 Google Charcoal Unisex Badge Tee		55,980	17,307	34.82%	429
4 Google Campus Bike Eco Tee Navy		53,791	16,852	32.19%	417
5 Google Cloud Unisex Tee		51,740	16,104	34.17%	0

그림 16-4 전자상거래 구매 보고서

[그림 16-4]는 전자상거래 구매 보고서의 모습입니다. 측정항목을 살펴보면 상품 조회수, 장바구니에 추가, 전자상거래 구매 등의 정보가 표시된 것을 확인할 수 있습니다. 이 외의 여러 가지 측정항목들도 표시되어 있습니다만, 모두 상품 조회수, 장바구니 추가 수, 전자상거래 구매 수를 바탕으로 계산되는 정보들입니다. 예를 들어, 여기서는 Google Cloud Polo의 상품 조회수 59,584와 장바구니 추가 수 18,645를 바탕으로 조회수 대비 장바구니 추가 비율 33.56%(18645/59584 * 100, 데이터 정밀도 및 유실 등에 의한 오차 발생이 있습니다)임을 계산해낼 수 있습니다.

표 16-2 측정항목과 대응 이벤트

측정항목	이벤트
상품 조회수	view_item
장바구니에 추가	add_to_cart
전자상거래 구매	purchase

상품 조회수, 장바구니에 추가, 전자상거래 구매 측정항목들에 대응하는 이벤트를 정리하면 [표 16-2]와 같습니다. view_item(상품 조회) 이벤트, add_to_cart(장바구니 담기) 이벤트, purchase(구매) 이벤트를 바탕으로 각 측정항목들의 데이터가 표시됩니다. 따라서 해당 이

벤트들은 '필수 전자상거래 이벤트'라고 할 수 있으며, 전자상거래 이벤트 수집에서 가장 먼저 고려해야 합니다.

STEP 1 **상품 조회 이벤트 수집**

상품 조회(view_item) 이벤트는 사용자가 상품을 조회했음을 수집하는 이벤트입니다. 사용자가 어떤 상품을 조회했는지, 조회한 상품의 이름은 무엇이고 가격은 어떠한지 등을 파악할 수 있습니다.

⚙ **살펴보기**

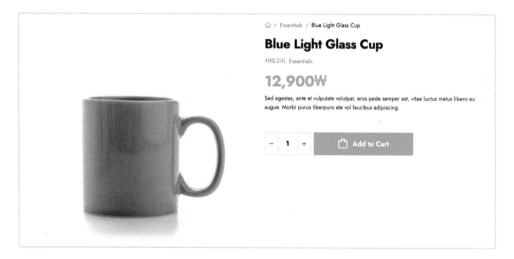

실습 페이지(https://ga4shop.com/)에서 아무 상품이나 접속해보면 view_item 이벤트가 발생합니다. 여기서는 Blue Light Glass Cup이라는 상품에 접속했습니다.

디버그 페이지를 살펴보면 위와 같이 page_view(페이지 조회) 이벤트 바로 뒤에 view_item(상품 조회) 이벤트가 발생하는 것을 확인할 수 있습니다. Blue Light Glass Cup 페이지를 조회하는 것 자체가 상품을 조회하는 것이므로 page_view 이벤트와 view_item 이벤트가 연속으로 발생함을 알 수 있습니다. 'page_view 이벤트로 상품 페이지의 조회수를 측정하면 상품 조회를 측정하는 것이나 마찬가지 아닐까?'라고 생각할 수도 있습니다. 물론 그것도 가능합니다만 view_item 이벤트를 사용해서 상품 조회를 측정하는 것이 더 적합합니다. view_item을 비롯한 전자상거래 이벤트에는 상품에 대한 풍부한 정보를 담는 매개변수가 사용되기 때문입니다.

⚙ 이벤트 확인하기

'상품 조회 이벤트를 수집한다.'라는 목표가 설정되었다면 이벤트 수집 계획을 세울 수 있습니다. 먼저 서비스의 어떤 부분에서 상품 조회가 발생하는지, 어떤 시점에 상품 조회 이벤트를 수집할지 결정합니다. 일반적으로 사용자가 상품 페이지에 접속할 경우 상품 조회가 발생한 것으로 여겨 해당 시점에 이벤트를 수집합니다. 다만 서비스에 따라 상품 미리보기 기능 시점에도 상품 조회 이벤트가 수집되어야 하는 경우도 있으므로 놓치는 부분은 없는지 조사해봐야 할 것입니다.

```
gtag("event", "view_item", {
  currency: "USD",
  value: 7.77,
  items: [
    {
      item_id: "SKU_12345",
      item_name: "Stan and Friends Tee",
      affiliation: "Google Store",
      coupon: "SUMMER_FUN",
      currency: "USD",
      discount: 2.22,
      index: 5,
      item_brand: "Google",
      item_category: "Apparel",
      item_category2: "Adult",
      item_category3: "Shirts",
      item_category4: "Crew",
      item_category5: "Short sleeve",
      item_list_id: "related_products",
      item_list_name: "Related Products",
      item_variant: "green",
      location_id: "L_12345",
      price: 9.99,
      quantity: 1
    }
  ]
});
```

그림 16-5 view_item 이벤트

만약 영어 문서를 읽을 수 있다면 이벤트 수집 시점 확정 이후 전자상거래 가이드 문서 (https://www.turtlebooks.co.kr/ga4/docs/ecommerce)를 확인합니다. 문서에서 view_item 이벤트를 살펴보면 [그림 16-5]와 같은 이벤트 코드 예제를 살펴볼 수 있습니다. 이를 통해 view_item 이벤트에 어떤 매개변수, 어떤 내용을 수집해야 하는지 알아볼 수 있습니다. [그림 16-5]를 자세히 살펴보면 view_item 이벤트의 매개변수로 currency(통화), value(가격), items(상품들에 대한 정보)가 수집된다는 사실을 알 수 있습니다. 여기서는 items 매개변수에 상품에 대한 상세한 정보를 포함시킬 수 있다는 것을 알 수 있습니다. 사용자가 조회한 상품(item)의 고유 아이디(item_id), 이름(item_name) 등 다양하고 상세한 데이터를 포함시킬 수 있도록 설정되어 있습니다. 전자상거래 이벤트 전반적으로 items 항목은 공통으로 사용하는 편이므로 어떤 항목이 있는지 한 번만 파악해두면 나머지 이벤트들에서도 쉽게 이해할 수 있습니다. 이에 대해서는 학습을 진행하면서 천천히 알아보겠습니다.

⚙ 매개변수 결정하기

전자상거래 가이드 문서에서 view_item 이벤트를 확인했다고 바로 이벤트가 설정되는 것은 아닙니다. 개발자와 논의하여 수집 가능한 매개변수와 수집 불가능한 매개변수를 파악해야 합니다. 이번에는 개발자 시점에서 전자상거래 이벤트를 살펴보겠습니다.

일반적으로 개발자는 데이터 수집을 진행하는 동안 이벤트 문서(https://www.turtlebooks. co.kr/ga4/docs/ecommerce_dev)를 확인합니다. 상품 조회 이벤트를 수집해야 히므로 view_item 항목을 살펴봅니다.

---

view_item

This event signifies that some content was shown to the user. Use this event to discover the most popular items viewed.

Parameters

Name	Type	Required	Example value	Description
currency	string	Yes*	USD	Currency of the items associated with the event, in 3-letter ISO 4217 format. If set, item-level currency is ignored. If not set, currency from the first item in items is used. * If you set value then currency is required for revenue metrics to be computed accurately.
value	number	Yes*	7.77	The monetary value of the event. * value is typically required for meaningful reporting. If you mark the event as a conversion then it's recommended you set value. * currency is required if you set value.
items	Array<Item>	Yes		The items for the event.

그림 16-6 view_item 이벤트 상세 내용

이벤트 문서에서는 view_item의 구현에 대한 상세한 설명이 이루어집니다. 전자상거래 가이드 문서보다 자세한 설명이 이루어지므로 자신이 개발자가 아니더라도 한 번씩 확인해볼 만한 가치가 있습니다. 여기서는 currency, value, items가 모두 필수로 수집되어야 한다(Required: Yes)는 것을 알 수 있습니다. 더 자세하게 파악해야 하는 것은 items(상품들에 대한 정보)입니다.

Item parameters

Name	Type	Required	Example value	Description
item_id	string	Yes*	SKU_12345	The ID of the item. *One of `item_id` or `item_name` is required.
item_name	string	Yes*	Stan and Friends Tee	The name of the item. *One of `item_id` or `item_name` is required.
affiliation	string	No	Google Store	A product affiliation to designate a supplying company or brick and mortar store location. Event-level and item-level `affiliation` parameters are independent.

그림 16-7 Item 매개변수 상세 내용

상품들에 대한 정보로는 item_id, item_name, affiliation 등을 수집합니다. 이 외에도 많은 정보가 있습니다. 더 자세히 살펴보겠습니다.

표 16-3 Item 매개변수 상세 내용

이름	예	설명
(필수) item_id	SKU_12345	상품 고유 아이디
(필수) item_name	Stan and Friends	상품 이름
affiliation	Google Store	제휴처, 협업처
coupon	SUMMER_FUN	상품에 적용된 쿠폰
currency	USD	통화
discount	2.22	할인율
index	5	프로모션 목록, 상품 목록 내의 전시 순서
item_brand	Google	상품 브랜드
item_category	Apparel	상품 카테고리(최상위)
item_category2	Adult	상품 카테고리 2단계
item_category3	Shirts	상품 카테고리 3단계

이름	예	설명
item_category4	Crew	상품 카테고리 4단계
item_category5	Short sleeve	상품 카테고리 5단계
item_list_id	related_products	상품 목록 고유 아이디
item_list_name	Related products	상품 목록 이름
item_variant	Green	상품 옵션
location_id	L_12345	Google Place ID 기반의 지역 정보
price	9.99	상품 개별 가격
quantity	1	상호작용하는 상품 개수

[표 16-3]은 Item 매개변수의 상세 내용을 정리한 것입니다. 상품의 이름, 가격, 개수는 물론 상품이 선택된 목록의 이름, 목록에서의 순서 등 19가지 정보를 수집한다는 것을 알 수 있습니다. 전자상거래 이벤트는 대부분 위 정보를 공유합니다. 따라서 이를 중심으로 어떤 정보가 수집 가능한지, 수집 불가능한지를 파악하는 것이 좋습니다.

위 정보를 모두 수집하고 싶겠지만 해당 정보를 모두 수집하는 것은 꽤 어려운 작업입니다. 실제 업무에서는 수집 불가능한 정보가 있을 수 있습니다. 서비스의 기능 및 구조 등에 따라 수집 가능한 매개변수가 있고 수집 불가능한 매개변수가 있음을 이해하는 것이 중요합니다. 개발자는 필수 정보인 item_id와 item_name 외에 어떤 정보를 수집할 수 있는지 파악할 것입니다. 일반적으로 item_id, item_name, price, quantity 등은 쉽게 수집할 수 있지만 그외 정보의 수집 가능 여부는 서비스마다 다를 수 있습니다. 개발자가 "우리 서비스는 상품 카테고리를 1단계만 정의하고 있어서 상품 카테고리만 수집 가능합니다." 혹은 "우리 서비스는 상품 목록에 대한 정보를 유지하고 있지 않아서 수집이 어렵습니다."와 같은 이야기를 하면 그에 맞춰 수집할 매개변수를 결정하고 이벤트 수집 계획을 마무리하면 될 것입니다. 처음에는 필수 정보만 수집하고 점차 수집 가능한 매개변수를 늘려나가는 방식으로 작업을 진행할 수도 있습니다.

참고로 실습 페이지에서는 상품 고유 아이디(item_id), 상품 이름(item_name), 상품 카테고리(item_category), 가격(price), 개수(quantity)만을 수집하고 있습니다.

STEP 2 장바구니 추가 이벤트 수집

장바구니 추가 혹은 장바구니 담기(add_to_cart) 이벤트는 사용자가 상품을 장바구니에 담았을 때 수집하는 이벤트입니다.

⚙ 살펴보기

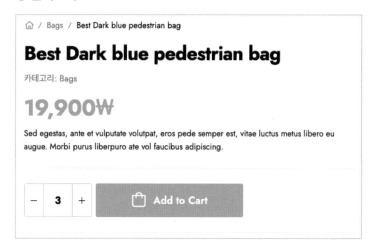

상품 페이지에서 [Add to Cart] 버튼을 클릭하면 장바구니 추가 이벤트가 수집됩니다. 여기서는 장바구니에 담는 수량을 3으로 설정하고 장바구니에 담은 후 디버그 페이지를 살펴보겠습니다.

장바구니에 'Best Dark blue pedestrian bag'이라는 19900원짜리 상품(price에서 뒤의 000000을 제외하고 읽습니다)을 3개(quantity: 3) 담았고 전체 금액(value)이 59,700원임을 알 수 있습니다.

⚙ 매개변수 살펴보기

전자상거래 이벤트 대부분은 currency, value, items라는 매개변수를 기반으로 합니다. 앞에서 상품 조회의 매개변수를 살펴볼 때 각각을 살펴봤으므로 items 매개변수 각각을 설명하지는 않겠습니다. 추가로 알아야 할 부분이 있을 때만 매개변수에 대한 설명을 진행하겠습니다.

매개변수	매개변수 2	예	설명
currency		KRW	통화
value		59700	값, 전체 금액
items	quantity	3	상호작용 중인 상품의 수량
	price	19900	상품 개별 가격

여기서는 value 매개변수와 items의 개별 item에 속하는 quantity와 price라는 매개변수에 집중해보겠습니다. 우선 value는 전자상거래 이벤트에서 발생한 전체 금액을 말합니다. 장바구니에 5만 원어치 물건을 담았다거나 10만 원어치 물건을 구매한 것을 예로 들 수 있습니다. 여기까지는 자연스럽게 이해할 수 있습니다만, items(상품들에 대한 정보) 매개변수의 개별 상품 매개변수를 파고들면 오해할 만한 부분이 생깁니다. '19900원짜리 상품 3개(quantity)를 장바구니에 담았으니 price가 59700이 되어야 하는 것 아닌가?' 하는 부분입니다. 그렇지 않습니다. price는 어떤 상황에서의 상품 개별 가격(상품 1개의 가격)을 담습니다. 개발자도 헷갈릴 수 있는 부분이므로 주의해야 합니다.

STEP 3 구매 이벤트 수집

사용자는 상품을 구매할 때 '구매 시작 – 배송 정보 추가, 결제 정보 추가 – 구매 완료'의 단계를 거칩니다. 구매 이벤트는 구매 완료 단계에서 사용자가 상품 구매를 완료했음을 수집하는 이벤트입니다. 여기서는 구매 이벤트를 필수 전자상거래 이벤트로서 먼저 살펴보겠습니다.

⚙ 살펴보기

실습 페이지 우측 상단에서 [My cart] 버튼을 누르면 장바구니 페이지로 이동합니다.

장바구니 페이지에서 [결제 진행하기]를 클릭합니다.

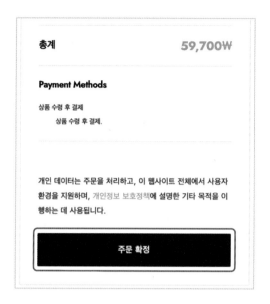

결제 페이지에 도착합니다. 실제 주문 과정에서는 배송 정보, 결제 정보를 입력해야 하지만 여기서는 [주문 확정] 버튼을 클릭하기만 해도 이벤트가 발생하도록 설정했습니다. [주문 확정]을 진행하고 디버그 페이지를 살펴보겠습니다.

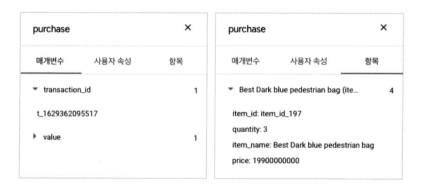

거래 ID(transaction_id)가 t_1629362095517인 구매가 완료되었고, 해당 주문은 19900원 짜리 Best Dark blue pedestrian bag 3개임을 알 수 있습니다.

⚙️ 매개변수 살펴보기

표 16-4 purchase 이벤트 매개변수

이름	예	설명
(필수) currency	USD	통화
(필수) transaction_id	T_12345	거래 고유 ID
(필수) value	1.21	값, 전체 금액
affiliation	Google Store	제휴처, 협업처
coupon	SUMMER_FUN	사용 쿠폰
shipping	3.33	배송료
tax	1.11	세금
(필수) items		상품들에 대한 정보

구매 이벤트는 다른 전자상거래 이벤트보다 매개변수를 많이 수집합니다. 상품들에 대한 정보(items)는 차이가 없지만 배송료(shipping), 세금(tax) 같은 매개변수가 추가로 수집됩니다. 정확한 수익을 판단하기 위한 값이므로 해당 데이터를 수집 가능하다면 매개변수에 값을 담는 것이 좋습니다. 또한 실제 업무에서는 구매에 사용된 쿠폰을 분석하는 경우가 많으므로 coupon 매개변수 값도 수집할 수 있도록 합시다.

구매 이벤트에는 주의해야 할 점이 하나 있습니다. 전체 금액, 배송료, 세금 등의 정보가 포함되어 있다고 이를 정산 데이터로 활용해서는 안 된다는 점입니다. 취소, 반품, 환불 그리고 광고 차단 플러그인 등에 의해 실제 수익과는 차이가 있을 수 있습니다. 데이터를 분석하여 통계 정보를 파악하는 용도로만 사용하시기 바랍니다.

STEP 4 전자상거래 구매 보고서 살펴보기

항목 이름 ▼		↓상품 조회수	장바구니에 추가	조회 수 대비 장바구니 추가 비율	전자상거래 구매
총계		1,295,215 총계 대비 100%	254,188 총계 대비 100%	24% 평균과 동일	6,077 총계 대비 100%
1	Google Marine Layer Tee	32,833	4,321	22%	11
2	Google Earth Day Eco Tee	29,909	3,947	25.04%	20
3	Google Gray French Terry Sweatshirt	28,984	3,797	21.64%	21
4	Google Campus Women's Tee	28,869	3,783	25.12%	6

그림 16-8 전자상거래 구매 보고서

필수 전자상거래 이벤트가 서비스에 적용되면 전자상거래 구매 보고서의 내용을 확인할 수 있습니다. [그림 16-8]을 자세히 살펴보면 상품 조회수, 장바구니에 추가 등의 정보가 표시되는 것을 알 수 있습니다. 상품 조회수는 view_item에서, 장바구니에 추가는 add_to_cart에서, 전자상거래 구매는 purchase에서 비롯되는 정보, 즉 우리가 수집한 전자상거래 이벤트에서 비롯되는 정보인 것입니다.

측정기준을 클릭해보면 항목 카테고리(상품 카테고리 1), 상품 브랜드 등이 제공됨을 알 수 있습니다. 이는 각각 item 매개변수의 item_category, item_brand에서 비롯됩니다. 이벤트 매개변수를 상세하게 수집할수록 파악할 수 있는 정보가 많아지는 것입니다. 여기서는 '항목 카테고리'를 클릭해보겠습니다.

항목 카테고리 ▾	+	↓상품 조회수	장바구니에 추가	조회 수 대비 장바구니 추가 비율	전자상거래 구매
총계		184,295 총계 대비 100%	34,456 총계 대비 100%	23.1% 평균과 동일	4,239 총계 대비 100%
1 Home/Apparel/Men's / Unisex/		29,211	3,824	26.9%	0
2 Men's / Unisex		19,625	2,074	20.03%	0
3 Home/Sale/		15,516	2,285	23.56%	0
4 Sale		10,516	1,414	17.68%	0
5 Home/Apparel/Women's/		7,902	1,526	28.23%	0

이제 카테고리별 상품의 조회수, 장바구니 추가 수, 구매 수 등을 확인할 수 있습니다.

이 외에도 몇 가지 전자상거래 보고서들이 있습니다. 대부분 분석 및 활용 방법은 동일합니다. 상품 조회수가 많은 상품은 무엇인가, 조회수 대비 장바구니 추가 비율이 높은 상품은 무엇인가, 조회수 대비 구매 비율이 높은 상품은 무엇인가 등 긍정적인 지표를 보이는 상품을 찾아 더 많은 구매가 발생하도록 유도할 수 있을 것입니다. 상품 목록의 앞부분에 위치시킨다거나 추천 비율을 높이는 방식을 예로 들 수 있습니다. 부정적인 지표를 보이는 상품을 찾는 것도 도움이 됩니다. 조회수는 많은데 장바구니 추가 수가 적은 상품은 무엇인가? 장바구니 추가 수는 많은데 구매 수는 적은 상품은 무엇인가? 이런 상품을 찾게 된다면 가격을 낮춘다거나 구성을 변경한다가 혹은 좀 더 직접적으로 쿠폰을 제공한다든가 하는 방식으로 구매를 유도할 수 있을 것입니다.

전자상거래 분석에 이르러 우리의 데이터 분석은 좀 더 직접적으로 '수익'에 맞닿게 됩니다. 데이터 분석 이후 이루어지는 작은 개선 행동 하나하나가 수익을 개선하는 모습을 살펴보면 어느새 구글 애널리틱스의 재미에 빠지게 될 것입니다.

16.4 프로모션 관련 이벤트 수집하기

Demo Account

수익 창출 > 개요 > 상품 프로모션 이름별 상품 조회수

GA4 – Google Merchandise Store   2021년 4월 1일 ~ 2021년 6월 30일

각자 자주 사용하는 쇼핑몰을 생각해봅시다. 아마 머릿속에 떠오른 쇼핑몰의 제일 윗부분에는 신상품을 소개하거나 세일을 알리는 프로모션(홍보) 영역이 위치하고 있을 것입니다. 프로모션 영역은 사용자가 홈페이지에 접속했을 때 가장 먼저 보게 되는 영역입니다. 게다가 영역의 크기도 커서 첫 화면의 20 ~ 30% 정도를 차지하기도 합니다. 큰 서비스 지면을 사용하는 만큼 프로모션은 반드시 좋은 성과를 보여야만 합니다. 이를 위해서는 프로모션에 대한 정확한 데이터 수집과 분석이 필요합니다. 사용자가 프로모션을 얼마나 조회했는가, 사용자가 프로모션을 얼마나 클릭했는가를 수집하고 분석할 필요가 있는 것입니다. 바로 이때, 프로모션 관련 이벤트를 사용할 수 있습니다.

16.4.1 프로모션 조회 이벤트

프로모션 조회(view_promotion) 이벤트는 사용자가 프로모션을 조회했음을 수집하는 이벤트입니다. 좀 더 정확히 말하자면 '프로모션이 사용자에게 표시되었을 때 발생'하는 이벤트입니다.

⚙ **살펴보기**

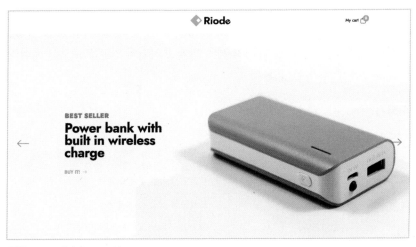

그림 16-9 배터리 프로모션

실습 페이지의 첫 화면에는 [그림 16-9]와 같이 '배터리'를 판매하는 프로모션이 표시됩니다. 해당 프로모션이 표시되면 view_promotion 이벤트가 수집됩니다.

디버그 페이지를 살펴보면 page_view(페이지 조회), session_start(세션 시작) 이벤트가 발생하고 view_item_list(목록 조회) 이벤트와 view_promotion(프로모션 조회) 이벤트가 발생하는 것을 확인할 수 있습니다. 사용자가 홈페이지에 접속하면 페이지 조회와 동시에 세션이 시작되고, 해당 페이지에서 상품 목록과 프로모션이 표시되기 때문에 이러한 순서로 이벤트가 수집되는 것입니다. 만약 이벤트의 순서를 세밀하게 조정하고 싶다면 개발자와 이벤트 사이의 간격을 늘릴 수 있을지 논의해보시기 바랍니다.

view_promotion 이벤트를 살펴보면 promotion_name 매개변수의 값이 summer_sale 임을 알 수 있습니다. 이를 바탕으로 실습 페이지 제일 위에 표시되어 있던 프로모션 배너의 이름이 summer_sale임을 알 수 있습니다.

⚙ 매개변수 살펴보기

표 16-5 view_promotion 이벤트 매개변수

이름	예	설명
creative_name	summer_banner2	프로모션 광고 소재 이름
creative_slot	featured_app_1	프로모션 광고 소재 슬롯
location_id	L_12345	Google Place ID 기반의 지역 정보
promotion_id	P_12345	프로모션 구분 아이디

이름	예	설명
promotion_name	Summer Sale	프로모션 이름
(필수) items		상품들에 대한 정보(여러 개의 상품 정보를 포함해도 제일 앞 상품 정보만 사용됨)

프로모션 이벤트는 상품들에 대한 정보만 필수이고 나머지 정보는 모두 필수가 아닙니다. 만약 서비스에서 단 1개의 프로모션만을 운영한다면 items 매개변수만 잘 입력하면 될 것입니다. 하지만 일반적으로 쇼핑몰에서는 여러 가지 프로모션을 동시에 운영하기 때문에 promotion_id 혹은 promotion_name은 수집하는 것이 좋습니다. '어떤 프로모션'의 성과를 확인하기 위해서는 프로모션을 구분할 방법이 필요하기 때문입니다.

표 16-6 summer_sale 프로모션 광고

구분	creative_slot
홈 상단	home_main
상품 페이지 하단	Item_detail_bottom
빈 장바구니	cart_empty

프로모션 광고 소재 이름(creative_name), 프로모션 광고 소재 슬롯(creative_slot)은 프로모션 여러 개를 고도화하여 운영할 때 활용할 수 있습니다. 여기서는 여름 세일 프로모션을 집중적으로 사용자에게 알린다고 가정하겠습니다. 이때 여름 세일 프로모션 자체를 여름 세일 크리에이티브(creative)라고 부릅니다. 여러 개의 광고를 묶어서 부르는 이름이라고 이해해도 좋습니다. 사용자에게 여름 세일 크리에이티브를 알리기 위해 서비스는 홈, 상품 페이지 하단, 빈 장바구니에 반복적으로 여름 세일을 알리는 일관된 프로모션을 표시할 수 있습니다. 이때 프로모션을 알리는 각각의 위치를 크리에이티브 슬롯(createive_slot, 프로모션 광고 소재 슬롯)이라고 부릅니다.

프로모션을 이 정도로 상세하게 구분하기 위해서는 프로모션 운영 시스템 또한 위 구조와 유사하게 운영되어야 할 것입니다. 만약 자신이 전자상거래 운영 혹은 기획을 담당하고 있다면 시스템 고도화에 대한 아이디어를 얻을 수 있을 것입니다. 공부한 내용을 실제 적용할 수 없다고 실망하지 말고 적극적으로 개선사항을 제안해봅시다.

16.4.2 프로모션 선택 이벤트

프로모션 선택(select_promotion) 이벤트는 사용자가 프로모션을 선택했음을 수집하는 이벤트입니다. 프로모션을 클릭해서 상품 페이지 등으로 이동할 때 데이터를 수집합니다.

⚙ 살펴보기

실습 페이지의 프로모션에서 [BUY IT!]을 클릭합니다. 프로모션을 통해 상품 페이지로 이동하게 됩니다. 이때 select_promotion 이벤트가 수집됩니다.

select_promotion		×		select_promotion		×
매개변수	사용자 속성	항목		매개변수	사용자 속성	항목
▶ promotion_id		1		▶ 항목 2		2
▼ promotion_name		1		▼ 항목 1		1
summer_sale				index: 0		

디버그 페이지를 살펴보면 프로모션 선택(select_promotion)에 대한 상세한 정보를 확인할 수 있습니다. 사용자는 summer_sale 프로모션의 첫 번째(index: 0, 프로그래밍 코드상에서는 목록의 첫 번째 항목을 0번이라고 합니다) 상품을 선택했음을 알 수 있습니다.

⚙ 매개변수 살펴보기

표 16-7 item 매개변수

이름	예	설명
promotion_id	P_12345	프로모션 구분 아이디
promotion_name	Summer Sale	프로모션 이름
index	0	프로모션 목록, 상품 목록 내의 전시 순서

프로모션 선택 이벤트의 매개변수는 프로모션 조회 이벤트 매개변수와 동일합니다. 여기서는 프로모션 선택 이벤트에 포함되는 item 매개변수에 대해서만 좀 더 살펴보겠습니다.

전자상거래 이벤트는 이벤트가 발생한 상품에 대한 정보를 수집합니다. 전자상거래 이벤트 전반적으로 동일한 형태의 데이터를 수집합니다만 select_promotion 이벤트의 item 매개변수에는 약간 다른 점이 있습니다.

오직 select_promotion의 item 매개변수에만 promotion_id, promotion_name 항목이 존재합니다. 여기에는 어떤 프로모션에서 발생한 것인지에 대한 정보를 담습니다. 만약 summer_sale 프로모션에서 선택이 발생했다면 summer_sale에서 발생한 것임을 담는 것입니다. 또한 index 항목도 챙겨야 합니다. 실습 페이지처럼 프로모션에 2개의 항목(배터리, 시계)을 전시할 경우 몇 번째 항목이 선택되었는지를 수집해야 할 것입니다. 이 정보를 바탕으로 우리는 어떤 프로모션의 몇 번째 항목이 선택되었음을 알게 되는 것입니다.

16.4.3 프로모션 보고서 분석하기

프로모션 보고서는 찾기 힘든 위치에 있습니다. 수익 창출 개요 보고서를 선택하면 '상품 프로모션 이름별 상품 조회수'를 확인할 수 있습니다. [프로모션 보기]를 선택합니다.

	상품 프로모션 이름 ▾	＋	↓상품 프로모션 조회수	상품 프로모션 클릭수	상품 프로모션 클릭률
	총계		5,126 총계 대비 100%	5,114 총계 대비 100%	99.91% 평균과 동일
1	act responsible		2,457	2,456	100.05%
2	reach new heights		2,446	2,435	99.77%
3	complete your collection		138	138	100%
4	google mural collection		85	85	100%
5	(not set)		0	0	0%
6	EARTHDAY10		0	0	0%

프로모션 이름을 기준으로 상품 프로모션 조회수, 상품 프로모션 클릭수, 상품 프로모션 클릭률 그리고 장바구니 추가, 결제 횟수, 구매 수를 확인할 수 있습니다. 이를 바탕으로 어떤 프로모션의 반응이 좋은지 파악하거나, 어떤 프로모션의 반응이 좋지 않은지 확인하여 프로모션을 효율적으로 운영하는 데 활용할 수 있을 것입니다.

16.5 [실전] 끌어올린 매개변수로 상품 조회 분석하기

🌓 실습 계정

⌂ 구글 애널리틱스 실습 – GA4　　　　　　　　⏱ 지난 28일

앞에서는 필수 전자상거래 이벤트와 프로모션 관련 이벤트를 살펴봤습니다. 이제 전자상거래 데이터를 분석할 준비가 된 것입니다. 그런데 실제로 전자상거래 분석을 진행해보면 생각보다 보고서 조작에 제약이 많다는 사실을 알게 됩니다. 이번 절에서는 전자상거래 보고서 조작의 제약사항을 알아보고 이를 어떻게 보완할 수 있는지 배워보겠습니다.

16.5.1 전자상거래 분석의 제약사항

항목 이름	↓상품 조회수	장바구니에 추가	전자상거래 구매
총계	109,816 총계 대비 100%	21,725 총계 대비 100%	1,835 총계 대비 100%
1　Google Marine Layer Tee	30,115	3,806	10
2　Google Earth Day Eco Tee	28,398	3,562	20
3　Google Campus Unisex Zip Hoodie	27,464	3,309	39
4　Google Campus Women's Tee	27,448	3,410	5
5　Google Gray French Terry Sweatshirt	26,418	3,309	19
6　Google Tonal Blue Eco Tee	25,120	3,040	11
7　Google Charcoal Unisex Badge Tee	24,923	3,295	99
8　Google Vintage Navy Tee	24,770	3,013	15
9　Google Maps Pin Tee	24,456	3,013	7
10　Google Navy Polo	23,309	2,953	58

그림 16-10　전자상거래 탐색 보고서

[그림 16-10]은 구글 머천다이즈 스토어의 전자상거래 구매 보고서를 탐색 보고서로 전환한 모습입니다. 여러 가지 상품에 대한 정보를 확인할 수 있습니다. 여기서 'Tee'라는 단어가 포함된 상품만 확인하고 싶다고 가정해봅시다. 어떻게 할 수 있을까요? 필터를 사용하면 될 것입니다.

하지만 막상 필터를 클릭해보면 '항목 이름'은 선택할 수 없는 상태인 것을 알 수 있습니다. 탐색 보고서에서 상품 이름에 'Tee'가 들어간 항목만 남길 수가 없는 것입니다.

항목 이름 ▾	+	↓상품 조회수	장바구니에 추가
총계		416,364 총계 대비 34.41%	65,013 총계 대비 28.09%
1　Google Marine Layer Tee		30,115	3,806
2　Google Earth Day Eco Tee		28,398	3,562
3　Google Campus Women's Tee		27,448	3,410
4　Google Tonal Blue Eco Tee		25,120	3,040
5　Google Charcoal Unisex Badge Tee		24,923	3,295

탐색 보고서가 아닌 전자상거래 구매 보고서에서는 'Tee'를 검색할 수 있습니다. 하지만 이 경우에는 데이터를 탐색할 수 없게 됩니다.

분명 구글 애널리틱스는 데이터를 수집하고 있지만 우리가 활용 가능하게 제공하지는 않고 있는 상태입니다. 이를 극복하기 위해서는 무엇을 할 수 있을까요? 특정 데이터를 활용 가능하도록 설정하는 '맞춤 측정기준'을 활용해야 하는 것입니다.

16.5.2 이벤트 레벨 매개변수란?

```javascript
gtag("event", "view_item", {
  currency: "USD",
  value: 7.77,
  items: [
    {
      item_id: "SKU_12345",
      item_name: "Stan and Friends Tee",
      affiliation: "Google Store",
      coupon: "SUMMER_FUN",
      currency: "USD",
      discount: 2.22,
      index: 5,
      item_brand: "Google",
      item_category: "Apparel",
      item_category2: "Adult",
      item_category3: "Shirts",
      item_category4: "Crew",
      item_category5: "Short sleeve",
      item_list_id: "related_products",
      item_list_name: "Related Products",
      item_variant: "green",
      location_id: "L_12345",
      price: 9.99,
      quantity: 1
    }
  ]
});
```

그림 16-11 view_item 이벤트 코드

이를 위해서는 view_item 이벤트 코드를 자세히 살펴봐야 합니다. items(상품들에 대한 정보) 매개변수의 내부에는 개별 item에 대한 정보가 담겨 있습니다. 상품 아이디(item_id), 상품 이름(item_name), 목록에서의 전시 순서(index) 등이 담겨 있는 것입니다. 이 정보들을 맞춤 측정기준으로 등록하면 탐색 보고서에서 데이터를 확인할 수 있을 것입니다.

그런데 여기서는 하나 더 알아두어야 할 것이 있습니다. 맞춤 측정기준은 이벤트 레벨의 매개변수만을 등록할 수 있다는 것입니다. 다시 이벤트 코드를 살펴봅시다. currency와 value는 view_item 이벤트에 직접 속하는 매개변수(view_item ▶ currency, view_item ▶ value)입니다. 반면 item_id는 view_item 이벤트에 직접 속하는 것이 아니라 view_item 이벤트의 items에 속하는 매개변수(view_item ▶ items ▶ item_id)입니다. 상품 이름을 필터로 사용할 수 없었던 것도 이와 관련이 있습니다.

따라서 우리는 이를 극복해야 합니다. 개발자와 의논하여 item_id 매개변수(view_item ▶ items ▶ item_id)를 이벤트 레벨(view_item ▶ item_id)로 끌어올려야 하는 것입니다. 개인적으로는 이를 '매개변수 끌어올림', '끌어올린 매개변수'라고 부릅니다.

```
gtag("event", "view_item", {
  currency: "USD",
  value: 7.77,
  ec_item_id: "SKU_12345",
  ec_item_name: "Stan and Friends Tee",
  items: [
    {
      item_id: "SKU_12345",
      item_name: "Stan and Friends Tee",
      affiliation: "Google Store",
      coupon: "SUMMER_FUN",
      currency: "USD",
      discount: 2.22,
      index: 5,
      item_brand: "Google",
      item_category: "Apparel",
      item_category2: "Adult",
      item_category3: "Shirts",
      item_category4: "Crew",
      item_category5: "Short Sleeve",
      item_list_id: "related_products",
      item_list_name: "Related Products",
      item_variant: "green",
      location_id: "L_12345",
      price: 9.99,
      quantity: 1
    }
  ]
})
```

그림 16-12 매개변수 끌어올림(ec_item_id, ec_item_name)

매개변수 끌어올림을 적용한 상품 조회(view_item) 이벤트 코드입니다. 여기서는 items 레벨에 포함되어 있던 item_id, item_name을 view_item 이벤트 레벨로 끌어올렸습니다. 또한 매개변수를 끌어올리면서 끌어올린 매개변수가 전자상거래 이벤트임을 명시하기 위해 'ec_'라는 머리말을 덧붙였습니다.

매개변수 끌어올림을 적용하기 위해서는 어떤 데이터를 분석하고 싶은지 확실히 파악하고 있어야 합니다. 파악하고 싶은 데이터가 결정되면 개발자와 논의하여 item_id, item_name 등 분석하고자 하는 항목을 이벤트 레벨로 끌어올립니다. 이후 끌어올린 매개변수를 맞춤 측정기준으로 등록합니다.

STEP 1 실습 페이지에 '매개변수 끌어올림' 적용하기

구글 애널리틱스가 연결되었습니다.   초기화

측정 ID: G-8M42HX8VKX

사용자 ID가 연결되었습니다.   변경

사용자 ID: h_11

이벤트 발생시 메시지를 해제할까요?   네

맞춤 이벤트 매개변수를 사용할까요?   네

실습 페이지에는 매개변수 끌어올림이 적용된 전자상거래 이벤트 코드가 미리 적용되어 있습니다. '맞춤 이벤트 매개변수를 사용할까요?'를 '네'로 설정합니다.

상품을 조회한 뒤 디버그 페이지를 살펴봅시다. view_item 이벤트에 ec_item_id, ec_item_name, ec_promotion_name 등 끌어올린 매개변수가 있음을 확인할 수 있습니다.

STEP 2 맞춤 측정기준 등록하기

표 16-8 매개변수 끌어올림

items 하위 매개변수	매개변수 끌어올림
item_id	ec_item_id
item_name	ec_item_name
promotion_name	ec_promotion_name
list_name	ec_list_name

전자상거래 분석의 목적에 따라 끌어올리게 되는 매개변수는 다를 수 있습니다. 일반적으로 [표 16-8] 정도의 매개변수를 끌어올리면 원활하게 데이터 분석을 진행할 수 있을 것입니다. 여기서는 view_item 이벤트를 수집할 때 상품 아이디(ec_item_id), 상품 이름(ec_item_name), 프로모션 이름(ec_promotion_name), 목록 이름(ec_list_name) 매개변수를 끌어올렸습니다.

이제 이를 분석할 수 있도록 각자 맞춤 측정기준을 등록합니다. 측정기준 이름, 설명, 이벤트 매개변수를 모두 ec_item_id로 등록하고 저장합니다. 이를 반복하여 [표 16-8]의 끌어올린 매개변수를 맞춤 측정기준으로 모두 등록합니다. 맞춤 기준 등록이 완료되면 view_item 이벤트를 분석할 때 ec_item_name과 ec_promotion_name 등을 활용해 필터링을 진행할 수 있습니다.

STEP 3 탐색 보고서 확인하기

빈 탐색 보고서에 측정기준으로 '이벤트 이름', 측정 항목으로 '이벤트 수'를 적용했습니다. 또한 이벤트 이름이 view_item과 일치하는 경우만 표시되도록 필터를 적용했습니다.

view_item 이벤트의 상품 이름을 확인할 수 있도록 끌어올린 매개변수 ec_item_name을 적용합니다.

이벤트 이름	ec_item_name	↓이벤트 수
총계		**5** 총계 대비 100.0%
1 view_item	Best Dark blue pedestrian bag	1
2 view_item	Glassy Tea Cup	1
3 view_item	Magnetic Pen Container	1
4 view_item	Phone Sound Louder	1
5 view_item	Women's Poket backpack	1

이제 조회한 상품의 이름을 확인할 수 있습니다.

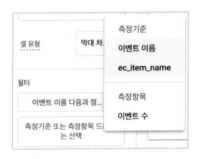

또한 필터를 확인해보면 끌어올린 매개변수 ec_item_name이 적용 가능한 것을 확인할 수 있습니다. ec_item_name이 Cup을 포함하는 경우에 대한 잠재고객을 설정해봅시다.

view_item 이벤트 상품에 대한 이름 필터링이 제대로 동작하는 것을 확인할 수 있습니다. 여기서는 상품 조회(view_item)의 매개변수를 끌어올려 상품 이름(ec_item_name)으로 데이터를 탐색하는 방법을 살펴봤습니다. 상품 이름 말고도 목록 이름(ec_list_name), 프로모션 이름(ec_promotion_name) 매개변수도 끌어올렸으므로 데이터 탐색에 활용할 수 있을 것입니다.

구글 애널리틱스에서 안내하는 전자상거래 이벤트를 그대로 구현하면 탐색 보고서 사용에 제약이 있을 수 있습니다. 전자상거래 필수 이벤트인 상품 조회(view_item), 장바구니 담기 (add_to_cart), 구매(purchase)에 대해서는 일부 매개변수를 끌어올려 원하는 탐색을 진행할 수 있도록 설정할 필요가 있습니다. 아직은 이러한 설정의 필요성이 느껴지지 않을 수 있습니다만, 앞으로 전자상거래 데이터 분석을 진행하다 보면 이번 절의 내용을 다시 봐야 할 때가 올 것입니다. 지금은 이해가 가지 않더라도 '매개변수 끌어올림'이라는 방식이 있다는 것은 꼭 기억해두시기 바랍니다.

16.6 목록 관련 이벤트 수집하기

- Demo Account
- 수익 창출 > 개요 > 상품 목록 이름별 전자상거래 구매
- GA4 – Google Merchandise Store
- 지난 28일

대부분의 쇼핑몰은 목록 기반으로 운영됩니다. 프로모션 영역 아래에는 인기 상품 목록이 표시되고, 인기 상품 목록 아래에는 세일 상품 목록이 표시되고, 그 아래에는 또 다른 상품 목록이 표시됩니다. 사용자는 목록에서 원하는 상품을 선택하고 쇼핑합니다. 따라서 어떤 목록이 사용자에게 표시되었는지, 사용자가 목록에서 어떤 상품을 선택했는지 분석할 필요가 있습니다. 이번 절에서는 목록 관련 이벤트를 살펴보겠습니다.

STEP 1 목록 조회 이벤트

목록 조회(view_item_list) 이벤트는 사용자가 상품 목록을 조회했음을 수집하는 이벤트입니다. 좀 더 정확히 말하자면 '목록이 사용자에게 표시되었을 때 발생'하는 이벤트입니다.

⚙ 살펴보기

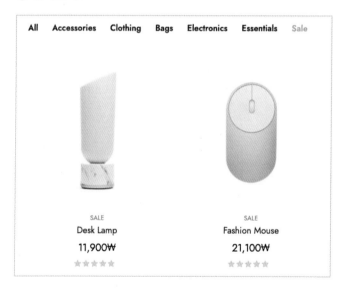

실습 페이지에 접속하면 프로모션 아래에 'All' 상품 목록이 보입니다. 사용자는 'All' 상품 목록 외에도 다양한 목록, 카테고리를 조회할 수 있습니다. 'Sale'을 선택해보겠습니다. Sale 상품 목록이 표시되면 디버그 페이지를 확인합니다.

view_item_list 이벤트를 살펴보면 우리가 눌렀던 목록의 이름(sale)이 표시된다는 것을 알 수 있습니다. 이를 바탕으로 사용자가 어떤 목록을 조회했는지 알 수 있습니다.

⚙ 매개변수 살펴보기

표 16-9 view_item_list 이벤트 매개변수

이름	예	설명
item_list_id	related_products	상품 목록 아이디
item_list_name	Related products	상품 목록 이름
(필수) items		상품들에 대한 정보 (여러 개의 상품 정보를 포함해도 제일 앞 상품 정보만 사용됨)

상품 목록 조회 이벤트는 상품들에 대한 정보만 필수이고 나머지 정보는 모두 필수가 아닙니다. 그렇다고 하더라도 목록을 구분하기 위해서는 item_list_id와 item_list_name을 수집해야 할 것입니다.

STEP 2 목록 상품 선택 이벤트

사용자가 목록에서 상품을 선택하면 목록 상품 선택(select_item) 이벤트를 수집합니다.

⚙ 살펴보기

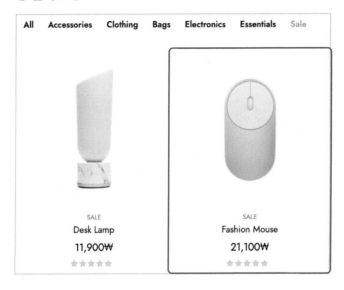

여기서는 Sale 상품 목록의 두 번째 상품인 Fashion Mouse를 선택하겠습니다.

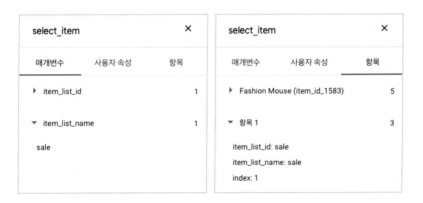

디버그 페이지를 살펴보면 목록 상품 선택(select_item)에 대한 상세한 정보를 확인할 수 있습니다. 사용자가 sale 목록의 두 번째(index: 1, 첫 번째가 0, 두 번째가 1) 상품을 선택했음을 알 수 있습니다.

표 16-10 item 매개변수

이름	예	설명
item_list_id	sale	목록 아이디
item_list_name	sale	목록 이름
index	1	프로모션 목록, 상품 목록 내의 전시 순서

목록 선택 이벤트도 프로모션 선택 이벤트와 마찬가지로 목록의 이름과 목록 내의 전시 순서를 포함합니다. 이 사항만 주의하여 데이터를 수집하면 어떤 목록에서 어떤 상품이 선택되었는지 확인할 수 있을 것입니다.

STEP 3 **프로그래밍과 이벤트 수집 시점**

사용자가 목록을 조회하면 혹은 목록이 사용자에게 표시되면 상품 목록 조회(view_item_list) 이벤트가 발생합니다. 그런데 여기에는 한 가지 생각해봐야 할 것이 있습니다. 목록이 사용자에게 표시되었다는 것을 어떻게 측정하는 걸까요? '무엇인가 사용자에게 표시되었다', '사용자가 무엇인가를 봤다'는 것은 어떻게 판단하는 것일까요?

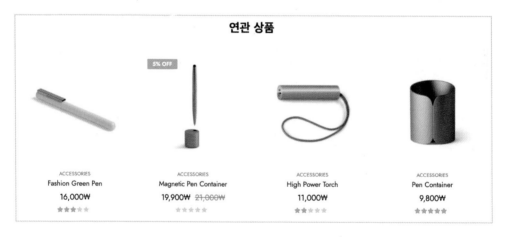

상품 페이지 하단에는 연관 상품 목록이 있습니다. 상품 페이지에 접속해서 스크롤을 내려보면 연관 상품 목록이 화면에 표시될 때 상품 목록 조회(view_item_list) 이벤트가 추가로 발생합니다. 목록이 화면에 표시되었으므로 사용자가 목록을 보았다고 생각할 수 있을 것입니다. 만약 이것으로도 부족하다면 목록이 화면에 10초 이상 노출되었을 때 이벤트가 수집되도록 고도화할 수도 있을 것입니다.

'무엇인가 사용자에게 표시되었다', '사용자가 무엇인가를 봤다'는 간단하게 측정할 수 있는 것이 아닙니다. '표시', '봤다'를 측정할 수 있도록 정의하고 해당 정의를 프로그래밍으로 구현해야 합니다. 이벤트의 수집 시점을 좀 더 정확하게 하고 싶다면 개발자와 이야기해보면서 가능한 것과 불가능한 것을 파악해봅시다. 한층 정밀해진 데이터 수집이 실제 사용자의 행동에 가까운 데이터를 여러분에게 보여줄 것입니다.

STEP 4 목록 보고서 분석하기

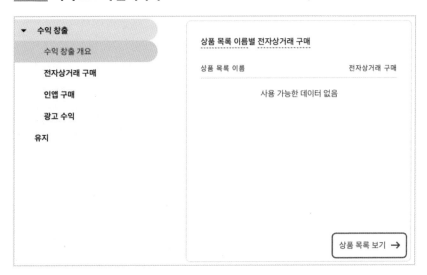

수익 창출 개요 보고서에서 [상품 목록 보기]를 클릭합니다.

	상품 목록 이름 ▾	＋	↓상품 목록 조회수	상품 목록 클릭수	상품 목록 클릭률	장바구니에 추가
	총계		273,994 총계 대비 100%	18,038 총계 대비 100%	25.39% 평균과 동일	40,523 총계 대비 100%
1	(not set)		107,655	6,462	44.81%	18,362
2	Sale		29,990	484	13.1%	2,095
3	Men's / Unisex		25,337	1,788	31.5%	3,523
4	New		18,763	841	17.67%	1,468
5	Google		13,595	125	8.84%	583

그림 16-13 상품 목록 데이터

상품 목록 이름을 기준으로 상품 목록 조회수, 상품 목록 클릭수, 장바구니 추가를 확인할 수 있습니다. 이를 바탕으로 어떤 목록의 반응이 좋은지, 어떤 목록의 반응이 좋지 않은지 등을 파악하여 목록 내의 상품을 교체하는 등으로 쇼핑몰을 운영할 수 있을 것입니다.

한 가지 흥미로운 점은 이미지에는 표시되어 있지 않지만 결제 횟수와 구매 수가 모두 0으로 표시된다는 점입니다. 상품의 결제, 구매 완료 시점에서 해당 상품이 어떤 목록에 있었는지를 파악하는 것은 매우 어려운 작업입니다. 그러므로 구글 머천다이즈 스토어에서도 해당 데이터는 수집하지 않는다고 추정할 수 있습니다. 수집 가능한 매개변수, 수집된 데이터가 적더라도 꾸준한 데이터 분석을 통해 인사이트를 발견하는 데 집중합시다.

16.7 장바구니 관련 이벤트 수집하기

전자상거래 이벤트 분석에서 가장 중요한 이벤트는 장바구니 담기(add_to_cart) 이벤트라고 할 수 있습니다. 상품을 장바구니에 담는다는 행동은 사용자에게 구매할 마음이 생기고 있다는 신호이기 때문입니다. 우리는 앞서 필수 전자상거래 이벤트에서 장바구니 담기 이벤트를 이미 다루었습니다. 이번 절에서는 나머지 장바구니 관련 이벤트를 다루어보겠습니다.

표 16-11 장바구니 관련 이벤트

이벤트	내용
add_to_wishlist	위시리스트(찜) 담기
add_to_cart	장바구니 담기
view_cart	장바구니 조회
remove_from_cart	장바구니에서 제거

[표 16-11]은 장바구니 관련 이벤트를 정리한 것입니다. 장바구니 담기 이벤트는 이미 다루었습니다. 위시리스트(찜) 담기 이벤트는 장바구니 담기와 이벤트 이름만 다르고 모든 것이 동일합니다. 따라서 이번 절에서는 위시리스트(찜) 담기와 장바구니 담기 이벤트는 제외하고 장바구니 조회와 장바구니에서 제거 이벤트만 살펴보겠습니다.

STEP 1 장바구니 조회 이벤트

장바구니 조회(view_cart) 이벤트는 사용자가 장바구니를 조회할 때 발생하는 이벤트입니다. 사용자가 장바구니를 몇 번 봤는지 어떤 상품을 얼마나 넣었는지 확인할 수 있습니다.

⚙ 살펴보기

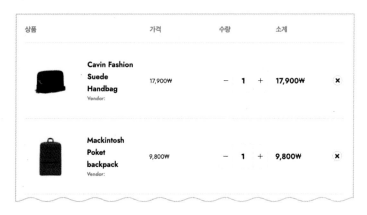

실습 쇼핑몰 상단의 장바구니 버튼을 클릭하면 장바구니 페이지에 접속할 수 있습니다. 장바구니 페이지 접속이 완료되면 디버그 페이지를 확인합니다.

view_cart(장바구니 조회) 이벤트가 발생했을 당시 Glassy Tea Cup, Mackintosh Pocket backpack, Cavin Fashion Suede Handbag이 담겨 있었음을 확인할 수 있습니다.

⚙ 매개변수 살펴보기

표 16-12 view_cart 이벤트 매개변수

이름	예	설명
(필수) currency	USD	통화
(필수) value	7.77	값, 전체 금액
(필수) items		상품들에 대한 정보

view_cart 이벤트 매개변수는 다른 전자상거래 이벤트 매개변수 수집과 크게 다르지 않습니다. 장바구니에 담긴 통화, 값, 상품 정보를 수집합니다.

STEP 2 장바구니에서 제거 이벤트

장바구니에서 제거(remove_from_cart) 이벤트는 사용자가 장바구니에서 물건을 제거할 때 수집하는 이벤트입니다. 사용자가 어떤 물건을 장바구니에서 제거했는지를 확인할 수 있습니다.

⚙ 살펴보기

장바구니에 담긴 상품의 제거 버튼을 클릭하고 디버그 페이지를 확인합니다.

Cavin Fashion Suede Handbag을 장바구니에서 제거했음을 확인할 수 있습니다.

⚙ 매개변수 살펴보기

표 16-13 remove_from_cart 이벤트 매개변수

이름	예	설명
(필수) currency	USD	통화
(필수) value	7.77	값, 전체 금액
(필수) items		상품들에 대한 정보

remove_from_cart 이벤트 매개변수도 다른 전자상거래 이벤트와 크게 다르지 않습니다. 장바구니에 담긴 통화, 값, 상품 정보를 수집합니다.

STEP 3 장바구니 조회와 장바구니에서 제거 이벤트의 활용

장바구니 조회와 장바구니에서 제거 이벤트는 활용도가 높지 않습니다. 장바구니 조회와 장바구니에서 제거가 측정기준, 측정항목으로 제공되지 않으므로 구글 애널리틱스 내부에서 상세한 데이터를 확인할 수 없기 때문입니다. 이벤트 이름을 활용하여 '1일 동안 장바구니를 5회 이상 조회한 사용자'와 같은 식으로 잠재고객을 만드는 것 외에 마땅한 사용 방법이 제공되지 않습니다.

또한 장바구니에 담긴 물건, 장바구니 제거 자체도 실제 사용자의 장바구니 물건과는 일치하지 않을 가능성이 있습니다. 장바구니에 담긴 상품을 구현하는 개발 방법이 다양하기 때문입니다. 어떤 서비스는 브라우저의 쿠키 영역에, 어떤 서비스는 서버의 데이터베이스에 장바구니 아이템을 저장할 수 있습니다. 또한 장바구니에 담고 특정 시일이 지나거나, 장바구니에 담은 상품이 품절되면 목록에서 상품이 제거되는 경우도 있습니다. 이러한 상태는 구글 애널

리틱스에서 반영되지 않을 수 있기 때문에 실제 데이터와는 차이가 있을 수 있습니다. 따라서 여기서는 장바구니와 관련한 이벤트가 있다 정도만 간단하게 확인하고 넘어가겠습니다.

16.8 구매 단계 이벤트 수집하기

표 16-14 구매 단계 이벤트

이벤트	내용
begin_checkoutshlist	구매 시작
add_shipping_info	배송 정보 추가
add_payment_info	결제 정보 추가
purchase	구매
refund	환불

전자상거래에서 사용자가 물건을 구매하는 과정을 생각해봅시다. 사용자는 [구매하기] 버튼을 눌러 구매를 시작합니다. 배송 정보를 입력하고 결제 정보를 입력한 뒤 구매를 완료합니다. 구매 이후에는 취소, 반품 등의 이유로 환불을 진행하기도 합니다. 전자상거래 대부분의 구매 단계는 이와 같이 설명할 수 있습니다. 이번 절에서는 구매 단계에서 발생하는 이벤트를 살펴보겠습니다.

STEP 1 **구매 시작 이벤트**

구매 시작(begin_checkout) 이벤트는 사용자가 구매를 시작할 때 발생하는 이벤트입니다. 별도의 구매 페이지로 이동하거나 결제창이 표시될 때 이벤트를 수집합니다.

⚙ **살펴보기**

실습 페이지의 장바구니에서 [결제 진행하기]를 클릭합니다.

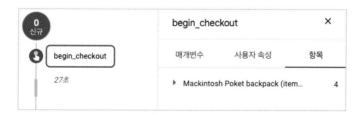

beign_checkout 이벤트가 발생했고 Mackintosh Poket backpack, Glassy Tea Cup을 구매하려는 것임을 알 수 있습니다.

⚙ 매개변수 살펴보기

표 16-15 begin_checkout 매개변수

이름	예	설명
(필수) currency	USD	통화
(필수) value	7.77	값, 전체 금액
coupon	SUMMER_FUN	쿠폰 이름
(필수) items		상품들에 대한 정보

begin_checkout 이벤트에는 쿠폰 정보를 담는 coupon 매개변수가 있습니다. 서비스에 따라 구매 단계에서 쿠폰을 사용하는 단계가 다를 수 있습니다. 어떤 서비스는 구매를 시작할 때 선택할 수 있고 어떤 서비스는 결제 정보 입력 단계에서 쿠폰을 선택할 수 있습니다. 따라서 무작정 begin_checkout 단계에서 쿠폰 정보를 수집한다기보다는 데이터 분석 계획을 고려하여 적절한 시점을 선택해야 할 것입니다. 개인적으로는 구매 완료(purchase) 시점에 coupon 정보를 추가로 수집하는 것을 추천합니다.

STEP 2 배송 정보 추가 이벤트

배송 정보 추가(add_shipping_info) 이벤트는 사용자가 배송 정보를 추가할 때 수집하는 이벤트입니다. 배송 주소를 입력 혹은 배송 방법을 선택할 때 이벤트를 수집합니다.

⚙ 살펴보기

실습 페이지에는 구매가 시작될 때 배송 정보 추가 이벤트와 결제 정보 추가 이벤트가 수집되도록 설정되어 있습니다. 디버그 페이지에서 add_shipping_info를 통해 배송 정보를 확인할 수 있습니다. 여기서는 배송 방법(shipping_tier)이 일반 배송(Ground)임을 알 수 있습니다.

⚙ 매개변수 살펴보기

표 16-16 add_shipping_info 이벤트 매개변수

이름	예	설명
(필수) currency	USD	통화
(필수) value	7.77	값, 전체 금액
coupon	SUMMER_FUN	쿠폰 이름
shipping_tier	Ground	배송 방법
(필수) items		상품들에 대한 정보

add_shipping_info 이벤트에는 배송 정보를 담는 shipping_tier 매개변수가 있습니다. 사용자가 선택한 배송 방법(택배 수령, 직접 수령 등)을 수집합니다.

국내 쇼핑몰 대부분은 주문 편리화를 위해 이전에 입력한 배송 주소, 이전에 선택한 배송 방법을 그대로 유지하는 경우가 있습니다. 따라서 사용자가 배송 정보를 입력하는 순간 혹은 배송 방법을 선택하는 순간 해당 이벤트를 수집하려고 할 경우 add_shipping_info 이벤트 자체를 수집하지 못하는 경우가 발생할 수 있습니다. 이미 배송 주소가 입력되어 있고 배송 방법이 선택되어 있으므로 사용자가 입력, 선택하지 않을 가능성이 있기 때문입니다. 이를 고려하여 사용자가 행동하지 않아도 add_shipping_info 이벤트를 수집할 수 있도록 해야 할 것입니다.

STEP 3 결제 정보 입력 이벤트

결제 정보 입력(add_payment_info) 이벤트는 사용자가 결제 정보를 추가할 때 수집하는 이벤트입니다. 결제 방법을 선택하고 상세 정보를 채워 넣을 때 이벤트를 수집합니다.

⚙ 살펴보기

디버그 페이지에서 add_payment_info를 통해 배송 정보를 확인할 수 있습니다. 여기서는 결제 방법(payment_type)이 신용 카드(Credit Card)임을 알 수 있습니다.

배송 정보와 마찬가지로 이전에 선택한 결제 방법 등이 유지될 수 있습니다. 사용자가 결제 방법을 선택하는 순간 해당 이벤트를 수집하려고 할 경우 이벤트 자체가 수집되지 않을 수 있습니다. 또한 구매를 진행할 때 사용자는 결제 방법을 자주 변경할 가능성이 있습니다. 계좌 입금을 선택했다가 귀찮다는 생각이 들어서 간편 결제를 선택하는 경우를 예로 들 수 있습니다. 이러한 경우 add_payment_info 이벤트가 많이 발생할 수 있으므로 적절한 이벤트 수집 시점이 언제일지 고민해봐야 할 것입니다.

STEP 4 구매 이벤트

사용자가 구매 시작, 배송 정보 추가, 결제 정보 추가를 모두 마치면 구매가 완료됩니다. 구매가 완료되면 최종적으로 구매(purchase) 이벤트를 수집합니다. 16.3절 '필수 전자상거래 이벤트 수집하기'에서 구매 이벤트의 매개변수를 다루었기 때문에 여기서는 실제 업무에서 구매 이벤트에 매개변수를 끌어올리는 모습을 살펴보겠습니다.

⚙ 매개변수 끌어올림 살펴보기

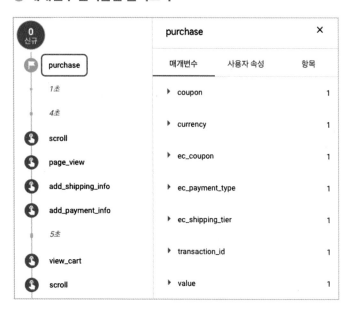

실습 페이지에서 '맞춤 이벤트 매개변수 사용'을 설정한 상태라면 purchase 이벤트에 ec_coupon, ec_payment_type, ec_shipping_tier 매개변수가 수집되는 것을 확인할 수 있습니다.

먼저 ec_shipping_tier와 ec_payment_type을 살펴보겠습니다. shipping_tier(배송 방법)는 add_shipping_info 이벤트에서 수집하는 매개변수이고, payment_type(결제 방법)은

add_payment_info 이벤트에서 수집하는 매개변수입니다. 사용자는 구매를 완료하기 직전까지 배송 방법과 결제 방법을 변경할 수 있습니다. 따라서 해당 이벤트는 수집 시점이 불분명하다는 단점을 지니고 있습니다. 해당 정보를 확정적으로 수집할 수 있는 시점은 배송 방법과 결제 방법을 변경할 수 없는 구매 완료(purchase) 단계뿐인 것입니다. 이에 따라 구매 이벤트에는 '확정된' 배송 방법(ec_shipping_tier)과 결제 방법(ec_payment_type)을 수집했습니다. 이렇게 데이터를 수집하면 어떤 배송 방법으로, 어떤 결제 방법으로 구매가 이루어졌는지 쉽게 분석할 수 있습니다.

이번에는 ec_coupon을 살펴보겠습니다. 구매 이벤트에는 기본적으로 coupon 매개변수가 포함되어 있습니다만, 여기서는 ec_coupon이라는 매개변수로 다시 수집했습니다. 구글 애널리틱스 내에서 coupon 매개변수는 이벤트 레벨로 수집될 때도 있고 아닐 때도 있습니다. 이러한 이유로 상품 쿠폰은 필터를 적용할 수 없는 데이터가 됩니다. 따라서 쿠폰을 활용하여 데이터를 탐색하고 싶다면 ec_coupon 매개변수를 추가하여 coupon 정보를 중복으로 수집할 필요가 있습니다.

이벤트	추가 수집한 매개변수	용도
view_item	ec_item_id	상품 아이디 분석에 활용
	ec_item_name	상품 이름 분석에 활용
	ec_promotion_name	프로모션 분석에 활용
	ec_list_name	목록 분석에 활용
purchase	ec_coupon	쿠폰 분석에 활용
	ec_shipping_tier	배송 방법 분석에 활용
	ec_payment_type	결제 방법 분석에 활용

지금까지 우리가 살펴본 끌어올린 매개변수, 추가 수집한 매개변수를 정리하면 위와 같습니다. view_item 이벤트에서 상품 아이디, 상품 이름, 프로모션, 목록을 분석하기 위해 매개변수를 추가했고 purchase 이벤트에서 쿠폰, 배송 방법, 결제 방법을 분석하기 위해 매개변수를 추가했습니다. 앞에서 필수 전자상거래 이벤트라고 언급했던 view_item, add_to_cart, purchase 중 view_item 이벤트와 purchase 이벤트를 집중적으로 보완하여 원활한 전자상거래 분석 환경을 만들어나가는 것이라고 할 수 있습니다.

STEP 5 **끌어올린 매개변수로 구매 분석하기**

구매 이벤트에 끌어올린 매개변수를 적용하면 구매에 사용한 쿠폰, 결제 방법, 배송 방법을 쉽게 분석할 수 있습니다.

빈 탐색 보고서에 측정기준으로 '이벤트 이름', 측정 항목으로 '이벤트 수'를 적용했습니다.

purchase 항목을 마우스 오른쪽 버튼으로 누른 뒤 [선택항목만 포함]을 클릭합니다.

이 방법을 사용하면 필터를 직접 설정하는 것보다 편하게 purchase 이벤트 데이터만을 확인할 수 있습니다.

측정기준으로 끌어올린 매개변수 ec_coupon, ec_payment_type, ec_shipping_tier를 추가하고 보고서에 적용합니다.

이제 구매 이벤트의 쿠폰, 결제 방법, 배송 방법을 확인할 수 있습니다. 실습 페이지에서는 쿠폰, 결제 방법, 배송 방법을 모두 고정해두었기 때문에 의미 있는 데이터가 표시되지는 않습니다. 실제 서비스에 해당 분석 방법을 적용한다면 좀 더 의미 있는 데이터가 표시될 것입니다.

여기서는 이런 가정을 해보겠습니다. 혹시 연령대에 따라 선호하는 결제 방법이 다르지는 않을까요? 탐색 보고서에 연령을 적용하여 데이터를 분석해봅시다. 어쩌면 40대 미만 사용자는 간편 결제를 선호하고 40대 초과 사용자는 계좌 이체를 선호할지도 모릅니다. 서비스 내에서 사용자의 연령대를 파악할 수 있다면 40대 미만 사용자에게는 결제 방식으로 간편 결제를 먼저 보여주고, 40대 초과 사용자에게는 결제 방식으로 계좌 이체를 먼저 보여줄 수도 있을 것입니다.

16.9 [실전] 사용자 A는 장바구니에 무슨 상품을 담았을까?

어느 정도 규모 있는 전자상거래 업체들은 '장바구니 리마인드'라는 마케팅을 진행합니다. 사용자가 장바구니에 상품을 담고 며칠 이내로 구매하지 않는다면 이메일을 전송하거나 푸시를 발송하여 장바구니에 물건이 담겨 있음을 알리는 마케팅 방식입니다. 이때 쿠폰을 제공하거나 연관 상품을 추천하여 사용자의 구매를 유도합니다. 이러한 마케팅을 진행하기 위해서는 기본적으로 사용자가 장바구니에 무슨 상품을 담았는지 알 수 있어야 합니다.

표 16-17 add_to_cart 이벤트 매개변수

매개변수	예	설명
currency	KRW	통화
value	59700	값, 전체 금액
items		상품들에 대한 정보

장바구니 담기(add_to_cart) 이벤트에는 items 매개변수가 있습니다. items에는 상품들에 대한 정보, 즉 장바구니에 담은 상품이 무엇인가에 대한 정보를 담습니다. 하지만 구글 애널리틱스는 우리에게 장바구니에 담은 상품이 무엇인지에 대한 자세한 정보를 제공하지 않습니다. 이를 확인하려면 어떻게 해야 할까요? '수집하지만 제공하지 않는' 상황에서는 매개변수 끌어올림을 활용할 수 있습니다.

표 16-18 끌어올린 add_to_cart 이벤트 매개변수

매개변수	예	설명
currency	KRW	통화
value	59700	값, 전체 금액
ec_item_id	item_id_84	상품 아이디
ec_item_name	Pen Container	상품 이름
items		상품들에 대한 정보

개발자와 협업하여 장바구니 담기 이벤트 매개변수에 ec_item_id, ec_item_name을 추가하여 장바구니에 담기는 상품의 아이디와 이름을 수집합니다. 이렇게 하면 상품 아이디와 상품 이름을 이벤트 레벨의 매개변수로 끌어올려 맞춤 측정기준으로 등록할 수 있습니다.

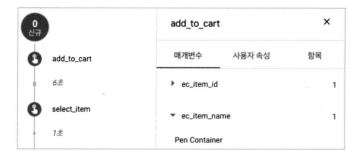

실습 페이지에서 '맞춤 이벤트 매개변수 사용'을 설정한 상태라면 add_to_cart 이벤트에 ec_item_id, ec_item_name 매개변수가 수집되는 것을 확인할 수 있습니다. 이를 활용하면 사용자가 장바구니에 담은 물건을 확인할 수 있습니다.

STEP 1 탐색 보고서 설정하기

이번 절의 제목은 '사용자 A는 장바구니에 무슨 상품을 담았을까?'입니다. 특정 사용자의 장바구니 이벤트를 상세하게 파악하는 것입니다. 여기서 '특정 사용자'라는 것은 사용자를 구분, 사용자를 특징짓는다는 것을 말합니다. 어떤 방식으로 사용자를 구분할 수 있을까요? 앞에서 배운 내용을 곰곰이 생각해봅시다. 바로 '사용자 ID'입니다.

13장 '사용자 ID 설정하기'에서 사용자 맞춤 측정기준으로 등록한 user_id와 이벤트 수를 탐색 보고서에 적용합니다.

h_11 사용자가 발생시킨 이벤트 수가 33임을 확인할 수 있습니다.

이제 add_to_cart 이벤트를 확인해야 합니다. 측정기준으로 이벤트 이름을 선택하고 보고서에 적용합니다.

	user_id	이벤트 이름	↓이벤트 수
	총계		**33** 총계 대비 100.0%
1	h_11	page_view	9
2	h_11	view_item_list	5
3	h_11	add_to_cart	3
4	h_11	add_to_cart_large	3
5	h_11	select_item	3
6	h_11	view_item	3
7	h_11	scroll	2
8	h_11	user_engagement	2
9	h_11	view_promotion	2
10	h_11	session_start	1

이제 보고서에 사용자 ID별 이벤트가 표시됩니다. h_11 사용자의 여러 가지 이벤트를 확인할 수 있습니다. 이제 여기서 add_to_cart 이벤트 데이터만을 남겨야 합니다.

add_to_cart를 마우스 오른쪽 버튼으로 클릭한 뒤 [선택항목만 포함]을 선택합니다.

점점 우리가 원하는 형태의 데이터가 생성되고 있습니다. 이제 장바구니에 담긴 상품을 확인하면 됩니다.

측정기준으로 'ec_item_name'을 선택하고 보고서에 적용합니다.

이제 우리는 h_11 사용자가 장바구니에 담은 상품 세 가지를 확인할 수 있습니다.

자, 이제 h_11 사용자에게 쿠폰을 발송해야 합니다. 어떻게 발송할 수 있을까요? 이에 맞는 운영 시스템이 필요합니다. 'h_11'이라는 암호화된 사용자를 원래 사용자 ID로 복원하고, 해당 사용자 ID의 쿠폰을 첨부한 아이디를 발송할 수 있도록 운영 시스템을 기획하고 개발해야 합니다. 지금 바로 개발자와 이 아이디어에 대해 의논해봅시다. 서비스에 아주 큰 도움이 될 것입니다.

NOTE 구글 빅쿼리란?

끌어올린 매개변수는 구글 애널리틱스가 수집한 모든 데이터를 제공하지는 않기 때문에 사용하는 일종의 꼼수라고 할 수 있을지도 모릅니다. 그런데 놀라운 사실이 있습니다. 구글 애널리틱스가 수집하는 모든 데이터에 접근할 수 있는 방법이 있습니다. 바로 '구글 빅쿼리'입니다. 구글 빅쿼리를 사용하면 구글 애널리틱스가 수집하는 데이터에 직접 접근하여 SQL(데이터를 추출하는 프로그래밍 코드의 일부)로 원하는 데이터를 추출할 수 있습니다. 구글 빅쿼리는 개발적인 지식을 필요로 하는 어려운 영역입니다. 구글 애널리틱스가 익숙해지고 SQL을 공부한 뒤에 활용할 수 있으므로 꾸준히 데이터 분석을 공부하시기 바랍니다.

Chapter 17
사용자 행동 순서 분석 따라 배우기

사용자 행동은 가까이에서 보면 복잡하지만 멀리서 보면 단순합니다. 사용자는 이 상품을 보다가 저 상품을 보고, 이 상품을 장바구니에 담았다가 저 상품을 장바구니에 담습니다. 이 결제 방법을 선택했다가 다른 결제 방법을 선택하고 마침내는 구매를 완료합니다. 복잡하기 그지없는 이 행동도 멀리서 보면 상품을 보고 장바구니에 담고 구매를 완료한다는 단순한 과정에 지나지 않습니다. 이번 장에서는 사용자의 행동 과정을 분석하는 방법을 배워보겠습니다.

17.1 퍼널 분석으로 사용자 행동 순서 분석하기

◐ Demo Account

⌂ GA4 – Google Merchandise Store

🔲 탐색 > Shopping Behavior Funnel

16.3절 '필수 전자상거래 이벤트 수집하기'에서는 전자상거래에서 가장 중요한 이벤트를 상품 조회(view_item), 장바구니 담기(add_to_cart), 구매(purchase) 세 가지로 나누어 살펴봤습니다. 이 세 가지 이벤트는 쇼핑에서 발생하는 가장 중요한 사용자 행동임과 동시에 쇼핑의 시작, 중간, 끝을 의미하는 지점입니다. 이를 활용하여 상품 조회, 장바구니 담기, 구매의 연속되는 과정을 분석하면 큰 틀에서 사용자의 쇼핑 행동에 문제가 없는지 파악할 수 있습니다. 상품 조회 대비 장바구니 담기 비율에 문제는 없는지, 장바구니 담기 대비 구매 비율에 문제는 없는지를 확인하고 대응할 수 있는 것입니다. 이번 절에서는 퍼널 분석에 대해 배워보겠습니다.

STEP 1 **구글 머천다이즈 스토어 살펴보기**

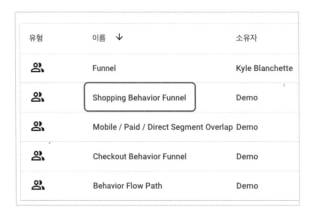

탐색 분석 페이지에서 'Shopping Behavior Funnel'을 선택합니다.

Shopping Behavior Funnel 보고서는 '유입경로 탐색 분석(Funnel Analysis)' 기법을 사

용한 보고서입니다. 실제 업무에서는 유입경로 대신 '퍼널'이라고 부르는 경우가 많다는 점
참고하시기 바랍니다.

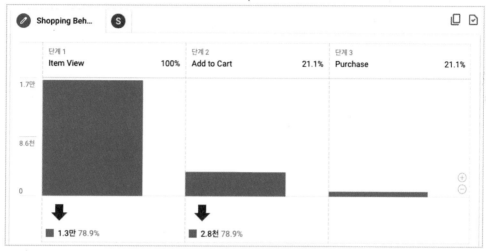

그림 17-1 Shopping Behavior Funnel

Shopping Behavior Funnel 보고서는 사용자의 쇼핑 행동(Shopping Behavior)을 상품
조회(Item View), 장바구니 담기(Add to Cart), 구매(Purchase)라는 3단계로 나누어 각 단
계가 진행될 때마다 사용자의 수가 어떻게 변하는지를 단계별로 시각화합니다.

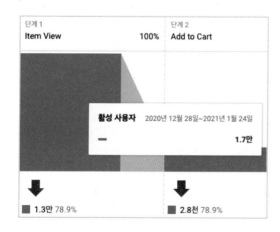

1단계 상품 조회(Item View)를 살펴보겠습니다. 1단계 위에 마우스를 올려두면 활성 사용
자가 1.7만으로 표시됩니다. 상품을 조회한 사용자가 1.7만 명이라는 뜻입니다.

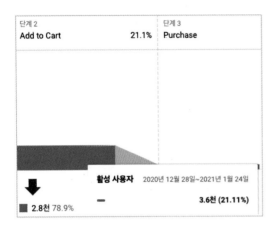

단계 2		단계 3	
Add to Cart	21.1%	**Purchase**	

↓

2.8천 78.9%

활성 사용자 2020년 12월 28일~2021년 1월 24일

— **3.6천 (21.11%)**

2단계 장바구니 담기(Add to Cart)에 마우스를 올려두면 활성 사용자가 3.6천으로 표시됩니다. 1단계에서는 1.7만이었던 사용자가 2단계에서는 3.6천으로 급감한 것을 파악할 수 있습니다. 이처럼 퍼널 분석을 사용하면 각 단계별 이탈을 쉽게 확인할 수 있습니다.

단계	기기 카테고리	사용자(1단계와 비교한 비율)	완료율	이탈수	이탈률
1. Item View	**총계**	**16,846 (100%)**	**21.11%**	**13,289**	**78.89%**
	desktop	11,447 (100%)	24.41%	8,653	75.59%
	mobile	5,079 (100%)	14.2%	4,358	85.8%
	tablet	334 (100%)	12.57%	292	87.43%
2. Add to Cart	**총계**	**3,557 (21.11%)**	**21.14%**	**2,805**	**78.86%**
	desktop	2,794 (24.41%)	25.13%	2,092	74.87%
	mobile	721 (14.2%)	6.52%	674	93.48%
	tablet	42 (12.57%)	7.14%	39	92.86%
3. Purchase	**총계**	**752 (4.46%)**	-	-	-
	desktop	702 (6.13%)	-	-	-
	mobile	47 (0.93%)	-	-	-
	tablet	3 (0.9%)	-	-	-

그림 17-2 Shopping Behavior Funnel 상세 내용

시각화 영역 아래의 데이터로 좀 더 상세한 정보를 확인할 수 있습니다. 상품 조회자의 78.89%인 13,289명은 장바구니 담기를 하지 않고 이탈합니다. 21.11%인 3,557명만이 상품을 장바구니에 담습니다. 상품을 장바구니에 담은 사용자 중 몇 명이나 구매를 완료할까

요? 3,557명 중 2,805(78.86%)가 이탈하고 752명만이 구매를 완료합니다. 요약하자면 상품 조회자 13,289명 중 752명(4.46%)만이 상품 구매를 완료하는 것입니다.

일반적으로 퍼널 분석 이후에는 각 단계의 이탈을 줄이기 위한 개선 작업을 진행합니다. 여기서는 상품 조회자의 78.89%가 이탈했습니다. 왜 이렇게 많은 사용자가 장바구니 담기를 하지 않는 것일까요? 상품이 마음에 들지 않았는지, 장바구니 담기 버튼이 찾기 어려웠는지 등에 대한 조사를 진행하고 개선해야 할 것입니다. 이러한 방식으로 각 단계의 이탈률을 조금씩 줄여나간다면 결국 마지막 단계인 구매자도 늘어나게 될 것입니다.

STEP 2 Shopping Behavior Funnel 보고서 따라 만들기

퍼널 분석 보고서를 만드는 방법은 쉽습니다. 각 단계의 이벤트를 설정하기만 하면 됩니다. 여기서는 Shopping Behavior Funnel 보고서를 따라 만들어보겠습니다.

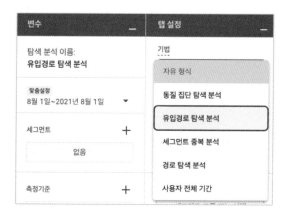

빈 탐색 보고서를 만들고 기법으로 [유입경로 탐색 분석]을 선택합니다. 여기서는 보고서 기간을 최근 하루로 설정했습니다. 각자 마음에 드는 일정을 선택하시기 바랍니다.

탭 설정 영역의 단계에 표시되어 있는 연필 아이콘을 클릭하면 퍼널의 각 단계를 설정할 수 있습니다.

유입경로 단계 수정에서 각 단계를 설정할 수 있습니다. 잠재고객을 설정하는 법과 비슷합니다. 각 단계의 이름을 설정하고 조건을 추가합니다.

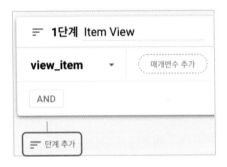

1단계 이름으로 'Item View'를 입력하고 'view_item' 이벤트를 선택합니다. [단계 추가]를 눌러서 다음 단계를 설정합니다.

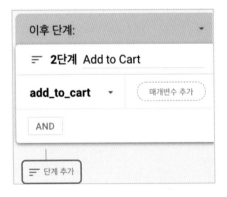

2단계 이름으로 'Add to Cart'를 입력하고 'add_to_cart' 이벤트를 선택합니다. [단계 추가]를 눌러서 다음 단계를 설정합니다.

3단계 이름으로 'Purchase'를 입력하고 'purchase' 이벤트를 선택합니다. 단계 설정이 완료되었습니다. 유입경로를 저장합니다.

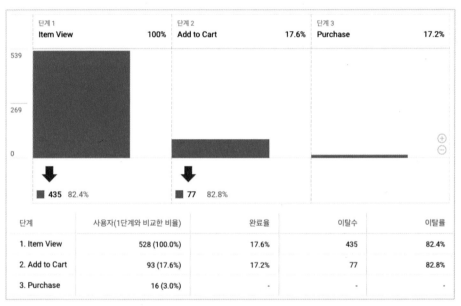

단계	사용자(1단계와 비교한 비율)	완료율	이탈수	이탈률
1. Item View	528 (100.0%)	17.6%	435	82.4%
2. Add to Cart	93 (17.6%)	17.2%	77	82.8%
3. Purchase	16 (3.0%)	-	-	-

그림 17-3 Shopping Behavior Funnel 따라 만들기

[그림 17-3]과 같이 사용자의 '상품 조회(Item View) - 장바구니 담기(Add to Cart) - 구매(Purchase)' 행동에 대한 퍼널 분석 결과가 표시됩니다.

> **NOTE 이후 단계와 바로 다음 단계**
>
> 이후 단계:
> = **2단계** Add to Cart
>
> 퍼널을 추가할 때 '이후 단계'를 클릭해봅시다.

이후 단계:
바로 다음 단계:

'이후 단계', '바로 다음 단계'를 선택할 수 있습니다.

'바로 다음 단계' 조건을 사용하면 상품 조회(view_item) 이벤트 직후 장바구니 담기(add_to_cart)가 발생해야만 해당 퍼널에 속하게 됩니다. 만약 상품 조회(view_item) 이후 연관 상품 목록 조회(view_item_list)가 발생하고 장바구니 담기(add_to_cart) 이벤트가 발생한다면 해당 퍼널에 속하지 않게 됩니다. 퍼널의 순서가 데이터 분석의 매우 중요한 요소라면 '바로 다음 단계'를 사용하시기 바랍니다.

STEP 3 경과 시간 표시

퍼널 분석의 경과 시간 표시를 사용하면 사용자의 행동 모델을 추출할 수 있습니다.

탭 설정 영역에서 경과 시간 표시를 활성화합니다.

단계	경과 시간	사용자(1단계와 비교한 비율)
1. Item View	-	528 (100.0%)
2. Add to Cart	9분 01초	93 (17.6%)
3. Purchase	1시간 20분	16 (3.0%)

보고서에 '경과 시간'이 표시됩니다. 1단계에서 3단계까지 진행될 때 어느 정도의 시간이 필요한지 확인할 수 있습니다. 사용자가 처음 상품을 보고 8분쯤 흐른다면 해당 사용자는 상품을 장바구니에 담을 확률이 높아진다고 생각할 수 있을 것입니다.

STEP 4 세분화

세분화를 사용하면 퍼널의 데이터를 좀 더 상세하게 확인할 수 있습니다.

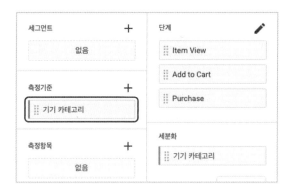

측정기준으로 '기기 카테고리'를 추가하고 세분화로 설정합니다.

단계	기기 카테고리	경과 시간	사용자(1단계와 비교한 비율)	완료율	이탈수	이탈률
1. Item View	**총계**	-	**528 (100.0%)**	**17.6%**	**435**	**82.4%**
	desktop	-	296 (100.0%)	20.3%	236	79.7%
	mobile	-	214 (100.0%)	15.0%	182	85.0%
	tablet	-	18 (100.0%)	5.6%	17	94.4%
2. Add to Cart	**총계**	**9분 01초**	**93 (17.6%)**	**17.2%**	**77**	**82.8%**
	desktop	10분 55초	60 (20.3%)	16.7%	50	83.3%
	mobile	5분 23초	32 (15.0%)	18.8%	26	81.3%
	tablet	10분 54초	1 (5.6%)	0.0%	1	100.0%
3. Purchase	**총계**	**1시간 20분**	**16 (3.0%)**	-	-	-
	desktop	1시간 47분	10 (3.4%)	-	-	-
	mobile	35분 24초	6 (2.8%)	-	-	-
	tablet	-	0 (0.0%)	-	-	-

이제 각 단계를 기기 카테고리로 세분화하여 확인할 수 있습니다. 여기서는 모바일(mobile) 사용자의 장바구니 담기, 구매에 필요한 소요 시간이 데스크톱(desktop) 사용자의 절반 수준임을 확인할 수 있습니다. 모바일 사용자의 반응이 좀 더 적극적이라고 생각할 수 있을 것입니다. 하지만 동시에 모바일 사용자의 최종 구매율이 2.8%로, 데스크톱 3.4%에 비해 약간 낮은 것을 알 수 있습니다. 어떤 데이터 하나만을 보고 인사이트를 이끌어내는 것은 오류 확률이 높습니다. 다른 데이터도 동시에 확인하여 오류 확률을 낮춰나가는 방식으로 데이터를 활용합시다.

17.2 경로 탐색 분석으로 사용자 행동 순서 분석하기

🔵 Demo Account

🏛 GA4 – Google Merchandise Store

🖼 탐색 > Behavior Flow Path

앞에서는 '상품 조회 – 장바구니 담기 – 구매' 행동 순서를 분석해봤습니다. 그런데 곰곰이 생각해보면 퍼널 분석은 사용자의 행동을 지나치게 단순화한 면이 있습니다. 실제 사용자는 상품 페이지에 접속했다가, 검색 페이지에 접속했다가, 다시 홈으로 돌아가거나, 장바구니 페이지로 돌아가기도 합니다. 실제 사용자의 행동은 단순화한 것 이상으로 복잡합니다. 만약 이러한 점을 고려하여 좀 더 실제에 가까운 사용자의 행동 순서를 분석하고 싶다면 '경로 탐색 분석'을 수행할 수 있습니다.

STEP 1 구글 머천다이즈 스토어 살펴보기

유형	이름 ↓	소유자
😫	Funnel	Kyle Blanchette
😫	Shopping Behavior Funnel	Demo
😫	Mobile / Paid / Direct Segment Overlap	Demo
😫	Checkout Behavior Funnel	Demo
😫	Behavior Flow Path	Demo

탐색 분석 페이지에서 'Behavior Flow Path'를 선택합니다.

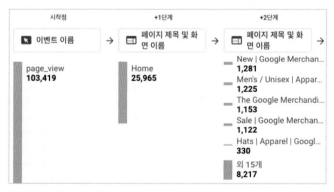

그림 17-4　Behavior Flow Path

Behavior Flow Path 분석 보고서에서는 page_view 이벤트를 시작점으로 사용자가 어떤 순서로 다른 페이지를 방문하는지 파악할 수 있습니다. 여기서는 첫 번째 page_view 이후 사용자가 가장 많이 접속하는 페이지(1단계)가 Home임을 알 수 있습니다. 또한 Home에서 New, Men's / Unisex, Login, Sale, Hats로 많이 이동합니다. 이것은 사용자의 관심사가 신상품, 남성/혼성, 세일, 모자 순으로 높다는 것을 의미할 수 있습니다. 홈페이지의 프로모션, 콘텐츠 제공 순서 등을 조사하여 사용자의 관심사와 일치하는지 등을 조사해보는 것이 좋을 것 같습니다.

경로 탐색 분석을 활용하면 사용자의 행동 순서를 실제에 가깝게 분석할 수 있습니다. 콘텐츠에 대한 관심, 각 단계에서의 이탈과 이동을 파악할 수 있습니다. 사용자의 관심을 파악하고 각 단계의 이탈을 줄여나가는 방식으로 서비스를 개선할 수 있습니다.

STEP 2 종료점 기준 경로 탐색 분석하기

앞에서 살펴본 Behavior Flow Path는 사용자의 '시작' 행동을 기준으로 합니다. 사용자의 시작부터 각 단계마다의 행동을 추적하기 때문에 분석의 목표가 불분명해지기 쉽고 사용자 의도를 파악하기 어렵다는 단점이 있습니다. 경로 탐색 분석을 좀 더 목표 지향적으로 하고 싶다면 '종료'를 기준으로 분석을 진행하는 것이 좋을 수 있습니다.

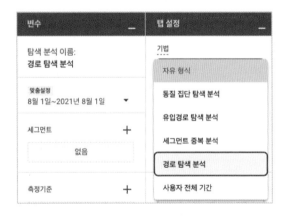

빈 탐색 보고서를 만듭니다. 기법으로 [경로 탐색 분석]을 선택합니다. 보고서 기간을 최근 하루로 설정했습니다. 각자 마음에 드는 일정을 선택하시기 바랍니다.

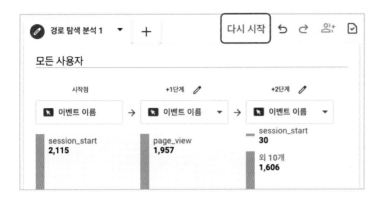

설정이 완료되면 위와 같이 '시작점'을 기준으로 데이터가 표시됩니다. 이를 초기화하기 위해 오른쪽 상단의 [다시 시작]을 클릭합니다.

[다시 시작]을 클릭하면 경로 탐색 분석 보고서가 초기화됩니다. 여기서 시작점과 종료점을 설정할 수 있습니다. 여기서는 '구매'가 어떤 순서로 완료되는지 파악하고 싶다는 목표를 분석해보겠습니다.

'종료점'을 클릭하고 [이벤트 이름]을 선택합니다.

× 시작점 선택	🔍

add_to_cart
—

errors
–

purchase
·

더 로드하기

이벤트 목록이 표시되면 purchase(구매) 이벤트를 선택합니다. 번역 오류로 종료점 선택이 시작점 선택으로 표시되고 있으니 참고하시기 바랍니다.

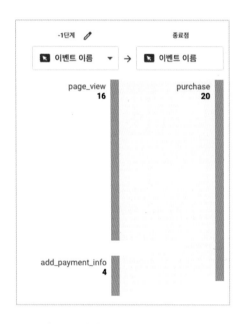

종료점을 설정하면 위와 같이 purchase 이벤트가 표시되고 -1단계에서 발생한 이벤트가 무엇인지 확인할 수 있습니다.

여기서는 -1단계의 이벤트 이름을 '페이지 제목 및 화면 이름'으로 변경하겠습니다. 한 페이지 내에서도 이벤트가 여러 개 발생할 수 있기 때문에 데이터 분석이 어려워질 수 있습니다.

이제 구매 이전 -1단계가 Checkout Confirmation(결제 확인) 페이지인 것을 알 수 있습니다. 결제 확인 이후 구매 완료가 된다는 것으로 이해할 수 있을 것입니다.

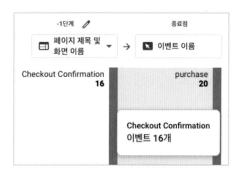

파란 막대 그래프를 클릭하면 좀 더 이전 단계를 확인할 수 있습니다. Checkout Confirmation 의 파란 막대 그래프를 선택하면 -2단계가 표시됩니다.

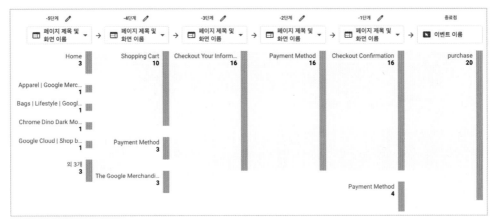

그림 17-5 -5단계까지 표시한 페이지 흐름

-5단계가 표시될 때까지 이전 단계를 표시합니다.

단계	페이지 제목 및 화면 이름
-4단계	Shopping Cart
-3단계	Checkout Your Information
-2단계	Payment Method
-1단계	Checkout Confirmation
종료점	Purchase

각 단계를 정리하여 구매를 완료할 때까지의 사용자 행동 순서를 파악할 수 있습니다. 사용자는 Shopping Cart(-4단계), Checkout Your Information(-3단계), Payment Method(-2단계), Checkout Confirmation(-1단계)의 과정을 거쳐 구매(Purchase)를 완료합니다. 구글 머천다이즈 스토어의 일반적인 결제 흐름과 일치하므로 문제가 없다고 판단할 수 있습니다.

단계	페이지 제목 및 화면 이름
-6단계	Shopping Cart
-5단계	Checkout Your Information
-4단계	Home
-3단계	Shopping Cart
-2단계	Payment Method
-1단계	Checkout Confirmation
종료점	Purchase

만약 사용자의 행동 순서가 이와 같다고 가정해봅시다. 사용자는 장바구니 페이지(-6단계)에서 물건을 구매하기 시작했습니다. 사용자는 물건을 구매하기 위해 개인 정보를 입력(-5단계)했습니다. 그런데 무언가 잘못된 것 같습니다. 개인 정보를 입력했더니 갑자기 홈페이지(Home)로 이동(-4단계)하게 되었습니다. 사용자는 장바구니 페이지에 다시 접속(-3단계)하고 다시 구매를 진행합니다. 결제 페이지로 이동(-2단계)했고, 결제를 진행(-1단계)해서 마침내 구매(Purchase)를 완료했습니다.

이는 사용자 여정(User Journey) 혹은 사용 흐름(User Flow)에 문제가 있는 전형적인 사례를 보여줍니다. 각종 정보를 입력하고 있는데, 쇼핑몰의 기능 이상이나 기획 이상으로 사용자가 구매 흐름에서 이탈하게 된 것입니다. 사용자는 처음부터 다시 구매를 진행해야 합니다. 경로 탐색 분석은 이러한 문제를 파악하는 데 특화되어 있고 주요 전환, 주요 페이지에 대해서는 정기적으로 점검을 진행해야 할 것입니다.

NOTE **종료점으로 오류 점검하기**

구글 머천다이즈 스토어는 사용자 오류가 발생할 경우 errors(오류) 이벤트를 수집하고 있습니다. 여기서는 Page Unavailable(페이지 이용 불가)에 접속하게 되면 errors 이벤트를 수집한다는 것을 알 수 있습니다. 오류 이벤트를 종료점으로 설정하고 이전 단계를 추적해나가면 어떤 페이지에서 오류가 발생하고 있는지 대략적으로 확인할 수 있습니다. 구글 애널리틱스의 데이터 분석 기능을 바탕으로 서비스를 운영하는 흥미로운 모습이라고 할 수 있습니다.

Chapter 18 전자상거래 잠재고객 활용하기

16.9절 '[실전] 사용자 A는 장바구니에 무슨 상품을 담았을까?'에서는 고객을 특징짓고 고객 맞춤형 마케팅을 진행하는 방법을 살펴봤습니다. 고객을 특징짓는 방법, 즉 '잠재고객'을 특징짓는 방법은 데이터 분석과 데이터 활용에 직접적인 도움이 됩니다. 이번 장에서는 전자상거래에서 자주 사용하는 잠재고객을 살펴보고 어떤 방식으로 활용할 수 있는지 배울 것입니다. 지금까지 배운 지식들이 어떻게 활용되는지 집중하며 학습하시기 바랍니다.

18.1 구매자, 비구매자 잠재고객 만들기

🌓 실습 계정
🎯 구글 애널리틱스 실습 – GA4

이번 장 '전자상거래 잠재고개 활용하기'의 학습 내용은 단순합니다. 16장 '전자상거래 이벤트 수집하기'에서 배운 전자상거래 이벤트를 바탕으로 잠재고객을 만드는 것입니다. 이번 절에서는 purchase 이벤트를 바탕으로 구매자, 비구매자 잠재고객을 만들어보겠습니다.

STEP 1 구매자 잠재고객 만들기

구매자란 '구매를 완료한 사용자'를 말합니다. 구매 완료(purchase) 이벤트를 발생시킨 경험이 있다면 구매자 잠재고객에 속하게 됩니다.

> **NOTE**
>
> Purchasers 잠재고객은 기본 설정되어 있습니다.
>
>
>
> | Added to cart & no purchase | Added an item to the cart but did not purchase |
> | --- | --- |
> | Purchasers | Users that have made a purchase |
> | Users in San Francisco | Users in San Francisco |

구글 애널리틱스 계정, 속성을 생성하면 잠재고객 목록에 기본적으로 'Purchasers' 잠재고객이 포함되어 있습니다. 구매자와 비구매자를 파악하는 일이 얼마나 중요한지 확인할 수 있는 대목입니다.

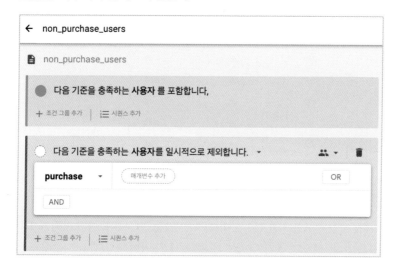

구매자가 '구매를 완료한 사용자'라면 비구매자란 '구매를 완료하지 않은 사용자'를 말할 것입니다. 구매 완료(purchase) 이벤트를 발생시킨 사용자를 제외하면 비구매자 잠재고객이됩니다.

> **NOTE** **purchase, ecommerce_purchase, in_app_purchase**
> 구글 애널리틱스는 구매를 purchase, ecommerce_purchase, in_app_purchase로 구분합니다. 일반적인 전자상거래 구매는 purchase에 해당합니다. ecommerce_purchase는 현재 purchase로 통합되었으므로 사용하지 마시기 바랍니다. 앱 내 구매(게임 앱에서 보석을 구매하는 등)는 in_app_purchase에 해당합니다. 분석 목적에 맞춰 적절히 선택하시기 바랍니다.

STEP 3 **잠재고객 활용하기**

구글 머천다이즈 스토어의 [참여도] ▶ [이벤트] 보고서입니다. 보고서 일정을 '어제'로 설정하고 잠재고객 이름 'Purchasers'로 비교군을 설정했습니다.

이벤트 이름 ▾	✛	↓이벤트 수	총 사용자	사용자당 이벤트 수
총계		**1,223** 총계 대비 2.95%	**47** 총계 대비 2.72%	**26.02** 평균 대비 +7.86%
1	page_view	259	35	7.40
2	user_engagement	257	39	6.59
3	view_item_list	242	20	12.10
4	view_item	132	15	8.80
5	scroll	131	38	3.45

Purchasers 잠재고객의 이벤트 데이터를 확인해보면 구매자의 사용자당 페이지 조회 (page_view) 이벤트 수가 7.40임을 알 수 있습니다.

이런 가정을 해보겠습니다. 사용자 A는 1월 1일 서비스에 첫 방문했습니다. 홈페이지를 1회 조회하고 서비스를 떠났습니다. 사용자 A가 구매자가 될 확률은 얼마나 될까요? 구매자 잠재고객은 사용자당 7회 정도 페이지를 조회합니다. 이 데이터만으로 단순히 계산해보면 사용자 A가 구매자가 될 확률은 14%(1/7 × 100)입니다. 1월 2일 사용자 A가 다시 서비스에 접속했습니다. 홈페이지를 1회 조회하고 상품 페이지를 3회 조회했습니다. 사용자 A는 지금까지 페이지를 5회 조회하고 서비스를 떠났습니다. 이때 사용자 A가 구매자가 될 확률은 71%(5/7 × 100)입니다. 1월 3일 사용자 A가 다시 서비스에 접속했습니다. 페이지를 6회 조회했습니다. 사용자 A는 페이지를 11회나 조회했습니다. 페이지 조회수만으로 판단했을 때 사용자 A는 이미 구매자 수준을 넘었습니다. 혹시 구매하기 전에 무언가 망설이고 있는 것은 아닐까요? 바로 이 순간 사용자 A에게 쿠폰을 발급했다고 가정해보겠습니다. 오! 우리 판단이 맞았습니다. 사용자 A가 구매를 완료했습니다. 사용자 A가 떠나게 두지 않고 쿠폰을 발급했더니 구매자가 되었습니다.

이번 절에서는 구매자 잠재고객의 행동 모델(페이지 조회 7회 이상)을 추출하여 사용자 A가 구매자 행동 모델을 충족했음을 확인했고 이탈을 방지하기 위해 쿠폰을 발급했습니다. 이는 사용자 맞춤형 마케팅 혹은 1:1 마케팅의 기초적인 모습이라고 할 수 있습니다. 여러 가지 마케팅 기법이 사실은 아주 기초적인 데이터 분석 방법에 기반을 두고 있음을 알게 되는 기회가 되었기를 바랍니다.

18.2 장바구니 이탈 잠재고객 만들기

16.9절 '[실전] 사용자 A는 장바구니에 무슨 상품을 담았을까?'에서는 사용자가 장바구니에 무슨 물건을 담았는지 파악하는 방법을 배웠습니다. 여기에 장바구니에 물건을 담았지만 '구매하지 않았다'라는 조건을 추가하면 장바구니 리마인드 마케팅을 좀 더 정교하게 만들 수 있습니다. 이번 절에서는 장바구니 이벤트와 구매 이벤트를 활용하여 장바구니 이탈 잠재고객을 만들어보겠습니다.

STEP 1 잠재고객 만들기

장바구니에 상품을 담고 구매하지 않은 사용자를 장바구니 이탈 고객이라고 합니다. 장바구니 담기(add_to_cart) 이벤트를 발생시켰지만 구매 완료(purchase)하지 않았다면 장바구니 이탈 잠재고객에 속하게 됩니다.

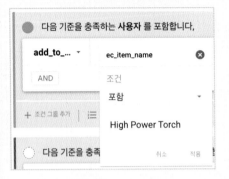

16.9절 '[실전] 사용자 A는 장바구니에 무슨 상품을 담았을까?'에서는 장바구니에 담은 상품을 파악하기 위해 끌어올린 매개변수 ec_item_name을 사용했습니다. 장바구니 이탈 잠재고객에 이를 적용해봅시다. '특정 상품을 장바구니에 담았지만 구매하지 않은 사용자'를 대상으로 할 수 있게 될 것입니다.

STEP 2 잠재고객 활용하기

장바구니는 사용자의 구매 욕구가 모이는 공간입니다. 따라서 규모 있는 전자상거래 서비스 대부분은 장바구니를 분석하고 활용하는 시스템을 갖추고 있습니다. 매일 특정 시간에 사용자들의 장바구니 데이터를 분석하고 이를 바탕으로 '상바구니에 상품이 있어요, 구매를 잊으셨군요?' 혹은 '상품 A 할인 쿠폰이 발급되었습니다'와 같은 이메일 혹은 푸시 메시지를 발송합니다.

여기서 한 발 더 나아가봅시다. 18.1절 '구매자, 비구매자 잠재고객 만들기'에서 구매자 잠재고객의 사용자당 페이지 조회수가 7이라는 정보를 활용해보는 것입니다. 사용자 A는 페이지를 1회만 보고 사과를 장바구니에 담았습니다. 사용자 B는 페이지를 8회 보고 사과를 장바구니에 담았습니다. 이때 우리가 제공할 수 있는 쿠폰이 1장 있다고 가정해봅시다. 누구에게 쿠폰을 제공해야 할까요? 당연히 사용자 B일 것입니다. 그렇다면 사용자 A에게는 장바구니에 물건이 있다는 내용을 알리는 리마인드 메일을 보내고, 사용자 B에게는 장바구니에 물건이 있다는 내용과 함께 쿠폰을 제공하는 리마인드 메일을 보내봅시다. 누구도 놓치지 않으면서 구매 확률이 높은 사용자는 더 구매 확률을 높여보는 것입니다. 정말 재미있지 않나요? 지금 막 우리는 구매 확률을 바탕으로 선별적 마케팅을 진행하는 방법의 기반을 배운 것입니다.

처음부터 아주 상세한 잠재고객, 엄청난 수익을 이끌어내는 마케팅 기법을 만들어내는 데 집착할 필요는 없습니다. 정말 필요한 잠재고객을 하나둘 만들어가다 보면 어느 순간 잠재고객을 활용할 수 있는 지점이 보일 것입니다. 꾸준히 하나씩 공부하고 적용해봅시다.

18.3 예측 잠재고객 살펴보기

전자상거래 이벤트를 수집하고 이를 바탕으로 잠재고객을 만드는 것은 어떤 면에서 구매 확률이 높은 사용자를 찾아내는 과정이라고 할 수 있습니다. 조금이라도 서비스 수익을 높이기 위함인 것입니다. 놀랍게도 구글 애널리틱스4는 예측 잠재고객이라는 기능을 제공합니다. 이를 바탕으로 사용자의 구매 확률, 서비스를 떠날 확률, 수익을 예측할 수 있습니다. 이번 절에서는 예측 잠재고객에 대해 살펴보겠습니다.

18.3.1 예측 잠재고객의 사용 요건

구글 애널리틱스가 구매 확률, 서비스를 떠날 확률, 수익을 예측하기 위해서는 아주 많은 양의 데이터가 필요합니다. 구글 애널리틱스 가이드 문서(https://turtlebooks.co.kr/ga4/docs/predictive)에서 설명하는 요건은 다음과 같습니다.

1. 구매자 또는 앱 제거 사용자의 긍정적/부정적 예시의 수가 최소 요건을 충족해야 합니다. 이를 위해서는 7일의 기간 동안 1,000명 이상의 재사용자가 이전 28일 동안 관련 예측 조건을 트리거했고 1,000명 이상의 사용자는 트리거하지 않았어야 합니다.

2. 일정 기간 동안 모델 품질을 유지해야 요건을 충족할 수 있습니다.

3. 구매 가능성과 앱 제거 가능성을 모두 사용하려면 속성에서 purchase 및 in_app_purhcase 이벤트를 전송해야 합니다.

2천 명가량의 사용자가 한 달 정도 꾸준히 방문한 상태에서 구매/비구매 데이터를 수집해야만 예측 잠재고객을 만들 수 있다는 사실을 알 수 있습니다. 작은 서비스의 경우 사실상 사용이 어려울 수 있습니다. 그럼에도 예측 잠재고객은 공부할 만한 가치가 충분합니다. 앞으로의 데이터 분석과 활용이 어떤 방식으로 발전하게 될지 알아보는 좋은 기회이기 때문입니다.

18.3.2 확인 가능한 예측 측정항목

표 18-1 예측 측정항목

측정항목	정의
구매 가능성	지난 28일 동안 활성 상태였던 사용자가 향후 7일 이내에 특정 전환 이벤트를 기록할 가능성입니다.
앱 제거 가능성	지난 7일 동안 앱 또는 사이트에서 활성 상태였던 사용자가 다음 7일 동안 활성 상태가 아닐 가능성입니다.
수익 예측	최근 28일 동안 활성 상태였던 사용자로부터 향후 28일 내에 발생하는 모든 구매 전환에서 예상되는 수익입니다.

사용 요건이 충족되면 [표 18-1]과 같은 예측 측정항목들을 활용할 수 있습니다. 사용자의 구매 가능성, 앱 제거 가능성을 확인할 수 있고 수익을 예측할 수 있습니다.

STEP 1 실습 계정에서 예측 잠재고객 만들기

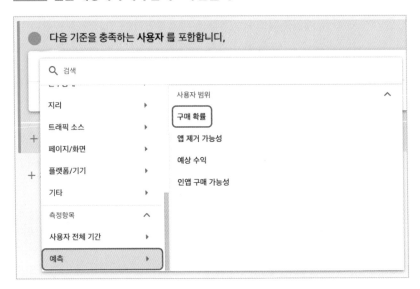

잠재고객 만들기에서 '예측'이라는 측정항목을 확인할 수 있습니다. 예측 측정항목으로 사용자 범위의 구매 확률, 앱 제거 가능성, 예상 수익, 인앱 구매 가능성을 선택할 수 있습니다. '구매 확률'을 선택합니다.

구매 확률이 표시되면 [필터 추가]를 클릭합니다.

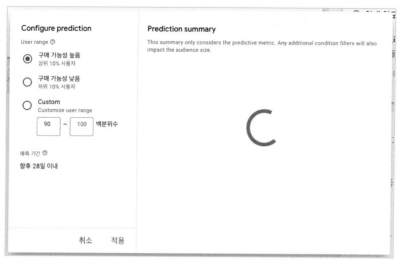

그림 18-1 예측 설정

[필터 추가]를 클릭하면 [그림 18-1]과 같이 '예측 설정(Configure prediction)' 화면이 표시됩니다. 아쉽게도 실습 계정에서는 데이터 부족으로 예측 측정항목을 설정할 수 없습니다. 구글 머천다이즈 스토어 계정을 사용해보겠습니다.

STEP 2 구글 머천다이즈 스토어에서 예측 잠재고객 만들기

구글 머천다이즈 스토어에서 빈 탐색 보고서를 만들었습니다. 우리에게는 구글 머천다이즈 스토어 계정에 잠재고객을 만들 권한이 없으므로 빈 탐색 보고서에 세그먼트를 추가하는 방법으로 예측 잠재고객을 실습해보겠습니다. 세그먼트 추가를 클릭합니다.

세그먼트는 보고서 데이터의 출처를 제한하는 기능을 합니다. 비교군과 유사한 기능을 수행하며 만드는 방법은 잠재고객을 만드는 방법과 동일합니다. [사용자 세그먼트]를 클릭합니다.

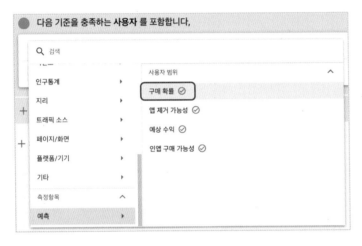

예측 측정항목에서 '구매 확률'을 선택합니다.

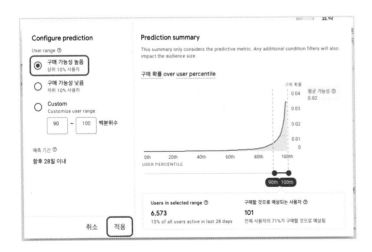

측정항목으로 구매 확률이 추가되고 필터를 선택하면 이와 같이 예측을 설정할 수 있습니다. 여기서는 '구매 가능성 높음(상위 10% 사용자)'을 선택하고 [적용]을 클릭합니다. 해당 잠재고객에는 대략 '101명'의 구매할 것으로 예상되는 사용자가 포함됩니다. 만약 범위를 조정하고 싶다면 'Custom'을 선택하여 조절할 수 있습니다.

STEP 3 **추천 잠재고객, 추천 세그먼트 활용하기**

'추천 잠재고객' 혹은 '추천 세그먼트'를 사용하면 좀 더 쉽게 예측 잠재고객, 예측 세그먼트를 적용할 수 있습니다.

세그먼트를 만드는 화면에는 추천 세그먼트 영역이 있습니다. 여기에는 구글 애널리틱스가 추천하는 세그먼트들이 표시됩니다. 구매자, 비구매자와 세그먼트는 우리도 앞에서 만들어 봤습니다. 여기서는 [추천 잠재고객]을 선택합니다.

그림 18-2 추천 잠재고객

추천 잠재고객에는 7일 이내에 구매할 가능성이 높은 사용자, 7일 이내에 앱을 제거할 가능성이 높은 사용자, 28일 동안의 예상 상위 소비자 등이 표시됩니다. 여기서는 '7일 이내에 첫 구매를 할 가능성이 높은 사용자'를 선택합니다.

'7일 이내에 첫 구매를 할 가능성이 높은 사용자'의 설정을 이해할 수 있으면 잠재고객 만드는 방법을 잘 배운 것입니다. 우선 제외 조건을 확인합니다. in_app_purchase, purchase, ecommerce_purchase 이벤트를 발생시킨 사용자를 일시적으로 제외하고 있습니다. 구매 완료 경험이 있는 사용자를 모두 제외시키는 것입니다. 구매 완료 경험이 없는 사용자들이 구매를 한다면 첫 구매가 될 것입니다. 다음은 포함 조건을 확인합니다. 인 앱 구매 가능성 혹은 구매 확률이 90번째 백분위수(상위 10%)보다 높도록 설정하고 평생 가치(LTV)를 0(결제 금액이 0)으로 설정합니다. 이렇게 7일 이내에 첫 구매를 할 가능성이 높은 잠재고객이 설정됩니다.

예측 잠재고객을 서로 비교하면 재미있는 데이터를 확인할 수 있습니다. 여기서는 '7일 이내에 첫 구매를 할 가능성이 높은 사용자'와 '28일 동안의 예상 상위 소비자'의 항목 이름별 상품 조회수를 비교해보겠습니다.

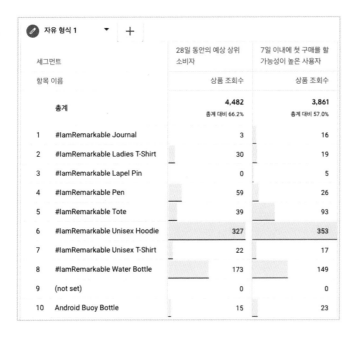

항목 이름	28일 동안의 예상 상위 소비자 상품 조회수	7일 이내에 첫 구매를 할 가능성이 높은 사용자 상품 조회수
총계	**4,482** 총계 대비 66.2%	**3,861** 총계 대비 57.0%
1 #IamRemarkable Journal	3	16
2 #IamRemarkable Ladies T-Shirt	30	19
3 #IamRemarkable Lapel Pin	0	5
4 #IamRemarkable Pen	59	26
5 #IamRemarkable Tote	39	93
6 #IamRemarkable Unisex Hoodie	327	353
7 #IamRemarkable Unisex T-Shirt	22	17
8 #IamRemarkable Water Bottle	173	149
9 (not set)	0	0
10 Android Buoy Bottle	15	23

예측 잠재고객군의 데이터를 자세히 살펴보면 IamRemarkable Pen, IamRemarkable Tote의 조회수에 차이가 있다는 사실을 알 수 있습니다. 7일 이내에 첫 구매를 할 가능성이 높은 사용자는 IamRemarkable Tote를 많이 조회하고 IamRemarkable Pen을 조금 조

회합니다. 반면에 28일 동안의 예상 상위 소비자는 IamRemarkable Pen을 많이 조회하고 IamRemarkable Tote를 조금 조회합니다.

이 데이터는 어떻게 활용할 수 있을까요? 사용자가 처음 서비스에 접속했다고 가정해봅시다. 첫 구매를 할 가능성이 높은 사용자는 IamRemarkable Tote를 많이 봅니다. 이에 따라 처음 서비스에 접속한 사용자에게는 IamRemarkable Pen보다는 IamRemarkable Tote를 보여주어야 할 것입니다. 해당 사용자가 물건을 구매한 이후에 다시 접속했다면 IamRemarkable Pen을 보여주어야 할 것입니다.

18.3.3 사용자 ID를 적용한다면?

13장 '사용자 ID 설정하기'에서는 사용자 ID를 맞춤 측정기준으로 등록했습니다. 또한 16.9절 '[실전] 사용자 A는 장바구니에 무슨 상품을 담았을까?'에서는 사용자 ID를 바탕으로 사용자가 장바구니에 담은 상품을 확인하는 방법을 알아봤습니다. 여기에서 생각해봅시다. 7일 이내에 첫 구매를 할 가능성이 높은 사용자 잠재고객에 사용자 ID 측정기준을 적용하면 어떤 데이터를 확인할 수 있을까요? 7일 이내에 첫 구매를 할 가능성이 높은 사용자들의 암호화된 사용자 ID를 파악할 수 있을 것입니다. 암호화된 사용자 ID를 복원하여 마케팅을 진행한다면 분명 성과가 좋은 마케팅이 될 것입니다.

> **NOTE** **구글 애널리틱스 API**
> 서비스 초기, 운영 시스템이 부족한 상태에서는 매일 구글 애널리틱스를 조작하여 잠재고객 사용자 ID를 추출하여 맞춤형 마케팅을 진행하면 도움이 될 것입니다. 서비스가 초기를 벗어나 점점 운영 시스템을 갖추게 된다면 이러한 과정을 자동화할 필요가 있습니다. 구글 애널리틱스는 이러한 과정을 프로그래밍적으로 수행할 수 있도록 API를 제공하고 있습니다. 이를 활용하면 구글 애널리틱스를 조작하지 않고도 데이터를 추출하는 작업을 자동화할 수 있습니다. 개발자와 함께 구글 애널리틱스 API에 대해 알아보시기 바랍니다.

18.4 [실전] RFM 기반의 잠재고객 만들기

지금까지 만든 잠재고객을 생각해봅시다. 구매자, 비구매자 잠재고객에서는 잠재고객군을 비교하여 구매자에 가까운 사용자를 파악하는 방법을 배웠습니다. 장바구니 이탈 잠재고객에서는 사용자의 행동을 바탕으로 구매율이 높은 사용자에게 맞춤형 마케팅을 진행하는 방법을 배웠습니다. 마지막으로 예측 잠재고객에서는 구매 확률이 높은 사용자를 파악하는 방법을 배웠습니다. 우리는 각 단계별 실습을 통해 고객을 분석하고 관리하는 방법, 즉 고객 관계 관리 방법(CRM, Customer Relation Management)을 배우고 있었던 것입니다.

고객 관계 관리는 고객을 분석하여 특정 그룹으로 세분화하여 그룹별 사용자 응대 및 판매 전략을 구사하는 것을 말합니다. 고객을 세분화하는 방식에는 여러 가지가 있습니다. 가장 대표적인 고객 관계 관리 방식으로는 RFM 기반의 고객 관계 관리를 예로 들 수 있습니다. 고객을 구매의 최근성(Recency), 구매의 빈도(Frequency), 구매 금액(Monetary)으로 세분화하여 관리하는 것입니다.

이번 절에서는 구글 애널리틱스를 활용하여 RFM 기반의 잠재고객을 생성해보겠습니다. 널리 사용되는 마케팅 개념을 구글 애널리틱스에 적용하여 활용할 수 있다는 점에 초점을 두고 학습을 진행해보겠습니다.

STEP 1 최근 구매한 사용자 잠재고객 만들기

최근 구매한 사용자 잠재고객은 잠재고객의 일정을 조정하여 설정할 수 있습니다. 여기서는 구매(purchase) 이벤트를 '7일 기간' 동안 발생시킨 사용자를 최근 구매한 잠재고객으로 설정했습니다. 포함 기간을 설정하여 '최근성'을 부여했다는 것을 참고하시기 바랍니다.

자주 구매한 사용자 잠재고객 만들기

자주 구매한 사용자 잠재고객은 event_count를 활용하여 설정할 수 있습니다. 여기서는 구매(purchase) 이벤트를 4회보다 많이 사용자를 자주 구매한 잠재고객으로 설정했습니다.

STEP 3 **많이 구매한 사용자 잠재고객 만들기**

구매 완료(purchase) 이벤트의 value에는 구매 금액이 담깁니다. 이를 활용하면 구매 금액으로 잠재고객을 정의할 수 있습니다. 여기서는 구매 금액이 5만원 이상인 사용자를 많이 구매한 사용자로 정의했습니다.

STEP 4 **RFM 잠재고객 활용하기**

백화점의 고객 관리 방식을 떠올려보면 RFM 잠재고객이 어떻게 활용되는지 쉽게 알 수 있습니다. 먼저 최근에 자주 그리고 많이 구매한 사용자(R, F, M을 모두 만족하는 잠재고객)를 생각해봅시다. 해당 사용자는 VVIP 고객이라고 할 수 있습니다. 서비스 이익에 매우 많이 기여하는 고객입니다. 백화점은 해당 고객들에게 추가 할인, 발렛 주차, 전담 문의처 등을 제공합니다.

어떤 이유로 VVIP 고객이 최근 쇼핑을 하지 않고 있다고 가정해봅시다. 최근성(R)이 떨어지고 있는 것입니다. 그럼에도 이들은 자주, 많이(F, M을 만족하는 잠재고객) 구매한 고객에 속합니다. 왜 해당 고객들은 최근에 서비스에 방문, 구매를 하지 않는 것인지 생각해봐야 할 것입니다. 간혹 백화점에서는 이전 VVIP 고객 혹은 VIP 고객을 대상으로 기한이 짧은 적립금을 제공하여 재방문과 재구매를 유도하곤 합니다.

백화점을 처음 방문했지만 구매 금액이 높은 고객(M)이 있을 수 있습니다. VIP 혹은 VVIP 고객이 될 가능성이 충분한 고객이라고 할 수 있습니다. 일반 고객과 비교하여 유의미한 차이가 있을 경우 VIP 단계를 건너뛰고 VVIP로 바로 멤버십을 부여하여 서비스의 관여도를 늘릴 수 있을 것입니다.

지금까지 우리는 이벤트 수집 방법과 잠재고객 설정법을 여러 장으로 나누어 다루었습니다. 고객을 세분화하는 기술을 오랫동안 배운 것입니다. 그러나 기술만으로는 부족합니다. 기술을 어떻게 활용할 수 있는지, 기술이 어떻게 활용되고 있는지 알아야 합니다. RFM 잠재고객을 살펴보면서 구글 애널리틱스를 다루는 기술이 실제 업무의 마케팅으로 활용될 수 있는지 깨달았을 것이라 생각됩니다. 이 책의 나머지를 학습한 뒤에는 기초 마케팅 기법, 고객 관리 기법을 공부해봅시다. 여러분의 구글 애널리틱스 활용 능력을 다지는 데 큰 도움이 될 것입니다.

STEP 04

구글 애널리틱스로 앱 분석하기

구글 애널리틱스 Step 3에서는 데이터를 수집하고 분석한 뒤 어떻게 활용할 수 있을지 여러 가지 아이디어를 떠올려봤습니다. 우리는 장바구니에 상품을 담고 구매하지 않은 사용자에게 푸시 메시지를 보내는 등의 마케팅 활동을 함으로써 사용자의 구매를 이끌어낼 수 있습니다.

구글 애널리틱스 Step 4의 주제가 바로 이것입니다. 우리는 구글 애널리틱스의 앱 분석과 활용을 담당하는 파이어베이스라는 도구로 앱 데이터를 수집할 것입니다. 그리고 이를 바탕으로 사용자에게 직접 푸시 메시지, 인 앱 메시지를 보낼 것입니다. 여러분의 컴퓨터 혹은 안드로이드 스마트폰으로 직접 발송된 푸시 메시지를 받아보면 지금까지 우리가 배운 구글 애널리틱스가 어떻게 활용되는지 '체험'할 수 있을 것입니다. 지금까지 진행한 구글 애널리틱스 공부가 최종적으로 어떤 형태로 다가오는지 알 수 있는 좋은 기회일 것입니다. 학습을 마무리 짓는 가장 적절한 순간이기도 할 것입니다. 조금만 더 힘내서 공부하도록 합시다.

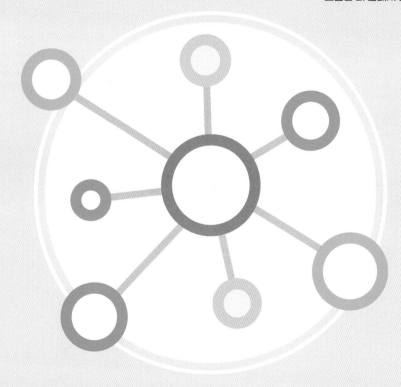

19 앱 데이터 분석하기

지금까지 우리는 '웹' 데이터를 분석하고 활용하는 방법을 배웠습니다. 이번 장에서는 '앱' 데이터를 분석하고 활용하는 방법을 배워보겠습니다. 이번 장의 학습을 마치면 '웹'과 '앱'을 분석하는 방법을 모두 알게 될 것입니다. 최근의 IT 서비스는 웹보다 앱에 중점을 두고 있으니 반드시 공부해야 할 것입니다.

'앱 데이터'라고 해서 '웹 데이터'와 다른 점은 없습니다. 지금까지 우리가 배운 데이터 수집, 분석, 활용 방법이 앱에도 그대로 적용됩니다. 앱에서 발생하는 몇 가지 중요한 이벤트를 배우고 활용 방법을 살펴보겠습니다.

19.1 앱 스트림 생성하기

우리가 구글 애널리틱스로 데이터 분석을 시작하기 위해 가장 먼저 무엇을 했는지 기억하시나요? 바로 '웹 스트림(stream)' 추가입니다. 웹 스트림에 각종 서비스 정보를 입력하고 제공된 설치 코드를 홈페이지에 적용했습니다. 설치 코드가 정상 동작하게 되자 웹 데이터가 구글 애널리틱스로 흘러들어왔고(stream) 우리는 데이터 분석을 시작할 수 있었습니다. 마찬가지로 앱 데이터를 분석하기 위해 우리는 '앱 스트림'을 생성해야 합니다. 이번 절에서는 앱 스트림을 생성해보면서 19.2절 '실습 앱 설치하기'를 준비해보겠습니다.

[관리] 메뉴의 속성에서 [데이터 스트림]을 선택합니다.

그림 19-1 데이터 스트림 목록

[그림 19-1]은 구글 애널리틱스로 데이터가 흘러들어오는(스트림, Stream) 프로덕트 혹은 서비스 목록입니다. 지금까지 우리가 학습에 사용한 웹 스트림(https://www.example.com)을 확인할 수 있습니다. 여기에 앱 스트림을 추가해서 앱 데이터 분석을 준비하겠습니다. [스트림 추가]를 클릭합니다.

[스트림 추가]를 선택하면 'iOS 앱', 'Android 앱', '웹'을 추가할 수 있습니다. 여기서는 'Android 앱'을 선택합니다. 실습용 APK(앱)로는 안드로이드 앱만이 지원되고 있기 때문입니다. 여러분이 안드로이드 스마트폰을 사용하지 않는다고 걱정할 필요는 없습니다. 일반적인 데스크톱에서도 APK를 설치할 수 있는 방법을 안내할 것입니다.

그림 19-2 앱 등록 설정

'Android 앱' 스트림을 추가하면 앱 등록이 시작됩니다. 이때 설정은 반드시 [그림 19-2]와 같아야 합니다. 패키지 이름으로 'com.example.ga4'를 입력하고 앱 이름으로 '고객을 끌어오는 구글 애널리틱스4'를 입력합니다.

[앱 등록]을 누르면 자동으로 다음 절차가 진행됩니다. 구글 클라우드(Google Cloud) 프로

젝트가 생성되고 파이어베이스(Firebase) 프로젝트가 생성됩니다. 각각 구글의 개발 플랫폼 이라는 정도만 알아둡시다. 잠시 기다리면 앱 스트림 생성이 완료됩니다. [다음]을 선택합니다.

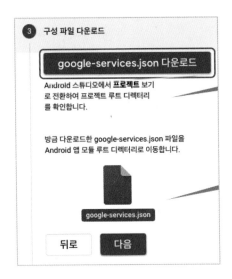

구성 파일 다운로드는 앱 스트림 생성 과정 중 가장 중요합니다. 여기서는 google-services. json이라는 앱 스트림의 데이터를 담고 있는 파일이 제공됩니다. 이 파일이 있어야만 앱 스트림이 정상 동작하게 됩니다. [google-services.json 다운로드]를 클릭하여 파일을 다운로드합니다. 다운로드한 파일은 19.2절 '실습 앱 설치하기'에서 사용할 것입니다.

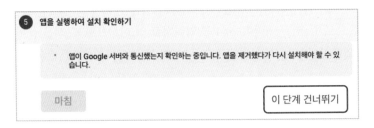

'앱을 실행하여 설치 확인하기' 단계에서는 [이 단계 건너뛰기]를 선택합니다. 이 단계는 생략해도 괜찮습니다.

구글 애널리틱스 계정에 '고객을 끌어오는 구글 애널리틱스4' 앱 스트림 추가가 완료되었습니다. 이제 웹 사용자의 데이터와 앱 사용자의 데이터가 모두 구글 애널리틱스로 흘러들어올 것이고, 우리는 이를 바탕으로 데이터 분석 및 활용을 진행할 수 있습니다.

> **NOTE 앱 스트림은 앱 개발자의 도움이 필요합니다.**
> 만약 기존에 운영하고 있는 앱이 있는 상태라면 앱 스트림 추가 과정은 여기서 다룬 것보다 훨씬 복잡합니다. 반드시 앱 개발자와 논의하여 앱 스트림 추가 과정을 진행하시기 바랍니다.

19.2 실습 앱 설치하기

앞에서는 앱 스트림을 추가했습니다. 이제 우리에게 필요한 것은 앱 스트림과 연결된 앱 그 자체입니다. 이번 절에서는 실습용 앱 설치 파일(APK)을 다운로드하고 설치하는 방법을 알 아보겠습니다.

STEP 1 앱 설치 파일 다운로드하기

다운로드 페이지(https://www.turtlebooks.co.kr/ga4/apk)에 접속합니다. 여기에 구글 서 비스 JSON 파일과 이메일 주소를 입력하면 여러분의 구글 애널리틱스 계정과 연결된 안드 로이드 앱 설치 파일이 즉석에서 생성되고 이메일로 전달될 것입니다.

'구글 서비스 JSON 파일을 드래그해주세요' 영역에 앞에서 다운로드한 google-services. json 파일을 끌어다 놓습니다.

google-services.json 파일을 입력한 뒤 자신의 이메일을 입력하고 [다운로드] 버튼을 클릭합니다. 여러분의 구글 애널리틱스와 연결된 APK 파일이 생성되고 이메일로 전달될 것입니다.[5] 메일이 전송되기까지는 5~10분가량이 소요될 수 있다는 점 참고하시기 바랍니다.

STEP 2 **안드로이드에서 실행하기**

그림 19-3 안드로이드에서 APK를 직접 실행

만약 안드로이드 스마트폰을 사용하고 있다면 이메일로 전송된 앱 설치 파일을 직접 실행하여 설치할 수 있습니다. [그림 19-3]과 같이 출처를 알 수 없는 앱 등의 경고가 표시되어도 설

---

5 APK를 포함한 이메일이 스팸 메일로 분류되는 경우가 있습니다. 이메일이 오랫동안 오지 않으면 스팸 메일함을 살펴보시기 바랍니다.

치를 허용하고 진행합니다. 만약 안드로이드에서 APK 설치 방법을 잘 모르겠다면 '안드로이드 APK 설치법' 등으로 검색을 진행하시기 바랍니다.

STEP 3 **블루스택에서 실행하기**

만약 안드로이드 스마트폰을 사용하지 않는다면 데스크톱(윈도우 혹은 맥)에서는 안드로이드 에뮬레이터를 활용해 APK를 설치힐 수 있습니다. 여기서는 윈도우 10에서 블루스택이라는 안드로이드 에뮬레이터를 바탕으로 실습을 진행하겠습니다.

블루스택 다운로드(https://www.bluestacks.com/download.html) 페이지에 접속합니다. [블루스택 5 다운로드]를 클릭합니다. 다운로드한 설치 파일을 실행하고 잠시 기다리면 설치가 완료됩니다.

그림 19-4 블루스택이 실행된 모습

블루스택이 실행된 모습은 [그림 19-4]와 같습니다. 이제 우리는 데스크톱에서 안드로이드 태블릿을 실행할 수 있습니다. 이메일로 전송된 APK 파일을 끌어다 놓아 APK 설치를 진행합니다.

'고객을 끌어오는 구글 애널리틱스4' 앱이 설치되었습니다. 더블클릭하여 실행해봅시다.

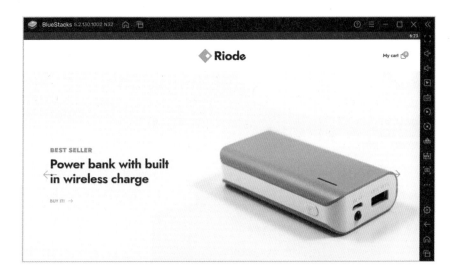

지금까지 우리가 살펴본 실습 페이지가 앱 형태로 실행됩니다. 여기서 발생하는 사용자 데이터는 '앱 스트림'으로 수집될 것이며 우리는 이를 바탕으로 앱 데이터 분석 방법을 배울 것입니다.

19.3 앱 데이터 살펴보기

마침내 실습 앱이 실행되었습니다. 이제 실습 앱에서 여러분이 하는 동작들이 구글 애널리틱스로 전송될 것입니다. 이번 절에서는 실시간 보고서로 앱 데이터를 살펴보면서 웹 데이터와 무엇이 다른지 살펴보겠습니다.

19.3.1 실시간 보고서로 앱 스트림 데이터 살펴보기

실시간 보고서를 확인해봅시다. MOBILE 사용자 1명이 표시되는 것을 확인할 수 있습니다.

또한 이벤트 목록과 전환 이벤트 목록에 'first_open' 이벤트가 표시되고 있음을 확인할 수 있습니다. 앱을 처음 실행했다(first_open)는 의미를 나타내는 이벤트입니다. 실습 페이지에 사용자가 처음 접속하게 되면 첫 방문(first_visit) 이벤트가 발생한다는 사실을 기억할 것입니다. 앱에서는 사용자가 처음 앱을 실행했을 때 첫 실행(first_open) 이벤트가 발생합니다. 첫 접속이냐 첫 실행이냐라는 미묘한 의미 차이로 웹과 앱의 데이터에 차이가 있음을 알 수 있는 부분입니다. 이를 좀 더 자세히 살펴보겠습니다. 'screen_view'를 선택해보겠습니다.

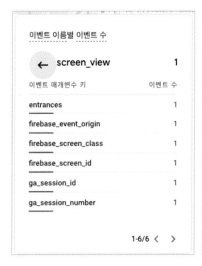

screen_view 이벤트는 웹 데이터의 page_view 이벤트에 해당합니다. 사용자가 웹페이지를 조회할 때 page_view 이벤트가 발생하는 것처럼 사용자가 앱의 특정 화면을 조회하면 screen_view 이벤트가 발생합니다. 웹 이벤트의 page_view에서 어떤 페이지 조회가 발생한 것인지 page_location(페이지 경로) 매개변수로 더 자세한 정보를 확인할 수 있는 것처럼 screen_view에서도 매개변수를 통해 더 자세한 정보를 확인할 수 있습니다. firebase_screen_class를 선택해보면 Ga4Activity라는 화면에 대한 정보를 확인할 수 있습니다.

여기까지의 학습을 정리해봅시다. 웹과 마찬가지로 앱에서도 이벤트가 발생합니다. 웹의 first_visit, page_view 이벤트와 유사하게 앱에도 first_open, screen_view 이벤트가 존재합니다. 앱 데이터 분석을 위해서는 앱에서 발생하는 이벤트들이 무엇이 있는지 숙지해둘 필요가 있습니다. 이에 대해서는 잠시 후 19.4절 '앱 이벤트 살펴보기'에서 더 다루겠습니다.

19.3.2 실시간 보고서의 한계

앱 데이터가 정상적으로 수집되는 것을 확인해봤습니다. 이어서 앱 내에서 여러 가지 행동을 해봅시다. 상품을 클릭해보고 장바구니에 담아봅시다. 그리고 실시간 보고서를 확인해봅시다. 앱 데이터가 제대로 수집되고 있나요? 여러분이 행동을 할 때마다 데이터가 제대로 표시되는지 살펴봅시다. 아마도 데이터가 제대로 수집되고 있는 것 같지 않다는 인상을 받을 것입니다. 왜냐하면 구글 애널리틱스가 앱의 모든 데이터를 실시간으로 수집하는 것은 아니기 때문입니다.

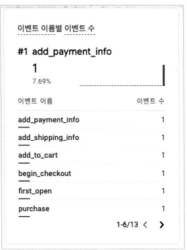

그럼 이번에는 장바구니에 담은 상품을 구매해봅시다. 실시간 보고서에 전환 이벤트인 'purchase'가 바로 표시됨과 동시에 여러분이 한 행동이 이벤트 목록에 한꺼번에 표시될 것입니다.

앱 데이터는 '실시간'으로 수집되지 않습니다. 길게는 20~30분가량의 지연이 있을 수 있습니다. 구글 애널리틱스는 사용자의 스마트폰 배터리, 네트워크 사용량 등을 감안하여 앱에서 발생하는 데이터를 일정 시간 동안 쌓아두고 있다가 한꺼번에 전송합니다. 따라서 앱 데이터에 의해 표시되는 사용자 수, 이벤트 등은 실제와 차이가 있을 수 있습니다.

다만, '전환 이벤트'와 같이 중요한 이벤트가 발생할 경우 구글 애널리틱스는 쌓아둔 데이터를 바로 전송합니다. 이를 고려한다면 우리가 앱 데이터에서 실시간이라고 신뢰할 수 있는 이벤트는 전환 이벤트뿐이라고 할 수 있습니다. 만약 여러분이 실시간 보고서에 표시되는 데이터를 바탕으로 즉각적인 운영 등을 진행할 수 있는 시스템을 지니고 있다면 실시간으로 확인해야 하는 데이터를 반드시 전환 이벤트로 설정해야 합니다.

19.3.3 앱 매개변수 살펴보기

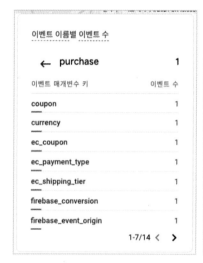 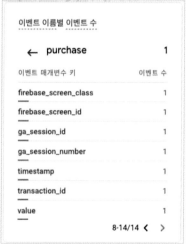

이제 실시간 보고서에 표시된 purchase 이벤트를 살펴봅시다. 'firebase'로 시작되는 앱 이벤트 전용의 매개변수들을 확인할 수 있습니다. 이 외의 매개변수, 예를 들어 ec_coupon, ec_payment_type, ec_shipping_tier 혹은 currency, transation_id, value 등은 우리가 지금까지 배워왔던 매개변수임을 알 수 있습니다.

앱 데이터라고 웹 데이터와 크게 다른 것은 없습니다. 다만 일부 이벤트 이름이, 일부 매개변수가 추가되었을 뿐 지금까지 배운 이벤트와 같습니다. 웹에서 수집되는 데이터인가 앱에서 수집되는 데이터인가만이 다를 뿐입니다. 우리가 지금까지 배운 데이터 분석, 활용 방법이 앱에서도 동일하게 사용될 수 있는 것입니다.

19.4 앱 이벤트 살펴보기

앱 데이터 분석을 진행하기 위해서는 앱에서 수집되는 이벤트, 특히 앱에서 자동으로 수집되는 이벤트를 파악해두어야 합니다. 이번 절에서는 앱 이벤트를 살펴보겠습니다.

19.4.1 자동 수집 이벤트

표 19-1 자동 수집 이벤트

이벤트 이름	이벤트가 수집되는 시점(트리거)	디바이스
first_visit	사용자가 서비스를 처음 방문, 실행할 때	**앱**, 웹
page_view	페이지가 로드될 때	웹
screen_view	화면 전환이 발생할 때	**앱**
scroll	사용자가 페이지를 90% 이상 스크롤할 때	웹
session_start	사용자가 앱 또는 웹사이트에 참여할 때	**앱**, 웹
user_engagement	사용자가 '참여 중' 상태일 때 주기적으로	**앱**, 웹

먼저 구글 애널리틱스의 자동 수집 이벤트를 살펴보겠습니다. [표 19-1]은 5.3절 '자동 수집 이벤트 살펴보기'에서 다루었던 자동 수집 이벤트들입니다. 여기서는 '디바이스(기기, 스트림)'에 주목해봅시다. page_view 이벤트는 디바이스가 '웹'일 때만 발생하는 이벤트입니다. screen_view 이벤트는 디바이스가 '앱'일 때만 발생하는 이벤트입니다. 각각의 이벤트는 사용자의 기기 혹은 스트림에 따라 발생합니다. 웹에서는 절대로 앱 이벤트가 발생하지 않고, 앱에서는 절대 웹 이벤트가 발생하지 않습니다. 만약 웹과 앱에서 모두 발생할 수 있는 이벤트는 디바이스가 앱, 웹으로 구분되어 있습니다. 이러한 이벤트는 앱에서도 발생하고 웹에서도 발생할 수 있습니다. 데이터 분석 작업을 진행할 때 이벤트가 어떤 디바이스에서 발생하는지를 고려해야 할 것입니다.

19.4.2 주요 앱 이벤트

표 19-2 주요 앱 이벤트

이벤트 이름	이벤트가 수집되는 시점(트리거)	운영체제
first_open	앱 설치 또는 재설치 후 처음으로 앱을 실행할 때	
screen_view	화면 전환이 발생할 때	
app_update	앱이 새 버전으로 업데이트되고 다시 실행될 때	
app_remove	애플리케이션 패키지가 Android 기기에서 삭제(제거)될 때	Android

이번에는 앱에서만 발생하는 이벤트에 대해 좀 더 살펴봅시다. '[GA4] 자동으로 수집되는 이벤트'(https://www.turtlebooks.co.kr/ga4/docs/event) 페이지에서 몇 가지 이벤트를 정리하여 [표 19-2]에 표시했습니다.

기본적으로 사용자가 앱을 처음 실행할 경우 first_open 이벤트가 발생하고 화면을 조회할 경우 screen_view 이벤트가 발생합니다. 각각 웹의 first_visit 이벤트와 page_view 이벤트에 대응하는 자동 수집 이벤트라고 할 수 있습니다. 이 외의 이벤트는 앱 개발자와 논의하여 직접 적용을 진행합니다. '어떤 상황에서 상품 조회를 수집한다', '어떤 상황에서 장바구니 담기 등을 수집한다'라는 것을 논의하고 적용하면 되는 것입니다. 몇 가지 자동 수집 이벤트에만 차이가 있고 나머지 절차는 모두 웹과 동일하다고 할 수 있습니다.

앱 이벤트에는 앱에서만 발생하는 고유한 이벤트가 몇 가지 있습니다. 예를 들어, 사용자가 앱을 업데이트하고 다시 실행할 경우 app_update 이벤트가 발생합니다. 이를 통해 안드로이드 운영체제와 iOS 운영체제에서 앱 업데이트가 얼마나 활발하게 일어나는지 파악할 수 있습니다. 사용자가 앱을 삭제할 경우 app_remove 이벤트가 발생합니다. 이를 통해 앱 삭제가 얼마나 발생하는지 파악할 수 있습니다. 그런데 여기에는 주의해야 할 점이 있습니다. app_remove 이벤트는 안드로이드 운영체제에서만 발생하는 이벤트입니다. iOS 운영체제에서 발생하는 앱 삭제는 파악할 수 없습니다. 이벤트 문서를 자세히 살펴보면 일부 앱 이벤트는 Android에서만 확인 가능한 것을 알 수 있습니다. 이는 iOS 운영체제가 데이터를 제공하지 않기 때문입니다. 따라서 앱 자동 수집 이벤트를 파악할 때는 구글 애널리틱스에만 의존해서는 안 됩니다. 정기적으로 구글 플레이 스토어와 애플 앱스토어 데이터를 파악하여 구글 애널리틱스로는 확인할 수 없는 정보를 파악해야 함을 알아둡시다.

표 19-3 푸시 메시지 이벤트

이벤트 이름	이벤트가 수집되는 시점(트리거)	운영체제
notification_dissmiss	FCM에서 보낸 알림을 사용자가 닫을 때	Android
notification_foreground	앱이 실행되는 동안(포그라운드 상태)에 FCM에서 보낸 알림이 수신될 때	
notification_open	**FCM에서 보낸 알림을 사용자가 열 때**	
notification_receive	앱이 실행되지 않는 동안(백그라운드 상태)에 FCM에서 보낸 알림이 기기에 수신될 때	Android
notification_send	FCM에서 알림을 보낼 때	Android

또한 앱에서 주요하게 살펴볼 이벤트로 '푸시 메시지'와 관련된 이벤트를 꼽을 수 있습니다. 구글 애널리틱스는 푸시 메시지(notification)와 관련된 이벤트를 다섯 가지나 제공하고 있

습니다. 이를 바탕으로 푸시 메시지를 얼마나 발송했는지(notification_send), 푸시 메시지가 도착했는지(notification_foreground, notification_receive), 푸시 메시지를 확인했는지(notification_open) 혹은 무시했는지(notification_dissmiss) 등 각각의 상황을 상세하게 수집하고 분석할 수 있습니다. 앱의 푸시 메시지는 사용자의 직접 참여를 이끌어낼 수 있는 중요한 마케팅 수단이기 때문에 이에 대한 분석의 중요성을 강조하는 대목이라고 생각할 수 있습니다.

푸시 메시지 분석과 관련하여 한 가지 주의해야 할 점이 있습니다. 구글 애널리틱스가 자동으로 수집하는 푸시 메시지 데이터는 구글의 푸시 메시지 발송 시스템인 FCM(Firebase Cloud Messaging)을 기반으로 한다는 것입니다. 푸시 메시지 관련 이벤트의 수집 시점을 살펴보면 'FCM에서 보낸'이라는 단서가 붙어 있는 것을 통해 이를 알 수 있습니다. 만약 운영하고 있는 서비스가 FCM 외의 서비스로 푸시 메시지를 발송하고 있다면 구글 애널리틱스는 푸시 메시지 관련 이벤트를 자동으로 수집하지 않을 것입니다. 이러한 경우 앱 개발자와 논의하여 푸시 메시지 관련 이벤트를 직접 수집해야 할 것입니다.

앱 이벤트라고 해서 웹 이벤트와 크게 다른 것은 없습니다. 어떤 앱 이벤트가 자동으로 수집되는지, 어떤 운영체제에서 특정 앱 이벤트를 수집할 수 있는지를 확인하면서 안드로이드와 iOS의 이벤트 수집 한계를 파악하기만 하면 됩니다. 이후에는 상품 조회, 장바구니 담기 등을 바탕으로 데이터를 수집, 분석하고 잠재고객을 만드는 등 지금까지 우리가 배운 모든 방식을 그대로 활용할 수 있을 것입니다.

19.5 [실전] 사용자 중심 웹&앱 데이터 분석하기

이제 우리는 웹에서 발생하는 사용자 데이터와 앱에서 발생하는 사용자 데이터를 모두 확인할 수 있습니다. 그렇다면 이러한 상황을 가정해봅시다. 사용자 ID가 'a_7'인 고객이 오전에는 웹에서 쇼핑을 진행하고 오후에는 앱에서 쇼핑을 진행했습니다. 'a_7' 사용자의 시간대별 데이터를 보고서로 확인해볼 수 있지 않을까요? 이번 절에서는 사용자를 중심으로 웹과 앱에서의 데이터를 분석하는 방법을 살펴보겠습니다.

STEP 1 웹 사용자 ID 변경하기

사용자 ID를 연결해주세요.	설정하기
appuser	

그림 19-5 사용자 ID 설정하기

먼저 실습 웹페이지(https://ga4shop.com)의 사용자 ID를 앱의 사용자 ID와 일치시키도록 하겠습니다. 앱의 사용자 ID는 a_7로 고정되어 있는 상태이기 때문에 웹의 사용자 ID도 a_7로 설정해야 합니다. [그림 19-5]와 같이 실습 웹페이지에서 사용자 ID를 appuser로 입력하면 암호화 과정을 거쳐 웹의 사용자 ID가 a_7로 변경됩니다.

이 과정을 완료하고 실습 웹페이지에서 여러 가지 쇼핑 행동을 진행합니다. 상품을 조회하고, 장바구니에 담고, 구매를 진행해봅시다. 실습 웹페이지에서 쇼핑 행동을 마친 뒤에는 앱에서 쇼핑 행동을 진행합니다. 마찬가지로 상품을 조회하고, 장바구니에 담고, 구매를 진행해봅시다.

STEP 2 사용자 개별화 분석 살펴보기

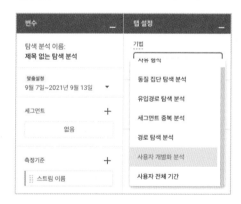

사용자 ID를 분석하는 가장 쉬운 방법은 탐색 보고서의 사용자 개별화 분석을 사용하는 것입니다. 빈 탐색 보고서에서 기법으로 '사용자 개별화 분석'을 선택합니다.

사용자 개별화 분석 기법을 선택하면 측정기준으로 '스트림 이름'이 자동으로 추가됩니다. 이번 장에서는 '앱 스트림'을 추가했음을 기억할 것입니다. 사용자 개별화 분석 보고서에는 스트림 이름을 기준으로 데이터가 표시될 것임을 추측할 수 있습니다.

앱 인스턴스 ID	스트림 이름	↓이벤트 수	세션수	구매 수익
총계		59 총계 대비 100.0%	3 총계 대비 100.0%	**₩19,900** 총계 대비 100.0%
1 a_7	https://www.example.com	34	2	₩0
2 a_7	고객을 끌어오는 구글 애널리틱스4	25	1	₩19,900

그림 19-6 사용자 개별화 분석 보고서 데이터

실제로 사용자 개별화 분석 보고서의 데이터를 살펴보면 앱 인스턴스 ID와 스트림 이름을 기준으로 데이터가 표시되는 것을 확인할 수 있습니다. [그림 19-6]과 같이 a_7 사용자의 웹 스트림(https://www.example.com) 데이터와 앱 스트림(고객을 끌어오는 구글 애널리틱스 4) 데이터를 확인할 수 있습니다.

		view_promotion	오후 3:21:55
☐	▣	view_promotion	오후 3:21:55
☐	▣	view_item_list	오후 3:21:55
☐	▣	session_start	오후 3:21:49
☐	▣	page_view	오후 3:21:49
☐	▣	view_promotion	오전 10:20:44
☐	▣	view_item_list	오전 10:20:44
☐	▣	page_view	오전 10:20:38
☐	▣	view_item_list	오전 10:13:20
☐	▣	page_view	오전 10:13:20

먼저 웹 스트림의 'a_7' 데이터를 확인해보겠습니다. 사용자는 오전 10시 13분부터 10시 20분까지 웹에서 쇼핑을 진행했음을 알 수 있습니다. 그리고 웹페이지를 떠났다가 오후 3시 20분에 다시 웹페이지에 접속했습니다.

		purchase	오전 11:19:20
☐	⚑	purchase	오전 11:19:20
☐	▣	add_shipping_info	오전 11:19:16
☐	▣	add_payment_info	오전 11:19:16
☐	▣	begin_checkout	오전 11:19:13
☐	▣	view_cart	오전 11:19:11
☐	▣	add_to_cart	오전 11:19:05
☐	▣	add_to_cart	오전 11:19:01
☐	▣	view_item	오전 11:18:58
☐	▣	select_item	오전 11:18:56
☐	▣	view_item_list	오전 11:18:27
☐	▤	screen_view	오전 11:18:22
☐	▣	notification_open	오전 11:18:22

이번에는 앱 스트림의 'a_7' 데이터를 확인해봅시다. 사용자는 오전 11시 18분에 푸시 메시지(notification_open)를 확인해서 앱을 실행해 화면을 조회(screen_view)했습니다. 이후에 이것저것 상품을 보다가 오전 11시 19분에 상품을 구매(purchase)했습니다.

이렇게 사용자 개별화 보고서를 바탕으로 웹 스트림과 앱 스트림의 데이터를 확인 및 종합해보면 특정 사용자가 몇 시 몇 분에 어떤 스트림에서 무슨 행동을 했는지를 파악할 수 있습니다. 이제야 마침내 사용자가 서비스 전반에서 어떠한 행동을 하는지 모두 파악할 수 있게 된 것입니다.

그런데 한 가지 아쉬운 점이 있습니다. 사용자 개별화 분석기는 스트림을 기준으로 데이터가 나뉘어 표시되고 있기 때문에 사용자의 행동이 스트림을 기준으로 파편화된다는 점입니다. 스트림에 관계없이 사용자를 중심으로 연속적인 행동을 파악할 수 있다면 좀 더 편리하게 데이터를 분석할 수 있을 것입니다.

STEP 3 timestamp 매개변수 수집하기

'스트림에 관계없이 사용자를 중심으로 연속적인 행동을 파악'하기 위해서는 이벤트가 언제 발생했는지를 추가적인 매개변수로 수집해야 합니다. 예를 들어, 2021년 9월 23일 16시 46분에 이벤트가 발생했다면 이벤트 매개변수에 202109231646과 같이 이벤트가 발생한 시간 정보를 담는 것입니다.

맞춤 이벤트 매개변수 사용을 해제할까요?	네
이벤트 타임스탬프를 사용할까요?	네

실습 페이지에는 이벤트 발생 시간 수집 기능을 미리 준비해두었습니다. '이벤트 타임스탬프를 사용할까요?'를 '네'로 선택합니다. 이제 이벤트가 발생할 때 timestamp라는 매개변수에 이벤트 발생 시간이 수집될 것입니다. 만약 실제 서비스에 이를 적용하고자 한다면 개발자와 논의해보시기 바랍니다.

실습 웹페이지에서 발생하는 이벤트를 확인해보면 위와 같이 timestamp 매개변수에 이벤트 발생 시간(20210923164637, 2021년 9월 23일 16시 46분 37초)이 표시되는 것을 확인할 수 있을 것입니다.

매개변수를 추가한 뒤에는 구글 애널리틱스에서 데이터를 확인할 수 있도록 맞춤 측정기준을 추가해야 합니다. 이벤트 맞춤 측정기준을 추가합시다. 측정기준 이름, 설명, 이벤트 매개변수로 모두 'timestamp'를 입력하고 저장합니다.

이제 이벤트의 발생 시각을 수집하고 확인할 준비가 완료되었습니다. 각자 웹과 앱에서 여러가지 쇼핑 행동을 하면서 데이터를 수집하시기 바랍니다.

STEP 4 **탐색 보고서 분석하기**

이제 우리는 사용자 ID가 언제(timestamp) 어떤 스트림에서 무슨 이벤트를 발생시켰는지 확인할 수 있습니다. 탐색 보고서를 설정하여 데이터를 확인해보겠습니다.

빈 탐색 보고서를 만들고 측정기준으로 'user_id', '이벤트 이름'을 설정하고 측정항목으로 '이벤트 수'를 선택합니다.

		자유 형식 1 ▼ +		
	user_id	이벤트 이름	↓ 이벤트 수
	총계		**216** 총계 대비 100.0%
1	a_7	user_engagement	27
2	a_7	page_view	23
3	a_7	view_item_list	23
4	a_7	view_promotion	23
5	a_7	purchase	18
6	a_7	session_start	11
7	a_7	view_item	11
8	a_7	screen_view	10
9	a_7	add_payment_info	9
10	a_7	add_shipping_info	9

이제 사용자가 발생시킨 이벤트 정보를 파악할 수 있습니다.

측정기준으로 '스트림 이름'을 추가합니다. 여기서 '행'을 주목하시기 바랍니다. 스트림 이름을 이벤트 이름 앞에 위치시켰습니다.

46	a_7	https://www.example.com	view_item_list
47	a_7	https://www.example.com	select_item
48	a_7	https://www.example.com	view_item
49	a_7	고객을 끌어오는 구글 애널리틱스4	view_item_list
50	a_7	고객을 끌어오는 구글 애널리틱스4	select_item
51	a_7	고객을 끌어오는 구글 애널리틱스4	view_item
52	a_7	고객을 끌어오는 구글 애널리틱스4	add_to_cart

이제 사용자가 어떤 스트림에서 무슨 이벤트를 발생시켰는지 알 수 있습니다.

이제 이벤트가 언제 발생했는지 추가하면 됩니다. 측정기준으로 'timestamp'를 추가하여 스트림 이름 앞에 위치시킵니다. 또한 여기서는 데이터를 많이 표시하기 위해 행 표시를 '250'으로 설정했습니다.

46	a_7	20210923164445	https://www.example.com	view_item_list
47	a_7	20210923164450	https://www.example.com	select_item
48	a_7	20210923164453	https://www.example.com	view_item
49	a_7	20210923164515	고객을 끌어오는 구글 애널리틱스4	view_item_list
50	a_7	20210923164522	고객을 끌어오는 구글 애널리틱스4	select_item
51	a_7	20210923164525	고객을 끌어오는 구글 애널리틱스4	view_item
52	a_7	20210923164527	고객을 끌어오는 구글 애널리틱스4	add_to_cart

이제 우리는 사용자 ID가 언제(timestamp) 어떤 스트림에서 무슨 이벤트를 발생시켰는지 확인할 수 있습니다. 여기서는 a_7 사용자가 2021년 9월 23일 16시 44분(48번 행) 웹에서 상품을 보다가(view_item) 2021년 9월 23일 16시 45분에 상품을 장바구니에 담은(add_to_cart) 것을 알 수 있습니다.

실제 서비스를 운영해보면 보면 사용자 개인의 행동을 위와 같이 하나하나 상세하게 파악하는 경우는 많지 않습니다. 가끔 사용자가 서비스 사용 중에 오류를 겪고 있다고 직접 제보하거나, 독특한 사용 패턴을 보이는 사용자 발견하게 된 경우에만 제한적으로 사용하게 됩니다. 이런 상황에 사용자 개별화 분석 보고서는 스트림을 나누어 데이터를 표시하기 때문에 크게 도움이 되지 않습니다. 이벤트의 발생 시각을 추가로 수집하여 탐색 보고서를 사용한다면 스트림에 관계없이 사용자의 연속되는 행동을 쉽게 파악할 수 있습니다. 자주 사용하는 데이터 확인 방법은 아니지만 간혹 중요하게 사용되는 경우가 있으니 서비스에 실제 적용하는 것을 고려해보시기 바랍니다.

19.6 [실전] 이벤트 수정 따라 배우기

앱 데이터의 분석 및 활용 방식은 웹 데이터의 분석 및 활용 방식과 동일합니다. 지금까지 우리가 배운 내용을 바탕으로 실제 업무에서 쉽게 활용할 수 있을 것입니다. 앱 데이터 분석 과정에서 어려움이 발생하는 지점은 데이터 분석 및 활용이라기보다는 앱 데이터 수집 자체의 '실수'에서 발생합니다. 이번 절에서는 데이터 수집의 '실수'에 대처하는 방안으로 '이벤트 수정'을 배워보겠습니다.

STEP 1 이벤트 수집 오류 확인하기

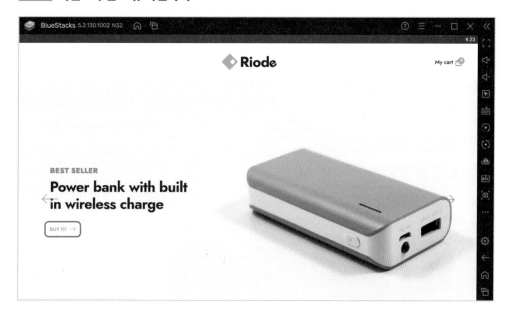

앱을 실행하고 [BUY IT!]을 클릭합니다. 이후에 표시되는 상품을 장바구니에 담고 물건을 구매하고 실시간 보고서를 확인합니다.

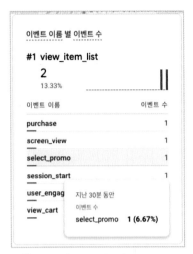

그림 19-7 잘못 수집되고 있는 select_promo 이벤트

실시간 보고서에서 이벤트를 확인해보면 [그림 19-7]과 같이 select_promo라는 이벤트가 수집되는 것을 확인할 수 있습니다. 이는 우리가 앞에서 배터리 프로모션의 [BUY IT!]을 클릭했을 때 발생한 이벤트입니다. 원래 프로모션 선택 이벤트 이름은 select_promotion인데 앱의 데이터 수집 코드가 잘못되어 select_promo로 수집되고 있는 것입니다. 이는 명백한 데이터 수집 '실수'라고 할 수 있습니다.

앱에서 잘못 수집되고 있는 이벤트를 그대로 방치한다면 앞으로 프로모션 선택 이벤트 데이터를 확인할 때 웹에서는 제대로 수집되고 있는 select_promotion 이벤트와 앱에서는 잘못 수집되고 있는 select_promo 이벤트를 모두 고려하여 데이터 분석을 진행해야 할 것입니다. 실제 업무에서도 웹에서 수집하는 이벤트와 앱에서 수집하는 이벤트가 구현 실수로 인해 서로 일치하지 않는 경우가 종종 발생하고는 합니다. 웹에서 발생하는 잘못된 이벤트 수집은 새로 웹 배포를 진행하면 쉽게 수정할 수 있지만, 앱에서 발생하는 잘못된 이벤트 수집은 배포만으로는 쉽게 수정할 수 없습니다. 앱을 배포했다고 하더라도 사용자가 업데이트를 하지 않는다면 계속해서 잘못된 이벤트가 수집되기 때문입니다. 웹과 앱의 배포 이전에 이러한 오류를 미리 발견하여 바로잡았으면 좋았겠지만 이미 발생한 오류는 어쩔 수 없습니다. 이럴 때 우리는 구글 애널리틱스의 '이벤트 수정' 기능을 활용하여 이벤트 정보를 보정할 수 있습니다. 앱에서 잘못 수집되고 있는 select_promo 이벤트를 select_promotion 이벤트로 수집되도록 '이벤트 수정'을 진행해봅시다.

STEP 2 이벤트 수정하기

왼쪽 메뉴의 [구성]을 선택한 뒤 [이벤트]를 선택합니다.

[이벤트 수정]을 클릭하여 잘못 수집되는 이벤트를 고칠 수 있습니다.

앱에서 잘못 수집되는 이벤트를 수정할 것이므로 앱 데이터 스트림(고객을 끌어오는 구글 애널리틱스4)을 선택합니다.

이벤트 수정	만들기
아직 수정 규칙이 없습니다. 시작하려면 '만들기'를 클릭하세요. <u>자세히 알아보기</u>	

[만들기]를 클릭하여 이벤트 수정을 설정할 수 있습니다.

× 이벤트 수정 **고객을 끌어오는 구글 애널리틱스4** 만들기
G-8Y67HKD66D

기존 이벤트를 수정합니다. <u>자세히 알아보기</u>

구성

수정 이름 ⑦

as_select_promotion

일치 조건

다음 조건이 모두 일치하는 이벤트 수정

매개변수	연산자	값	
event_name	다음 값과 같음 ▼	select_promo	⊖

조건 추가

매개변수 수정 ⑦

event_name 등의 매개변수 추가, 삭제, 수정

매개변수	새 값	
event_name	select_promotion	⊖

수정사항 추가

그림 19-8 select_promo 이벤트를 select_promotion 이벤트로 수정

맞춤 이벤트를 만드는 것과 동일한 방식으로 수정 이벤트를 만들 수 있습니다. 일치 조건을 설정하고 매개변수 수정에서 어떠한 방식으로 이벤트를 수정할지 설정할 수 있습니다.

먼저 일치 조건으로 이벤트 이름(event_name)이 select_promo와 동일한 경우를 설정합니다. 앱에서 수집되는 select_promo 이벤트가 이에 해당합니다. 매개변수 수정에서는 이벤트를 어떻게 수정할지 설정할 수 있습니다. 여기서는 select_promo라는 event_name(이

벤트 이름)을 select_promotion으로 수정할 것입니다. [그림 19-8]과 같이 매개변수 수정 영역에서 매개변수를 'event_name'으로, 새로운 이벤트 이름 'select_promotion'으로 설정합니다. 이렇게 설정하면 앱에서 select_promo 이벤트가 발생했을 때 해당 이벤트가 select_promotion이라는 제대로 된 이벤트 이름으로 수정될 것입니다. 수정 이름으로 'as_select_promotion'을 입력하고 [만들기]를 클릭해 저장합니다.

STEP 3 **수정된 이벤트 확인하기**

수정 이벤트를 만들고 어느 정도 시간이 흐르면 이벤트가 제대로 고쳐지는지 확인할 수 있습니다. 여기서는 하루 뒤에 앱을 실행하여 프로모션을 선택했습니다. 실시간 보고서에 select_promo 이벤트 대신 select_promotion 이벤트가 발생하는 것을 확인할 수 있습니다. 이벤트 수정이 완료된 것입니다.

서비스가 발전함에 따라 웹과 앱에서 수집하는 이벤트가 점점 많아질 것입니다. 이때 이벤트 수집 계획이 제대로 세워지지 않거나 운영되지 않는다면 웹과 앱의 이벤트가 서로 일치하지 않을 확률이 점점 높아집니다. 정기적으로 웹과 앱에서 이벤트가 제대로 수집되고 있는지 점검하면서 이벤트 수집 오류에 대응합시다. 데이터 분석과 활용 능력 못지않게 데이터 수집 자체를 관리하는 능력도 중요하다는 사실을 기억하면서 서비스를 운영합시다.

Chapter
20
파이어베이스로 사용자 참여 유도하기

파이어베이스는 구글에서 제공하는 앱 개발을 위한 도구입니다. 파이어베이스에는 구글 애널리틱스로 데이터 수집과 분석을 가능하게 하는 파이어베이스 애널리틱스, 구글의 푸시 메시지 발송 시스템인 파이어베이스 클라우드 메시징(FCM) 등이 포함됩니다. 이번 장에서는 파이어베이스의 여러 가지 기능을 활용해 사용자 참여를 유도하는 방법을 알아보겠습니다.

지금까지 우리는 데이터 수집과 분석에 집중하면서 사용자 참여를 이끌어내는 방식에 대한 여러 가지 아이디어를 살펴봤습니다. 이번 장에서는 우리가 배운 데이터 수집, 분석, 활용 방법이 결실을 맺을 것입니다.『고객을 끌어오는 구글 애널리틱스4』의 퍼즐 조각들이 어떤 모습으로 완성되는지 경험할 수 있는, 우리의 학습을 마무리 짓는 가장 적합한 장이 될 것입니다.

20.1 파이어베이스 살펴보기

파이어베이스는 구글에서 제공하는 앱 개발 도구입니다. 구글 애널리틱스로 데이터 수집과 분석을 가능하게 하는 파이어베이스 애널리틱스, 구글의 푸시 메시지 발송 시스템인 파이어베이스 클라우드 메시징(FCM) 등이 포함됩니다. 이번 절에서는 파이어베이스에서 제공하는 '참여' 도구를 살펴보겠습니다. 기획자 혹은 마케터가 흥미롭게 다룰 수 있는 도구들이 제공되므로 관심 있게 살펴봅시다.

20.1.1 파이어베이스 살펴보기

파이어베이스 홈페이지(https://firebase.google.com/)에 접속해봅시다. 파이어베이스가 성공적인 앱을 만들기 위한 도구라는 메시지를 확인할 수 있습니다. [시작하기]를 눌러보겠습니다.

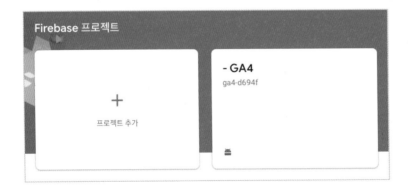

[시작하기]를 누르면 이와 같이 이미 파이어베이스 프로젝트가 생성되어 있을 것입니다. 19.1절 '앱 스트림 생성하기'에서 앱 스트림을 생성할 때 구글 클라우드 프로젝트, 파이어베이스 프로젝트 등이 자동으로 생성되었던 적이 있습니다. 당시에 만들어진 파이어베이스 프로젝트가 표시되고 있는 것입니다. 미리 생성되어 있는 프로젝트를 선택합니다.

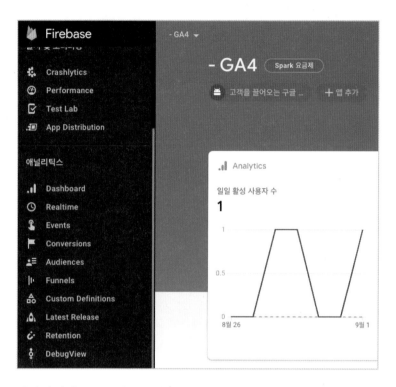

파이어베이스 프로젝트를 선택하면 가장 먼저 '애널리틱스' 데이터가 표시됩니다. 일일 활성 사용자 수가 1명임을 알 수 있습니다. 또한 좌측 메뉴에서도 '애널리틱스' 영역을 확인할 수 있습니다. 애널리틱스 하위의 메뉴를 선택해봅시다. 구글 애널리틱스의 데이터가 그대로 표시된다는 것을 알 수 있습니다. 파이어베이스 애널리틱스가 구글 애널리틱스와 연동되어 데이터가 수집되기 때문에 두 데이터는 동일한 내용을 표시합니다.

> **NOTE** **구글 애널리틱스와 파이어베이스 애널리틱스**
> 구글 애널리틱스4 이전의 구글 애널리틱스는 웹 데이터 분석과 앱 데이터 분석이 별개로 이루어졌습니다. 구글 애널리틱스에서는 이를 보완하기 위해 파이어베이스 애널리틱스를 만들어 앱 데이터 수집과 분석을 진행했습니다. 이후에 파이어베이스 애널리틱스는 구글 애널리틱스와 통합되었습니다.

파이어베이스의 화면을 아래로 스크롤해봅시다. 잠재고객 증가 및 참여 유도라는 영역이 표시됩니다. 여기에는 Cloud Messaging, A/B Testing 등 파이어베이스가 제공하는 기능들이 표시됩니다. 이번 장에서는 이 기능들을 활용하여 사용자 참여 유도를 실습해볼 것입니다. [모든 참여 기능 보기]를 선택해 나머지 기능들을 살펴보겠습니다.

그림 20-1 파이어베이스의 참여 기능

[모든 참여 기능 보기]를 선택하면 [그림 20-1]과 같이 파이어베이스가 제공하는 '참여' 기능을 살펴볼 수 있습니다. 클라우드 메시징(Cloud Messaging), 예측(Predictions), 리모트 컨피그(Remote Config), A/B 테스팅(A/B Testing), 동적 링크(Dynamic Links), 인 앱 메시징(In-App Messaging) 등 사용자의 참여를 유도할 수 있는 많은 기능이 제공됩니다. 각각의 기능을 선택하면 기능을 안내하는 동영상이 제공되므로 각자 동영상을 꼭 시청해보시기 바

랍니다. 여러분의 상상력을 자극하는 내용을 접할 수 있을 것입니다.

이 책에서는 클라우드 메시징, 리모트 컨피그, 인 앱 메시징, A/B 테스팅을 살펴보겠습니다. 나머지 기능들은 실습 앱으로 확인하는 데 한계가 있기 때문에 다루지 못하는 점 참고하시기 바랍니다. 이번 장의 학습을 마친 뒤 개발자와 논의하여 나머지 기능에 대해 알아본다면 큰 도움이 될 것입니다.

20.2 리모트 컨피그 설정하기

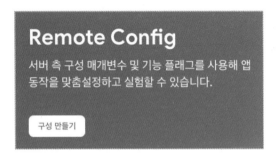

가장 먼저 살펴볼 기능은 리모트 컨피그입니다. 파이어베이스에서는 리모트 컨피그를 '서버 측 구성 매개변수 및 기능 플래그를 사용해 앱 동작을 맞춤설정하고 실험할 수 있습니다'라고 설명하고 있습니다. 이는 개발자를 위한 설명에 가깝습니다. 개발자와 협업하여 앱 배포 없이 앱의 일부 화면 구성을 변경하거나 일부 기능을 변경할 수 있도록 도와주는 운영 도구라고 할 수 있습니다. 이렇게 설명하는 것보다 실제 사용해보는 편이 더 와 닿을 것입니다. 실습 앱에는 파이어베이스의 리모트 컨피그 기능이 적용되어 있으므로 바로 실습을 진행해보겠습니다.

20.2.1 리모트 컨피그란?

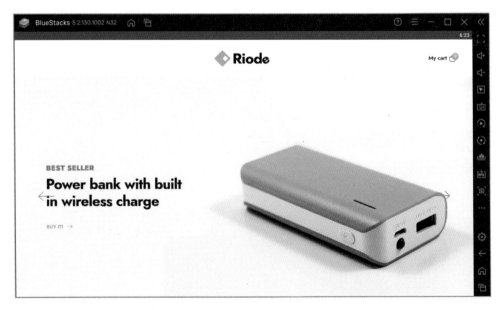

실습 앱을 실행하면 기본적으로 배터리 프로모션이 표시되고 프로모션 아래에는 모든 상품 (All) 카테고리가 표시됩니다. 만약 우리가 앱의 시작화면을 모든 상품 카테고리가 아니라 다른 카테고리, 예를 들어 가방(Bags) 카테고리로 변경하고 싶다면 어떻게 해야 할까요? 앱의 다음 버전은 모든 상품 카테고리가 아니라 가방 카테고리가 표시되도록 개발하여 배포하고 사용자가 앱을 업데이트하기를 기다려야 할까요? 물론 이 방법도 가능합니다만 효율적인 방법은 아닙니다. 앱을 개발하는 것, 앱을 배포하는 것 그리고 앱을 업데이트하는 것 자체가 큰 허들이 됩니다. 또한 가방 카테고리로 변경한 새로운 앱 버전을 출시했다가 사용자의 반응이 좋지 않을 경우 다시 모든 상품 카테고리가 표시되는 버전을 개발, 배포, 업데이트해야 할 것입니다.

이러한 상황에서는 추가적인 개발을 진행하여 원격(remote, 리모트) 서버의 어떤 데이터, 앱 화면에 처음 보일 카테고리에 대한 정보를 지니고 있는 데이터를 바탕으로 앱이 동적으로 구성되도록 만들어야 할 것입니다. 예를 들어 리모트 서버의 시작 카테고리 데이터가 'all'일 경우에는 모든 상품(All) 카테고리를 표시하고, 'bags'일 경우에는 가방(Bags) 카테고리를 표시하는 것입니다. 이런 식의 개발이 적용되어 있다면 추가적인 앱 개발, 배포, 업데이트 없이 동적으로 앱의 첫 화면을 구성할 수 있습니다.

그런데 이러한 기능은 생각보다 개발 공수가 많이 필요합니다. 운영 도구 개발, 원격 서버의 데이터(API) 개발, 앱에 대한 개발이 필요한 것입니다. 파이어베이스의 리모트 컨피그는 이러한 개발 공수 중 운영 도구 개발, 원격 서버의 데이터 개발을 자체적으로 지원하여 개발 공수를 크게 줄이면서 서비스 운영에 핵심적인 기능을 제공합니다.

20.2.2 리모트 컨피그 설정하기

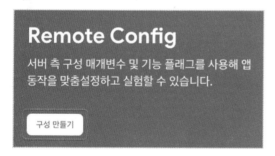

[구성 만들기]를 클릭하여 리모트 컨피그를 쉽게 설정할 수 있습니다.

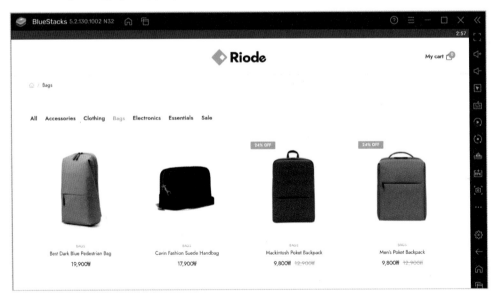

그림 20-2 첫 번째 매개변수 만들기

매개변수 이름(키)과 설명(Description)으로 'init_category'를 입력하고 Default value로 'bags'를 입력하고 [저장]을 클릭합니다. 이것으로 우리의 리모트 컨피그 설정은 완료되었습니다. 매개변수 이름(Key)이 무엇이고 값(Value)이 무엇인지는 실습을 통해 알아보겠습니다.

20.2.3 리모트 컨피그 적용 확인하기

리모트 컨피그 설정을 완료하고 실습 앱을 실행해봅시다. 이제 앱의 시작 화면에서 프로모션 배너가 제거되고 시작 카테고리가 가방(Bags)인 것을 확인할 수 있습니다. 다시 리모트 컨피그에 접속하여 init_category의 값 설정을 bags에서 all로 변경하고 앱을 실행해보면 앱의 시작 화면에 프로모션 배너가 다시 나타나고 시작 카테고리가 모든 상품(All)일 것입니다.

> **NOTE 파이어베이스 기반의 서비스 초기 운영**
>
> 파이어베이스가 제공하는 일부 기능들은 운영 도구 개발을 생략하는 데 도움을 주기 때문에 서비스 초기의 개발 및 운영 공수를 줄이는 데 도움이 됩니다. 서비스가 초기 운영 상태를 벗어나 안정적인 궤도에 진입하면 파이어베이스에 전적으로 의존하기보다는 파이어베이스가 제공하는 기능과 유사한 기능들을 서비스 내에서 자체적으로 소화할 수 있도록 역량을 길러야 할 것입니다. 파이어베이스는 개발을 위한 범용 도구이므로 여러분이 운영하는 서비스에 최적화되어 있지는 않기 때문입니다. 파이어베이스를 통해 배운 지식을 여러분의 지식으로 소화하여 서비스에 적합하게 활용해봅시다.

20.2.4 파이어베이스의 기능은 개발자와 협업하여 구현합니다

실습 앱에는 리모트 컨피그, 클라우드 메시징, 인 앱 메시징 기능이 미리 구현되어 있는 상태입니다. 여러분의 서비스에 파이어베이스의 기능을 적용하고 싶다면 개발자와 논의하여 적절한 기획과 구현을 진행하시기 바랍니다.

파이버베이스의 리모트 컨피그 기능을 사용하면 서비스에서 사용할 키(Key)와 값(Value)을 쉽게 설정할 수 있습니다. init_category를 bags로 설정하면 시작 페이지에 가방 카테고리가 표시되고, all로 설정하면 시작 페이지에 모든 상품 카테고리가 표시됩니다. 만약 가방 카테고리의 판매가 좋아지고 있는 추세라면 시작 페이지를 가방 카테고리로, 그렇지 않다면 모든 상품 카테고리로 설정하는 등의 서비스 운영을 수행할 수 있을 것입니다.

> **NOTE 웹에서 리모트 컨피그 활용하기**
>
> 리모트 컨피그 기능은 웹에서도 활용할 수 있습니다. 관련 개발 문서(https://www.turtlebooks.co.kr/ga4/docs/remote_config)를 개발자에게 전달하고 서비스에 적용하는 것을 고려해봅시다.

20.3 푸시 메시지 발송하기

파이어베이스가 제공하는 참여 기능 중 가장 중요한 기능은 클라우드 메시징(Cloud Messaging)이라고 할 수 있습니다. 좀 더 익숙하게 풀어서 말하면 '푸시 메시지'라고 할 수 있습니다. 앱 서비스를 개발할 때 푸시 메시지 발송 기능을 개발하는 것은 굉장히 공수가 큰 작업입니다. 따라서 직접 해당 기능을 개발하는 것보다 관련된 솔루션을 도입하는 편이 효율적일 수 있습니다. 파이어베이스의 클라우드 메시징 기능 또한 푸시 메시지 솔루션이라고 할 수 있습니다.

서비스의 푸시 메시지를 직접 구현할지 혹은 푸시 메시지 솔루션을 도입할지는 각 서비스의 책임자가 결정하면 될 일입니다. 이때 푸시 메시지 솔루션으로 꼭 파이어베이스 클라우드 메시징(FCM)을 선택해야 하는 것은 아닙니다. 다른 푸시 메시지 솔루션이 파이어베이스 클라우드 메시징보다 적합할 수 있기 때문입니다. 만약 다른 푸시 메시지 솔루션을 적용하기로 결정했다면 파이어베이스 클라우드 메시징까지 동시에 적용하는 것을 고려해봐야 합니다. 왜냐하면 파이어베이스 클라우드 메시징은 구글 애널리틱스와 직접적으로 연동되어 있기 때문입니다. 지금까지 우리는 구글 애널리틱스로 데이터를 수집하고 분석하고 이를 활용하여 잠재고객을 만들었습니다. 파이어베이스 클라우드 메시징은 우리가 만든 구글 애널리틱스 잠재고객을 타겟팅하여 푸시 메시지를 보내는 기능을 제공하고 있기 때문에 구글 애널리틱스를 적극적으로 사용하고 있다면 충분히 사용할 가치가 있을 것입니다.

STEP 1 푸시 메시지 발송하기

바로 푸시 메시지를 발송해보겠습니다. [Send your first message] 버튼을 클릭합니다.

그림 20-3 푸시 메시지 설정하기

[그림 20-3]과 같이 알림 제목으로 '사과가 정말 맛있어요!'를 입력하고 알림 텍스트로 '오늘 들어온 사과 정말 맛있어요!'를 입력합니다. 알림 이미지 주소로 'https://www.turtlebooks. co.kr/ga4/noti.jpg'를 입력하고 알림 이름으로 '첫 번째 푸시 메시지'를 입력합니다. 내용을 입력할 때마다 안드로이드와 iOS에서 어떤 식으로 푸시 메시지가 표시되는지 확인할 수 있습니다. 참고하여 푸시 메시지를 전송하고 [다음]을 선택합니다.

이제 푸시 메시지가 전송될 타겟을 선택합니다. 여기서는 앱으로 '고객을 끌어오는 구글 애널리틱스4'를 선택하고 '및'을 선택합니다.

'및'을 선택하면 새 조건 영역이 추가됩니다. '선택'을 클릭해보겠습니다.

그림 20-4 구글 애널리틱스에서 설정한 사용자 속성을 푸시 메시지 발송 조건으로 설정

타겟팅 조건으로 표시되는 항목들을 살펴봅시다. 잠재 사용자, 사용자 속성, 예측은 물론 최초 실행과 마지막 앱 참여를 바탕으로 타겟팅을 설정할 수 있습니다. 사용자 속성에 마우스를 올려보면 [그림 20-4]와 같이 맞춤 측정기준으로 등록한 사용자 ID(user_id), 광고 수신여부(receive_ad) 등이 표시되는 것을 확인할 수 있습니다. 우리가 구글 애널리틱스에서 설정한 데이터들이 푸시 메시지의 타겟팅 조건으로 표시되면서 데이터 수집 그 자체가 마케팅과 직접적으로 연동되는 것을 확인할 수 있습니다. 이러한 기능 때문에 다른 푸시 메시지 솔루션을 도입한 상태이더라도 구글 애널리틱스를 적극적으로 사용한다면 파이어베이스 클라우드 메시징 기능의 도입을 고려해보라고 언급한 것입니다. 여기서는 '잠재 사용자'를 클릭해보겠습니다.

이제 잠재 사용자(잠재고객)을 타겟팅할 수 있습니다. 잠재 사용자는 기본적으로 '1개 이상 포함'으로 설정됩니다. 여기서는 '다음을 모두 포함'으로 선택해보겠습니다.

그림 20-5 구글 애널리틱스에서 설정한 잠재고객을 푸시 메시지 발송 조건으로 설정

[그림 20-5]를 살펴보면 사용자 속성과 마찬가지로 우리가 구글 애널리틱스에서 설정한 잠재고객이 조건으로 제공된다는 것을 알 수 있습니다. 잠재고객으로 'apple_engaged_users'와 'Added to cart & no purchase'를 선택합니다. 지금까지 우리가 설정한 타겟팅 조건은 어떤지 다시 살펴봅시다. 우리는 앱 사용자 중 사과에 관심 있는(apple_engaged_users) 사용자이면서 장바구니에 담았지만 구매하지 않은(Added to cart & no purchase) 사용자를 타겟팅했습니다. 이 사용자들에게 '오늘 들어온 사과 정말 맛있어요!'라는 푸시 메시지가 발송되는 것입니다. 사용자의 사과 구매를 유도하는 데 적합한 푸시 메시지라고 할 수 있을 것입니다.

다만 우리 실습 앱에는 사과 판매 페이지가 없으므로 잠재 사용자 타겟팅 조건은 제거합시다. 잠재 사용자 타겟팅 영역에 마우스를 올려두면 표시되는 제거 버튼을 클릭합니다.

잠재 사용자 설정을 제거하고 앱 사용자 모두에게 푸시 메시지를 발송합시다. [다음]을 선택합니다.

다음 단계에서는 푸시 메시지 발송 일정을 예약할 수 있습니다. 날짜를 예약하여 푸시 메시지를 발송하거나 반복 푸시 메시지 발송을 설정할 수 있습니다. 여기서는 '지금'을 선택하고 다음 단계로 이동합니다.

다음 단계에서는 푸시 메시지를 통한 전환 이벤트 수집을 설정할 수 있습니다. 여기서는 '전송됨', '수신 확인됨'이라는 항목을 확인할 수 있습니다. 19.4절 '앱 이벤트 살펴보기'에서 살펴봤듯이, 파이어베이스 클라우드 메시징(FCM)을 통한 푸시는 notification_send, notification_receive 이벤트가 상황에 맞게 자동으로 수집된다는 사실을 기억하실 것입니다. '전송됨', '수신 확인됨'은 해당 이벤트의 발생 수를 의미합니다.

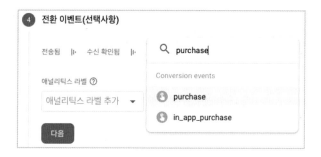

단순히 푸시 메시지를 받고 확인했는지를 넘어 푸시 메시지가 상품 구매까지 이어졌는지 등을 확인하고 싶다면 '목표 측정항목 선택'을 통해 추가적인 전환 이벤트를 설정할 수 있습니다. 여기서는 구매(purchase) 이벤트를 추가적인 전환 이벤트로 설정했습니다.

> **NOTE in_app_purchase 이벤트와 purchase 이벤트**
> in_app_purchase 이벤트와 purchase 이벤트는 혼동하기 쉽습니다. in_app_purchase 이벤트는 안드로이드와 iOS의 결제 시스템으로 이루어지는 결제건을 의미합니다. 카카오톡에서 이모티콘을 구매하거나 혹은 게임 앱에서 재화 등을 구매할 때를 예로 들 수 있습니다.

전환 이벤트 다음 단계는 추가 옵션(선택사항)입니다. 해당 단계는 개발자와 구현 논의가 필요한 사항입니다. 여기서는 해당 단계를 생략하고 [검토]를 클릭합니다.

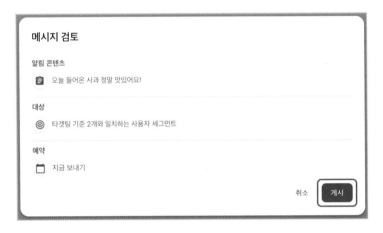

푸시 메시지 설정을 확인하고 [게시]를 선택하면 대략 5~10분 이내에 푸시 메시지가 발송될 것입니다.

그림 20-6 블루스택으로 받은 푸시 메시지

푸시 메시지가 도착하면 [그림 20-6]과 같은 메시지를 확인할 수 있습니다. 푸시 메시지를 클릭하면 앱이 실행될 것입니다. 상품을 장바구니에 담고 구매를 진행해봅시다. 바로 다음에서 해당 데이터를 바탕으로 푸시 메시지 발송 결과를 확인해보겠습니다.

> **NOTE** **세밀한 잠재고객보다 중복 없는 잠재고객**
>
> 우리는 잠재고객을 학습하려는 목적으로 여러 가지 잠재고객을 많이 만들었습니다. 잠재고객을 지나치게 세밀하게 만들면 사용자가 중복되는 경우가 많습니다. 이러한 경우 푸시 메시지의 대상이 중복되면 사용자를 귀찮게 할 가능성이 있습니다. 따라서 실제 서비스에서는 잠재고객을 세밀하게 많이 설정하는 것보다 사용자가 중복되지 않도록 꼭 필요한 잠재고개만 만드는 것이 좋습니다.
>
> 실제 서비스에서는 잠재고객을 많이 만드는 것보다 사용자를 중복 없이 잘 구분해내는 데 집중하는 것이 좋습니다. 구글 머천다이즈 스토어의 잠재고객을 살펴보면서 실제 서비스 운영에서 어떤 방식으로 잠재고객을 설정하고 관리하는지 다시 한번 확인해봅시다.

STEP 2 푸시 메시지 발송 결과 확인하기

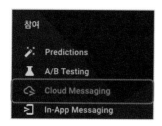

하루 뒤 파이어베이스에 접속하여 [참여] 메뉴의 [Cloud Messaging]을 선택하면 푸시 메시지의 발송 결과를 확인할 수 있습니다.

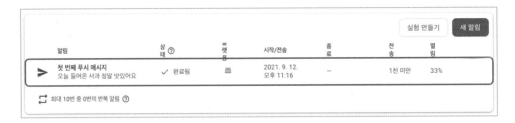

우리가 보낸 '첫 번째 푸시 메시지'를 클릭하여 상세한 내용을 살펴보겠습니다.

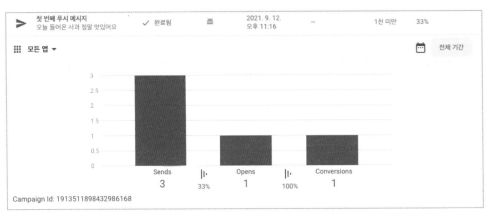

그림 20-7 푸시 메시지 발송 결과

[그림 20-7]과 같이 '첫 번째 푸시 메시지'가 3명에게 전송(Sends)되었고 1명이 푸시 메시지를 열고(Opens) 상품을 구매하여 전환(Conversions) 이벤트가 발생했음을 알 수 있습니다. 이번 절에서는 우리가 수집하고 만든 이벤트 데이터와 잠재고객이 파이어베이스 클라우드 메시징에 사용되는 모습을 살펴봤습니다. 이제 구글 플랫폼 내에서 구글 애널리틱스의 데이터가 어떠한 의미를 지니는지 잘 알게 되었을 것입니다. 구글 애널리틱스는 단순한 데이터 분석 도구 이상의 역할을 합니다. 우리가 수집하고 만든 이벤트 데이터와 잠재고객이 서비스 성장의 동력이 될 수 있습니다. 이를 명심하고 이 책의 학습이 완료된 뒤에는 구글 플랫폼에 어떠한 기능들이 있는지 찾아본다면 기획, 마케팅의 역량을 향상하는 데 큰 도움이 될 것입니다.

클라우드 메시징 기능은 웹에서도 활용할 수 있습니다. 관련 개발 문서(https://www.turtlebooks.co.kr/ga4/docs/cloud_messaging)를 개발자에게 전달하고 서비스에 적용하는 것을 고려해봅시다.

윈도우를 사용할 경우 브라우저가 실행 중일 때 혹은 브라우저를 실행할 때 위와 같이 푸시 메시지가 표시될 것입니다. 이를 통해 사용자의 참여를 유도할 수 있습니다.

20.4 인 앱 메시지 표시하기

다음으로 살펴볼 기능은 인 앱 메시지입니다. 파이어베이스에서는 인 앱 메시지를 '메시지를 전송하여 적절한 순간에 적절한 사용자와 소통'하는 기능이라고 설명하고 있습니다. 쉽게 말하자면 사용자가 특정 행동을 했을 때, 즉 사용자가 특정 이벤트를 발생시켰을 때 사용자에게 메시지를 표시하는 도구라고 할 수 있습니다. 바로 실습을 진행해보겠습니다. [첫 번째 캠페인 만들기]를 클릭합니다.

STEP 1 인 앱 메시지 만들기

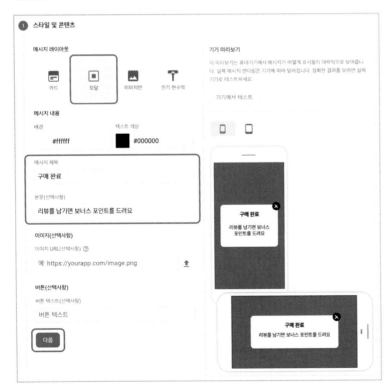

메시지 레이아웃을 [모달]로 선택합니다. 오른쪽의 미리보기 영역에서 스마트폰에 모달 형태로 메시지가 전송될 것임을 확인할 수 있습니다. 메시지 제목으로 '구매 완료'를 입력하고 본문으로 '리뷰를 남기면 보너스 포인트를 드려요'라고 작성합니다. [다음]을 선택합니다.

캠페인 이름으로 'purchase_complete'를 입력하고 캠페인 설명으로 '구매 완료'를 입력합니다. 이제 본격적으로 인 앱 메시지 캠페인의 대상을 타겟팅할 수 있습니다. '고객을 끌어오는 구글 애널리틱스4' 사용자를 대상으로 설정합니다. 푸시 메시지 발송과 마찬가지로 '및'을 선택하여 좀 더 자세한 잠재고객을 설정할 수 있지만, 여기서는 설정하지 않겠습니다. 각자 필요에 따라 선택할 수 있을 것입니다. [다음]을 선택합니다.

예약에서는 인 앱 메시지의 표시 조건을 설정할 수 있습니다. 시작 일정과 종료 일정을 설정할 수 있습니다. 여기서는 인 앱 메시지가 지금 시작하고 종료일은 없음으로 설정하겠습니다. 다음으로 어떤 이벤트에 반응하여 인 앱 메시지가 표시될지 설정할 수 있습니다. 기본적으로 on_foreground(앱이 실행될 때 혹은 앱이 실행 중일 때)인 앱 메시지가 표시되도록 설정되어 있습니다. 만약 이렇게 설정한다면 앱이 실행될 때 '구매 완료' 메시지가 표시되므로 적합하지 않을 것입니다.

구매 완료한 고객에게만 인 앱 메시지가 표시되도록 on_foreground 이벤트를 제거하고 purchase 이벤트를 추가합니다. 이렇게 설정하면 구매 이벤트가 발생했을 때 '구매 완료' 메시지가 표시되면서 리뷰를 유도할 수 있게 됩니다.

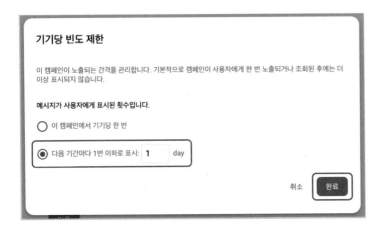

인 앱 메시지는 기본적으로 기기당 한 번만 표시되도록 설정되어 있습니다. 이를 변경하고 싶다면 [이 캠페인은 기기당 한 번]을 클릭하여 기기당 빈도를 조정할 수 있습니다. 여기서는 1일에 1번 인 앱 메시지가 표시되도록 설정하겠습니다. '다음 기간마다 1번 이하로 표시'를 선택하고 '1'을 입력한 뒤 [완료]를 클릭하여 설정을 마무리합니다.

추가로 전환 이벤트 등을 설정할 수 있습니다만 여기서는 설정하지 않고 바로 [검토]를 진행하겠습니다.

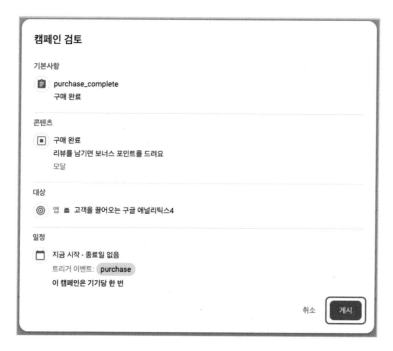

설정을 확인하고 [게시]를 클릭하면 인 앱 메시지 캠페인이 서비스에 적용될 것입니다.

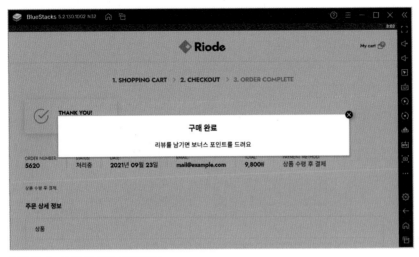

그림 20-8 인 앱 메시지가 표시된 모습

실습 앱을 실행한 뒤 아무 상품이나 구매를 완료하면 [그림 20-8]과 같이 인 앱 메시지가 표시됩니다. 구매 완료를 알림과 동시에 '리뷰를 남기면 보너스 포인트를 드려요'라는 문구로 사용자가 리뷰를 남기도록 유도하고 있습니다.

이번 절에서는 파이어베이스가 제공히는 가장 기본적인 형태의 인 앱 메시지를 실습해봤습니다. 여기서는 사용자가 구매를 완료한 순간 리뷰를 작성하도록 유도했습니다. 만약 실제 서비스에서 '구매 확정' 이벤트와 연동하여 리뷰를 남기는 인 앱 메시지를 표시할 수 있다면 사용자의 리뷰를 좀 더 효과적으로 유도할 수 있을 것입니다. 또한 개발자와 협업하여 파이어베이스에서 인 앱 메시지 설정을 바탕으로 버튼이 특정 동작을 수행하도록 구현할 수도 있습니다. 여기서는 단순히 리뷰를 작성해달라고 안내하고 있습니다. 개발자와 협업하여 [리뷰 작성하기] 버튼 등을 표시하고 클릭했을 때 바로 리뷰 작성 화면으로 이동한다면 좀 더 많은 리뷰가 작성되는 데 큰 도움이 될 것입니다. 구글 애널리틱스에 대한 지식, 파이어베이스에 대한 지식은 나뿐만 아니라 내 주변의 여러 직군 사람들이 알 때 더 효용이 높아짐을 이해한다면 좀 더 좋은 서비스를 개발할 수 있을 것입니다.

20.5 [실전] A/B 테스트 진행하기

이제 우리는 파이어베이스를 활용해 클릭 몇 번만으로 사용자의 화면을 재구성하거나 푸시 메시지 혹은 인 앱 메시지를 발송할 수 있습니다. 그러나 이러한 행동이 항상 사용자에게 긍정적으로 다가오는 것은 아닙니다. 사용자가 원하지 않는 콘텐츠를 노출시키거나, 구매를 지속적으로 요구하는 푸시 메시지 등은 사용자 경험을 나쁘게 만드는 원인이 될 수 있습니다. 바로 이 시점에서 '우리가 하려는 행동'이 사용자에게 어떤 영향을 미칠지 확인할 수 있는 수단이 필요합니다. 이번 절에서는 A/B 테스트에 대해 살펴보겠습니다.

STEP 1 A/B 테스트 시작하기

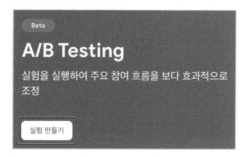

A/B 테스트는 '우리가 하려는 행동'이 사용자에게 어떤 영향을 미칠지를 데이터로 확인하는 방법을 제공합니다. 실험을 만들어보면서 알아보겠습니다. [실험 만들기]를 클릭합니다.

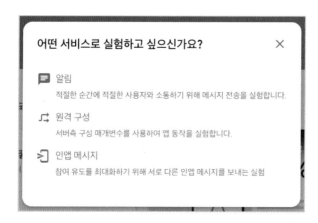

[실험 만들기]를 클릭하면 파이어베이스로 실험 가능한 기능들이 표시됩니다. 파이어베이스에서는 알림, 원격 구성, 인앱 메시지를 바탕으로 A/B 테스트를 수행할 수 있습니다. 여기서

는 원격 구성을 바탕으로 A/B 테스트를 알아보겠습니다. 기본적인 테스트 수행 방법은 모두 동일하므로 쉽게 익힐 수 있을 것입니다. [원격 구성]을 선택합니다.

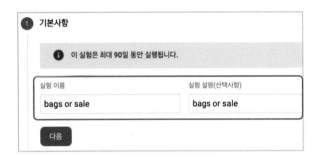

기본사항에서 A/B 테스트의 정보를 입력합니다. 실험 이름과 설명으로 'bags or sale'을 입력합니다. 우리는 리모트 컨피그를 활용해 시작 페이지를 가방으로 하는 것과 세일로 하는 것 중 어떤 것의 구매 확률이 높은지를 실험할 것입니다.

타겟팅에서 A/B 테스트의 대상 조건을 설정할 수 있습니다. '고객을 끌어오는 구글 애널리틱스4'를 선택합니다. 앱을 선택하고 노출을 100%로 설정합니다.

여기서는 '노출'을 이해하는 것이 중요합니다. 우리 앱의 사용자가 100명이라고 가정해보겠습니다. 이때 실험 노출을 100%로 설정하면 앱 사용자 100명을 대상으로 실험이 진행됩니다. 만약 실험 노출을 10%로 설정하면 앱 사용자 10명을 대상으로 실험이 진행됩니다. 어떤 실험을 하는지에 따라 적절하게 노출의 비율을 결정하면 됩니다. 실습에서는 앱 사용자가 적기 때문에 의도적으로 100%를 설정했습니다.

목표에서 A/B 테스트가 어떤 데이터를 추적할지 설정할 수 있습니다. 시작 페이지가 가방일 때와 세일일 때 중 어떤 경우에 구매 확률이 높을 것인지를 측정하기 위해 purchase 이벤트를 목표로 설정했습니다.

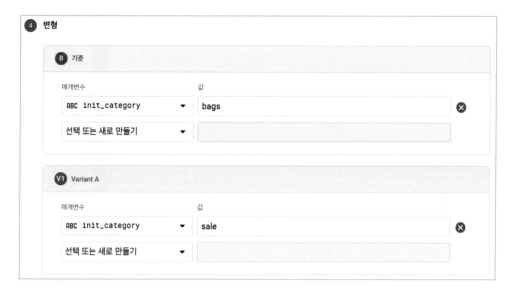

변형에서 A/B 테스트의 내용을 구성할 수 있습니다. 기본적으로 기준과 변형(Variant) 두 가지를 바탕으로 실험을 진행합니다. 기준의 'init_category' 값을 'bags'로 설정하고 V1(변형 1)의 'init_category' 값을 'sale'로 설정합니다. 이렇게 설정하면 시작 페이지가 가방일 때, 세일일 때의 구매 확률을 테스트하는 조건이 설정됩니다. 시작 페이지가 가방일 때(A), 시작 페이지가 세일일 때(B)라는 조건을 바탕으로 실험을 진행하기 때문에 이를 A/B 테스트라고 부르는 것입니다. 여기서는 조건을 두 가지로 실행하지만, 경우에 따라 세 가지 혹은 네 가지 등으로 조건의 개수를 늘려 실험을 진행할 수도 있습니다.

실험 설정을 완료한 뒤 [실험 시작]을 클릭합니다. 이제 앱에 설치된 파이어베이스 리모트 컨피그는 init_category의 값을 bags와 sale 중 하나로 설정하여 구매(purchase) 데이터를 추적할 것입니다.

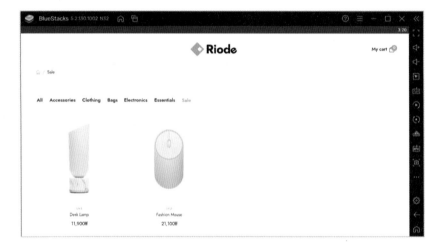

실습 앱을 실행하면 시작 페이지가 50%의 확률로 가방 혹은 세일이 표시될 것입니다. 실험 시작 이후 한 번 가방 페이지가 표시되면 앞으로 계속해서 가방이 표시될 것입니다. 세일 페이지가 보고 싶다면 앱을 제거하고 설치하는 것을 반복해보시기 바랍니다. 위와 같이 세일 페이지가 표시되면 상품 구매를 진행해봅시다.

STEP 2 A/B 테스트 결과 확인하기

변형	관측된 데이터		
	purchase ⑦	전환율 ⑦	기준과의 차이(%)
기준 사용자 3명	0	0%	기준
Variant A 사용자 2명	2	100%	--

그림 20-9 A/B 테스트 결과

하루 뒤 다시 파이어베이스에서 A/B 테스트 결과를 확인해보면 [그림 20-9]와 같은 데이터를 확인할 수 있습니다. 여기서는 Variant A(시작 페이지를 세일로 표시)에서 purchase 이벤트가 2회 발생했음을 알 수 있습니다. 기준(시작 페이지를 가방으로 표시)의 purchase 이벤트가 0회인 것과 비교하면 확실한 우위라고 할 수 있습니다.

이번 절에서는 기본적인 A/B 테스트를 진행해봤습니다. 실제 업무에서 구매율을 높이는 작업을 담당하게 되었다고 가정해봅시다. 분명 서비스에 적용해보고 싶은 여러 가지 아이디어들이 생각날 테지만 모든 아이디어를 적용할 수는 없을뿐더러 아이디어 몇 가지를 선별하여 적용한다고 하더라도 구매율이 높아질지는 확신할 수 없습니다. 바로 이럴 때 A/B 테스트를 진행하여 아이디어를 검증하여 서비스에 적용할 수 있습니다. 전체 사용자 100명 중 10명에게만 아이디어를 선행 적용하여 결과를 확인한 뒤에 전체 사용자에게 확대 적용하면 안심할 수 있을 것입니다.

마치며

지금까지 구글 애널리틱스를 살펴보았습니다. 분명 구글 애널리틱스로 원활히 실제 업무를 진행할 수 있을 것입니다. 그렇다고 공부를 멈춰서는 안 됩니다. 아직 우리가 다루지 않은 부분들도 조금은 남아 있기 때문입니다. 다음 내용을 참고하여 구글 애널리틱스를 더 공부해봅시다.

1. 애널리틱스 업데이트 확인하기

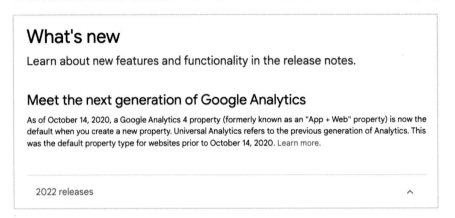

구글 애널리틱스는 끊임없이 발전하고 있습니다. 구글 애널리틱스의 업데이트 내역을 확인하고 싶다면 What's new 페이지(https://support.google.com/analytics/answer/9164320)를 확인하기 바랍니다.

2. 애널리틱스 고객센터에서 세부 내용 확인하기

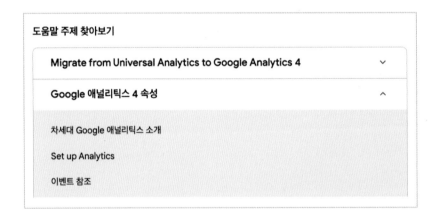

애널리틱스 고객센터(https://support.google.com/analytics/?hl=ko#topic=9143232)는 구글 애널리틱스의 세부적인 용어 설명, 사용 방법을 안내합니다. 『고객을 끌어오는 구글 애널리틱스4』에서 배운 사용 방법 이상을 알고 싶다면 애널리틱스 고객센터를 이용하기 바랍니다.

3. 애널리틱스 아카데미로 유니버설 애널리틱스 공부하기

애널리틱스 아카데미(https://analytics.google.com/analytics/academy/)는 한글 자막이 포함된 '유니버설 애널리틱스' 강의 영상을 제공합니다. 유니버설 애널리틱스를 공부해야 할 필요가 있거나 GAIQ(구글 애널리틱스 인증 시험)에 응시할 계획이라면 애널리틱스 아카데미를 이용하기 바랍니다.

4. GAIQ(구글 애널리틱스 인증 시험) 응시하기

GAIQ(Google Analytics Individual Qualification, 구글 애널리틱스 인증 시험)는 사용자의 '유니버설 애널리틱스' 지식을 공인하는 무료 온라인 시험(https://skillshop.exceedlms.com/student/catalog/list?category_ids=400)입니다. GAIQ는 '구글 애널리틱스4'가 아닌 '유니버설 애널리틱스'의 심화 지식을 묻기 때문에 애널리틱스 아카데미의 강의 내용을 중심으로 유니버설 애널리틱스의 원론적인 부분을 깊이 공부하는 것이 좋습니다.

자, 이제 작별입니다. 조금 더 깊고, 조금 더 넓은 애널리틱스의 세계에서 만날 수 있기를 바라겠습니다. 감사합니다.